Friedrich-Wilhelm v. Herrmann
Augustinus und die phänomenologische Frage nach der Zeit

FRIEDRICH-WILHELM v. HERRMANN

AUGUSTINUS
UND DIE PHÄNOMENOLOGISCHE
FRAGE NACH DER ZEIT

VITTORIO KLOSTERMANN FRANKFURT AM MAIN

CIP-Kurztitelaufnahme der Deutschen Bibliothek

Herrmann, Friedrich-Wilhelm v.:
Augustinus und die phänomenologische Frage nach der Zeit /
Friedrich-Wilhelm v. Herrmann. –
Frankfurt am Main : Klostermann, 1992
ISBN 3-465-02565-2 kart.   ISBN 3-465-02566-0 Gewebe

© Vittorio Klostermann GmbH Frankfurt am Main 1992
Alle Rechte vorbehalten, insbesondere die des Nachdrucks und der Übersetzung.
Ohne Genehmigung des Verlages ist es nicht gestattet, dieses Werk oder Teile in
einem photomechanischen oder sonstigen Reproduktionsverfahren oder unter Verwendung elektronischer, hydraulischer oder mechanischer Systeme zu verarbeiten,
zu vervielfältigen und zu verbreiten.
Satz: Fotosatz L. Huhn, Maintal
Druck: Weihert-Druck, Darmstadt
Printed in Germany

MAX MÜLLER

in Verehrung und Dankbarkeit
für die Freiburger Studienjahre
zugeeignet

INHALT

Vorwort 11

EINLEITUNG
§ 1. Augustinus und die Phänomenologie 15
§ 2. Der Gang der vorliegenden Abhandlung 20

ERSTER ABSCHNITT
DIE PHÄNOMENOLOGISCHE ZEIT-UNTERSUCHUNG AUGUSTINS IN DEN „CONFESSIONES"

Erstes Kapitel
Zeit und Ewigkeit

§ 3. Phänomenale Zeitcharaktere und die remotive Betrachtungsweise (XI, 1-9) 23
§ 4. Die niemals stehenden Zeiten, der remotive Abstoß und die immer stehende Ewigkeit (XI, 10-13) 40

Zweites Kapitel
Aufbaugefüge und Bewegungsform der Zeit-Untersuchung

§ 5. Das Aufbaugefüge der Zeit-Untersuchung 48
§ 6. Die Bewegungsform der Zeit-Untersuchung als das Gespräch zwischen dem natürlich-alltäglichen und dem philosophierenden Zeitverständnis 51

Drittes Kapitel
Die Frage nach dem Sein oder Nichtsein der Zeit
(XI, 14-20)

§ 7. Die Zurückstellung der Wesensfrage zugunsten der Vorfrage nach dem Sein oder Nichtsein der Zeit. Die erste philosophierende Prüfung des Seins der Zeit (XI, 14) 58
§ 8. Ein Einwand aus dem natürlichen Zeitverständnis gegen das Ergebnis der ersten kritischen Prüfung und die dadurch veranlaßte zweite Prüfung des Seins der Zeit (XI, 15) 63

§ 9. Der Rückgang auf die Zeitverhaltungen des Wahrnehmens, Vergleichens und Messens von Zeit und die Frage nach dem Sein der Gegenwart (XI, 16) 72

§ 10. Rückgang auf die Zeitverhaltungen der Wiedererinnerung und Erwartung und die Frage nach dem Sein der Vergangenheit und Zukunft (XI, 17) 76

§ 11. Das Sein des erinnerten Vergangenen und erwarteten Künftigen als eine Weise von Gegenwart (Anwesenheit) (XI, 18-19) 81

    a) Die Seinsweise des erinnerten Vergangenen als Gegenwartsweise 84

    b) Die Seinsweise des erwarteten Künftigen als Gegenwartsweise 90

§ 12. Die zeitverstehende Seele, ihre drei Zeitverhaltungen und die Seinsweisen des Vergangenen, Gegenwärtigen und Künftigen (XI, 20) 100

Viertes Kapitel
Die Frage nach dem Wesen der Zeit (XI, 21-28)

§ 13. Die aporetische Situation: das Messen vorübergehender Zeit und die scheinbare Erstreckungslosigkeit der Zeit (XI, 21) 104

§ 14. Das alltägliche Verstehen von Zeit in ihrer Gedehntheit und die philosophische Ratlosigkeit in bezug auf das Wie der Dehnung (XI, 22) 107

§ 15. Dauer und Dehnung der Bewegung von Himmelskörpern und irdischen Körpern und die Frage nach der Dehnung der Zeit (XI, 23-24) 110

§ 16. Erneutes Eingeständnis der aporetischen Situation für die Frage nach dem Wesen der Zeit (XI, 25) 116

§ 17. Das Wesen der Zeit als die distentio animi (XI, 26) 117

§ 18. Rückgang auf die Zeitverhaltungen des sicherstreckenden Geistes (XI, 27) 121

§ 19. Attentio, primäre expectatio und primäre memoria als die ursprünglichen Zeitverhaltungen (XI, 28) 132

ZWEITER ABSCHNITT
DIE BEDEUTUNG DER PHÄNOMENOLOGISCHEN
ZEIT-UNTERSUCHUNG AUGUSTINS FÜR HUSSERL
UND HEIDEGGER

Erstes Kapitel
Husserls phänomenologische Frage nach der Zeit als
phänomenologische Analyse des Zeitbewußtseins

§ 20. Augustins Rückgang in die Immanenz des zeitverstehenden Geistes und Husserls Ausgang vom subjektiven Zeitbewußtsein 145

§ 21. Die im immanenten Zeitfluß des reinen subjektiven Zeitbewußtseins sich konstituierende Dauer der Zeitobjekte und das Bewußtsein von den zeitlichen Erscheinungsweisen der identischen Zeitobjekte. Urimpression und Retention (primäre Erinnerung) 157

§ 22. Die Zeitlichkeit der sekundären Erinnerung, der Wahrnehmung und der sekundären Erwartung. Die primäre Erwartung als Protention 164

Zweites Kapitel
Heideggers phänomenologische Frage nach der Zeit als Frage
nach der ursprünglichen Zeit und der aus ihr entspringenden
vulgären Zeit

§ 23. Die distentio animi als Widerschein des Sicherstreckens des Daseins in seiner ekstatisch-horizontalen Zeitlichkeit . . . 170

§ 24. Die ekstatisch-horizontale Zeitlichkeit des Daseins, die besorgte Weltzeit und die vulgäre Jetzt-Zeit 185

Schlußbetrachtung

§ 25. Augustinus im Zeit-Denken Husserls und Heideggers 198

Personenregister 203
Sachregister 205

VORWORT

Der Titel dieser Abhandlung zeigt ein Zweifaches an. Das eine ist der *philosophiegeschichtliche Befund*, daß Augustins Zeit-Untersuchung aus dem XI. Buch der „Confessiones" von den beiden bedeutendsten phänomenologischen Zeit-Denkern unseres Jahrhunderts, Husserl und Heidegger, große Beachtung und nachhaltige Würdigung erfahren hat. Denn beide Denker konnten mit gutem Recht und jeder aus seiner eigenen phänomenologischen Grundstellung heraus in der Art, wie Augustinus die Frage nach der Zeit ansetzt, entfaltet und beantwortet, eine Vorgestalt ihres eigenen Fragens nach der Zeit erblicken. Das andere, was der Titel dieser Abhandlung anzeigt, ist der *hermeneutische Befund*, daß die Zeit-Untersuchung Augustins selbst eine *Phänomenologie der Zeit* ist. Der phänomenologische Grundzug seines Fragens, Suchens und Findens ist es denn auch gewesen, der Husserl und Heidegger – jeden auf seine Weise – in einem so starken Maße angezogen hat.

Die Worte „Phänomenologie" und „phänomenologisch" werden hier nicht primär als Kennzeichnungen für den thematischen Gegenstand, sondern als Charakterisierungen einer Methode gebraucht. Es ist die *phänomenologische Methode als Behandlungsart*, d.h. als Weise, wie der thematische Gegenstand im Suchen und Finden behandelt wird. Husserl war es, der in seiner Einleitung zu den sechs Logischen Untersuchungen das phänomenologische Grundprinzip erstmals formulierte: »Wir wollen auf die ‚Sachen selbst' zurückgehen." (§ 2) Heidegger griff diese Wendung auf und brachte sie in „Sein und Zeit" in die Formulierung „Zu den Sachen selbst!" (§ 7). Die methodische Maxime des Rückganges auf die Sachen selbst, d.h. die methodische Ausrichtung auf die *Selbstgegebenheit der Sachen*, wurde von ihm als formaler Phänomenologie-Begriff gefaßt: „Das was sich zeigt, so wie es sich von ihm selbst her zeigt, von ihm selbst her sehen lassen" (ebd.). Die von Husserl aufgestellte und von Heidegger unter Rückgriff auf die griechische

Bedeutung der Bestandteile des Wortes „Phänomenologie" erläuterte Untersuchungsmaxime ist nicht nur das sie beide Verbindende, sondern sie verbindet beide zugleich mit Augustinus.

Zufolge der im Titel der Abhandlung liegenden zweifachen Anzeige geben wir zuerst eine *phänomenologische Gesamtinterpretation der Zeit-Untersuchung Augustins* (Kapitel 14-28) unter Einschluß der *philosophisch-theologischen Bestimmung der Ewigkeit* (Kapitel 1-13). Phänomenologisch ist die Interpretation zum einen deshalb, weil sie Ansatz und Gang des Augustinischen Fragens und Bestimmens in ihrem phänomenologischen Charakter zur Auslegung bringt, und zum anderen, weil die Auslegung selbst phänomenologisch verfährt. Unsere phänomenologische Text-Interpretation steht selbst unter dem Geleit der phänomenologischen Untersuchungsmaxime „Zu den Sachen selbst!". Die Sachen selbst sind hier der Text in seiner sprachlichen Gestalt und durch ihn hindurch der thematische Gegenstand in seinem in der Weise von Horizonten eingehüllten sachlichen Reichtum. Die Interpretation verfährt phänomenologisch, wenn sie es vermag, diese Horizonte, die zum unmittelbar dastehenden Text gehören, aufzuspüren und zu enthüllen. Geschult durch die phänomenologischen Zeit-Analysen Husserls und Heideggers im phänomenologischen Sehen der Phänomene, bringen wir die von Augustinus an der Zeit und am Zeit-Verständnis gewonnenen sachlichen Einsichten zur Abhebung, dabei stets bestrebt, nicht das von Husserl oder Heidegger Gesehene in den Augustinischen Text hineinzuinterpretieren, sondern das von Augustinus selbst in den Grenzen seiner philosophischen Grundstellung Gesehene immanent und unverfälscht zur Auslegung zu bringen.

Unsere phänomenologische Interpretation weiß zugleich darum, daß sie sich als Auslegung in einer *hermeneutischen Situation* bewegt, die durch Vorhabe, Vorsicht und Vorgriff struktural verfaßt ist. In der hermeneutischen Vorhabe steht der Text Augustins, aber in einem Vorverständnis, das aus einer Grunderfahrung mit dem Text erwachsen ist. Diese Grunderfahrung vollzog sich in einem mehr als zwanzigjährigen Umgang mit dem Augustinischen Text. Die einen jeden Auslegungsschritt leitende Vorsicht blickt auf jenes Vorverständnis, das zugleich für den hermeneutischen Vorgriff jene Begrifflichkeit vorzeichnet, in die das Auslegungsverständnis eingeht.

Obgleich die Augustinische Zeit-Untersuchung zu den meistbehandelten Themen seines Denkens gehört, sind ihr Aufbau und Gang sowie ihre innere Bewegung noch immer nicht hinreichend aufgehellt. Hier kann der Ansatz einer *phänomenologisch-hermeneutischen* Interpretationsmethode Licht in das noch immer bestehende Dunkel bringen. Als Ergebnis einer solchen Auslegungsweise, die nicht innerhalb des Augustinischen Textes hin und her springt, sondern ihr besonderes Augenmerk richtet auf den *Weg Augustins*, zeigt sich, daß die Kapitel 14-28 des XI. Buches der „Confessiones" ein großartig komponierter Text sind, ein Meisterwerk philosophischer Literatur.

Im Anschluß an die phänomenologische Interpretation der Augustinischen Zeit-Untersuchung als einer Phänomenologie der Zeit wenden wir uns der Frage zu, worin ihre *Bedeutung für Husserls und Heideggers Phänomenologie der Zeit* besteht. Um zeigen zu können, in welchen Augustinischen Bestimmungen Husserl wie Heidegger eine frühe Vorgestalt ihres eigenen phänomenologischen Sehens erkennen, geben wir eine auf die leitende Frage ausgerichtete Darstellung der phänomenologisch-reflexiven Analyse des Zeitbewußtseins und der phänomenologisch-hermeneutischen Analytik der existenzial-horizontalen Zeitlichkeit des Daseins. Auch diese Darstellung läßt sich von der phänomenologischen Untersuchungsmaxime leiten. Indem wir aufzeigen, wie in unterschiedlicher Weise Husserl und Heidegger in der Zeit-Untersuchung Augustins eine Vorgestalt ihres eigenen Zeit-Denkens sehen, zeigen wir zugleich auch auf die Grenzen, in denen sich das Augustinische Fragen und Bestimmen hält. Es sind die Grenzen, die Husserl wie Heidegger – jeweils aus ihrer eigenen Grundstellung heraus – erkannt und die sie veranlaßt haben, über Augustinus hinauszugehen.

Die unterschiedliche Art, in der sich Husserl und Heidegger auf Augustinus berufen, gibt uns überdies Gelegenheit, die wesensverschiedenen Grundstellungen der Husserlschen Phänomenologie des inneren Zeitbewußtseins und der Heideggerschen Phänomenologie der existenzialen Zeitlichkeit des Daseins gegeneinander abzuheben.

Wäre es möglich gewesen, das vorliegende Buch ein Jahr früher erscheinen zu lassen, so hätte es der Verfasser Herrn Professor Dr. Drs. h.c. Max Müller zu seinem 85. Geburtstag gewidmet. Da äußere Gründe dieses nicht zuließen, widmete er dem Jubilar seine kleinere Schrift „Heideggers ‚Grundprobleme der Phänomenologie'. Zur ‚Zweiten Hälfte' von ‚Sein und Zeit'". Doch erst das Thema des jetzt vorgelegten Buches ist eine gemäße Entgegnung auf das, was der Verfasser in den Vorlesungen Max Müllers während seiner Freiburger Studienjahre von 1957 bis 1961 gelernt hat: die Frage nach der Transzendenz in Gegenwart und Überlieferung. Der Verfasser schätzt sich glücklich, gerade seine Augustinus-Arbeit einem großen Lehrer seiner Freiburger Studienzeit zueignen zu dürfen.

*

Herrn cand.phil. Mark Michalski danke ich herzlich für die von ihm übernommenen Arbeiten, die an der Gestaltgebung dieses Buches einen beachtlichen Anteil haben. Die Durchsicht des Druckmanuskripts, die Korrekturarbeit und die selbständige Erstellung des Personen- und Sachregisters hat er mit philosophisch-philologischer Umsicht und Gewissenhaftigkeit ausgeführt.

Freiburg i.Br., im Februar 1992   F.-W. v. Herrmann

EINLEITUNG

§ 1. Augustinus und die Phänomenologie

Die philosophische Frage nach der Zeit ist in der Phänomenologie nicht nur eine bedeutsame Frage unter mehreren anderen gleichwesentlichen Fragen. Innerhalb der mit den Namen *Edmund Husserl* und *Martin Heidegger* verknüpften Phänomenologie nimmt die Frage nach der Zeit einen führenden Rang für die Lösung der phänomenologischen Aufgabenstellung ein. Dort aber, wo sich die phänomenologische Frage nach der Zeit der Geschichte des philosophischen Zeitbegriffs zuwendet, um Ausschau nach der einen oder anderen Vorläuferschaft für die eigene Fragestellung zu halten, erfährt die Augustinische Zeit-Untersuchung sowohl durch Husserl wie durch Heidegger eine bevorzugte Würdigung.

So läßt Husserl seine ersten phänomenologischen Analysen des inneren Zeitbewußtseins, die mit dem Jahre 1905 einsetzen, mit einem ausdrücklichen Hinweis auf die Augustinische Zeit-Untersuchung beginnen: „Die Analyse des Zeitbewußtseins ist ein uraltes Kreuz der deskriptiven Psychologie und der Erkenntnistheorie. Der erste, der die gewaltigen Schwierigkeiten, die hier liegen, tief empfunden und sich daran fast bis zur Verzweiflung abgemüht hat, war *Augustinus*. Die Kapitel 14 bis 28 des XI. Buches der *Confessiones* muß auch heute noch jedermann gründlich studieren, der sich mit dem Zeitproblem beschäftigt. Denn herrlich weit gebracht und erheblich weiter gebracht als dieser große und ernst ringende Denker hat es die wissensstolze Neuzeit in diesen Dingen nicht. Noch heute mag man mit Augustinus sagen: *si nemo a me quaerat, scio, si quaerenti explicare velim, nescio*"[1]. Husserl selbst hat für sein eigenes

---

[1] E. Husserl, Vorlesungen zur Phänomenologie des inneren Zeitbewußtseins. In: Zur Phänomenologie des inneren Zeitbewußtseins (1893-1917). Husserliana Bd. X. Hrsg. R. Boehm. Haag 1966, S. 3.

Zeit-Denken das XI. Buch der „Confessiones" aufmerksam gelesen und durchdacht, was die Lesespuren in seinem im Löwener Husserl-Archiv zusammen mit der übrigen Bibliothek Husserls aufbewahrten Handexemplar bezeugen. Rudolf Bernet äußert sich über Husserls Nähe zu Augustins Zeit-Untersuchung in dessen eigenen Analysen des inneren Zeitbewußtseins wie folgt: „Dies [daß Husserl das XI. Buch der „Confessiones" aufmerksam gelesen hat] nimmt nicht wunder, denn er läßt sich in seiner phänomenologischen Beschreibung des inneren Zeitbewußtseins so sehr durch die Beobachtungen und impliziten Voraussetzungen der Augustinischen Zeitanalyse inspirieren, daß man geradezu von Husserlschen ‚Randbemerkungen' zu *Augustinus* sprechen möchte."[2]

Am 26. Oktober 1930 hielt Heidegger im Kloster Beuron vor Mönchen, Klerikern und Novizen – als Dank für die wiederholte freundschaftliche Aufnahme im Kloster zur stillen Arbeit in äußerster Zurückgezogenheit – einen Vortrag unter dem Titel „Des heiligen Augustinus Betrachtungen über die Zeit (Confessiones, liber XI)". Dieser Vortrag beginnt so: „In der abendländischen Philosophie sind uns drei bahnbrechende Besinnungen auf das Wesen der Zeit überliefert: die erste hat Aristoteles durchgeführt; die zweite ist das Werk des heiligen Augustinus, die dritte stammt von Kant"[3]. Danach ist Augustinus neben Aristoteles und Kant einer der drei großen Zeit-Denker.

Vor diesem Beuroner Vortrag hatte sich Heidegger schon in seinem Marburger Vortrag von 1924 „Der Begriff der Zeit"[4], ferner in der einen oder anderen Marburger Vorlesung und auch in „Sein und Zeit" zur Bedeutung der Augustinischen Zeit-Untersuchung

---

[2] R. Bernet, Einleitung. In: E. Husserl, Texte zur Phänomenologie des inneren Zeitbewußtseins (1893-1917). Hrsg. und eingeleitet v. R. Bernet. Philos. Bibl. Bd. 362. Hamburg 1985, S. XI.

[3] M. Heidegger, Des hl. Augustinus Betrachtungen über die Zeit. Confessiones liber XI. Beuron, Erzabtei St. Martin, 26. X. 1930. Kopie eines Typoskripts, das Eigentum der Bibliotheca Beuronensis ist. (Der Verfasser dankt herzlich Herrn Prof. Dr. Bernhard Casper, Universität Freiburg, für die freundliche Überlassung der Kopie.)

[4] M. Heidegger, Der Begriff der Zeit. Vortrag vor der Marburger Theologenschaft Juli 1924. Hrsg. H. Tietjen. Tübingen 1989.

§ 1. *Augustinus und die Phänomenologie*

geäußert, während die frühe Freiburger Vorlesung „Augustinus und der Neuplatonismus" aus dem Sommersemester 1921 die memoria-Analyse des X. Buches der „Confessiones" zum Thema hat.[5] In der Marburger Vorlesung vom Wintersemester 1926/27 „Geschichte der Philosophie von Thomas v. Aquin bis Kant"[6] gibt Heidegger seiner Verwunderung darüber Ausdruck, daß gerade in der Zeit der Hochscholastik „die bis dahin radikalste Zeitanalyse, die des Augustin, nicht beachtet" wurde, „obwohl sie bekannt war". Mit Blick auf die Aristotelische und auf die Augustinische Zeit-Untersuchung heißt es dann in der Marburger Vorlesung vom Sommersemester 1927 „Die Grundprobleme der Phänomenologie"[7], daß „die Antike schon das Wesentliche herausgestellt hat, was den Gehalt des traditionellen Zeitbegriffes ausmacht. Die beiden fortan maßgebenden antiken Interpretationen der Zeit, die schon genannte des Augustinus und die erste große Abhandlung über die Zeit von Aristoteles, sind auch die weitaus umfangreichsten und wirklich thematischen Untersuchungen des Zeitphänomens selbst." (GA Bd. 24, S. 327) Wenig später heißt es: „Wir betonten schon, daß in den beiden antiken Zeitinterpretationen von Aristoteles und Augustinus das Wesentliche gesagt ist, was innerhalb des vulgären Zeitverständnisses zunächst über die Zeit gesagt werden kann. Im Vergleich sind die Aristotelischen Untersuchungen begrifflich strenger und stärker, während Augustinus einige Dimensionen des Zeitphänomens ursprünglicher sieht." (a.a.O., S. 329)

Als Belege dafür, daß auch schon die vulgäre Zeiterfahrung der ihr allein bekannten „Weltzeit" „einen *ausgezeichneten* Bezug zu ‚Seele' und ‚Geist'" gibt, führt Heidegger in „Sein und Zeit"[8] Aristoteles und Augustinus an (SuZ, S. 427). Daß aber Augustinus im

---

[5] Erscheint in GA Bd. 59/60. Vgl. zu dieser Vorlesung: O. Pöggeler, Der Denkweg Martin Heideggers. Dritte erweiterte Auflage, Pfullingen 1990, S. 38-45.
[6] M. Heidegger, Geschichte der Philosophie von Thomas v. Aquin bis Kant. Erscheint in GA Bd. 23.
[7] M. Heidegger, Die Grundprobleme der Phänomenologie. GA Bd. 24, Hrsg. F.-W. v. Herrmann. Frankfurt a.M. 1975.
[8] M. Heidegger, Sein und Zeit. 15. Auflage, Tübingen 1979.

Sehen dieses Bezuges von Zeit als Weltzeit zum Geist weiter vorgedrungen ist als Aristoteles, wird deutlich aus der Art, wie Heidegger in seinem Marburger Vortrag von 1924 auf die Augustinische Zeit-Untersuchung verweist. Dort heißt es: „Welche Bewandtnis hat es damit, daß menschliches Dasein sich eine Uhr angeschafft hat schon vor allen Taschen- und Sonnenuhren? Verfüge ich über das Sein der Zeit und meine ich im Jetzt mich mit? Bin ich selbst das Jetzt und mein Dasein die Zeit? Oder ist es am Ende die Zeit selbst, die sich in uns die Uhr anschafft? Augustinus hat im XI. Buch seiner ‚Confessiones' die Frage bis hierher getrieben, ob der Geist selbst die Zeit sei. Und Augustinus hat die Frage hier stehen gelassen." (Der Begriff der Zeit, S. 10)

Schließlich betont Heidegger auch in seiner in der Vorlesung vom I. Trimester 1941 vollzogenen Rückbesinnung auf „Sein und Zeit" und auf die darin durchgeführte Analytik der Zeitlichkeit des Da-seins, daß er „von Augustinus (Confess. lib. XI, c. 1-31) [...] in bezug auf die *eine* Frage: ‚Sein und Zeit'"[9] gelernt habe.

Diese verschiedenen Textstellen, die wir angeführt haben, sollen uns zeigen, wie hoch Heidegger die Augustinische Zeit-Untersuchung ansetzt. Die Hervorhebung ihrer größeren Radikalität und Ursprünglichkeit im Verhältnis zur Aristotelischen Zeit-Abhandlung geschieht mit Blick auf Heideggers eigene phänomenologische Analytik der existenzialen Zeitlichkeit des Daseins, in deren Richtung die Augustinische Zeit-Untersuchung hineinzeigt.

Die beiden großen Vertreter der Phänomenologie des 20. Jahrhunderts, Husserl, der sie begründet, und Heidegger, der sie tiefgreifend umgestaltet hat, sehen in der Augustinischen Zeit-Untersuchung entscheidende Tendenzen in Richtung auf ihre eigenen Fragestellungen. Aber darin allein erfüllt sich noch nicht der Titel dieses einleitenden Paragraphen „Augustinus und die Phänomenologie". Denn die Zeit-Analytik des Augustinus konnte nur deshalb für die Phänomenologen Husserl und Heidegger von so großem

---

[9] M. Heidegger, Die Metaphysik des deutschen Idealismus. Zur erneuten Auslegung von Schelling: „Philosophische Untersuchungen über das Wesen der menschlichen Freiheit und die damit zusammenhängenden Gegenstände" (1809). GA Bd. 49. Hrsg. G. Seubold. Frankfurt a.M. 1991, S. 48.

Gewicht sein, weil Augustinus selbst in der Art seines Fragens, Ansetzens, Untersuchens und Bestimmens in einem betonten Sinne durch das phänomenologische Sehen geleitet ist. Die Augustinische Untersuchung der Zeit ist in ihrem Ansatz und in ihrer Durchführung eine *phänomenologische Analytik,* und das in einer dreifachen Hinsicht.

Zum einen ist sie es im Sinne der von Husserl formulierten phänomenologischen Untersuchungsmaxime „Zu den Sachen selbst", die das einende Prinzip aller Phänomenologen ist und die Heidegger im Methodenparagraphen 7 von „Sein und Zeit" erläutert als ein Sehenlassen dessen, was sich an ihm selbst und von ihm selbst her zeigt (SuZ, S. 34).

Zum anderen ist die Augustinische Zeit-Untersuchung eine phänomenologische Analytik im Sinne der phänomenologischen Enthüllung von zuvor verhüllten Sachverhalten. In ihrem enthüllenden Freilegen ist sie zugleich stets darauf bedacht, daß die Sicht ihres Erkennens auch ein wahres und nicht nur ein vermeintliches „Sehen" ist.

In einer dritten Hinsicht ist die Zeit-Untersuchung Augustins phänomenologisch, weil sie sich das von ihr zu Befragende, die Zeit, aus dem natürlichen, vorphilosophischen Zeitverständnis des alltäglichen Lebens vorgeben läßt. Somit hält sie sich im Wissen darum, daß das philosophische Zeitwissen eine enthüllende Auslegung des vorphilosophischen, unthematischen, weil vollzugshaften Zeitverständnisses ist.

Der phänomenologische Grundzug beschränkt sich jedoch nicht nur auf die Zeit-Untersuchung Augustins, sondern kennzeichnet sein Denken im ganzen, so auch seine memoria-Analytik des X. Buches der „Confessiones", die eine philosophische Selbstauslegung des Lebens in seinem Selbst-, Welt- und Gottbezug ist. Heidegger aber, der mit dem Beginn seines eigenen philosophischen Weges die Phänomenologie umbildet zur *hermeneutischen* Phänomenologie, sieht auch eine Nähe Augustins zum hermeneutischen Denken (GA Bd. 63, S. 12)[10]. Und auch die philosophische

---

[10] M. Heidegger, Ontologie (Hermeneutik der Faktizität). GA Bd. 63. Hrsg. Käte Bröcker-Oltmanns. Frankfurt a.M. 1988.

Hermeneutik Hans-Georg Gadamers knüpft an manche Gedanken Augustins an, z.B. an dessen Lehre vom verbum cordis (Wahrheit und Methode. GW Bd. 1, S. 424).[11] Die Bedeutung Augustins für das phänomenologisch-hermeneutische Denken unserer Gegenwart wird von Jean Grondin in zutreffender Weise beurteilt, wenn er sagt: „Augustin wurde überhaupt ein wesentlicher Gesprächspartner für die Hermeneutik des 20. Jahrhunderts."[12]

§ 2. Der Gang der vorliegenden Abhandlung

Die vorliegende Abhandlung hat sich eine doppelte Aufgabe gestellt. Zum einen wird sie die Zeit-Untersuchung Augustins aus dem XI. Buch der „Confessiones"[1] als eine *phänomenologische Besinnung* in der oben genannten dreifachen Hinsicht zur Auslegung bringen. Zum anderen möchte sie zeigen, welche große Bedeutung diese spätantike Zeit-Untersuchung für das *phänomenologische Zeit-Denken Husserls und Heideggers* gewonnen hat. Demzufolge gliedert sich die Abhandlung in *zwei Abschnitte*.

Zwar setzt die Untersuchung der Zeit als Zeit mit dem Kapitel 14 des XI. Buches ein und findet ihren Abschluß im Kapitel 28. Aber auch in den vorangehenden Kapiteln des XI. Buches wird von der Zeit gehandelt, nicht um nach ihr selbst als Zeit zu fragen, sondern um von bestimmten phänomenalen Charakteren aus auf dem Wege des remotiven Abstoßes den Begriff der Ewigkeit zu gewinnen. Deshalb kann eine Auslegung der Augustinischen Zeit-

---

[11] H.-G. Gadamer, Hermeneutik I. Wahrheit und Methode. Grundzüge einer philosophischen Hermeneutik. Gesammelte Werke Bd. 1. Tübingen 1986.
[12] J. Grondin, Gadamer und Augustin. Zum Ursprung des hermeneutischen Universalitätsanspruches. In: Martin-Heidegger-Gesellschaft. Jahresgabe 1990, S. 46-62, hier S. 47. – Zur Bezugnahme Gadamers auf Augustinus vgl. auch vom selben Verfasser: Einführung in die philosophische Hermeneutik. Darmstadt 1991, S. 42 ff.
[1] Augustinus, Confessiones – Bekenntnisse. Lateinisch – Deutsch. Eingeleitet, übersetzt und erläutert v. J. Bernhart. 2. Auflage, München 1960. Die im lateinischen Text bei Bernhart gesetzten Anführungszeichen bleiben in den Zitaten unberücksichtigt.

§ 2. Der Gang der vorliegenden Abhandlung

Untersuchung im XI. Buch der „Confessiones" die Kapitel 1 bis 13 dieses Buches und die in ihnen zur Sprache kommenden Zeitcharaktere nicht übergehen. Das *erste Kapitel* des Ersten Abschnittes untersucht daher den Weg, den Augustinus von phänomenalen Zeitcharakteren aus zur Einsicht in die Begriffsstruktur der *Ewigkeit* geht. Erst im *zweiten Kapitel* wenden wir uns der Zeit-Untersuchung im engeren Sinne zu. Obwohl dieser eine Bestimmung der Ewigkeit voraufgeht und im Zusammenhang damit Augustinus die Abkünftigkeit der Zeit aus der Ewigkeit, d.h. das Mitgeschaffensein der Zeit mit der Welt, betont, wird in der mit dem Kapitel 14 einsetzenden Behandlung der Zeit diese nicht etwa von der Ewigkeit her und in ihrem Geschaffensein, sondern aus ihr selbst her bestimmt. Die Zeit aus der Zeit her zu verstehen heißt aber, dem nachzugehen, wie und als was sich die Zeit im vorphilosophischen Zeitverständnis immer schon zeigt. Das zweite Kapitel macht daher deutlich, daß sich Augustins Untersuchung der Zeit als Zeit als ein *Gespräch* zwischen dem *natürlich-alltäglichen* und dem *philosophierenden Zeitverständnis* bewegt, und gibt einen Vorblick auf das *Aufbaugefüge* der Zeit-Untersuchung. Weil diese deutlich durch zwei Fragen an die Zeit gegliedert ist, handelt das *dritte Kapitel* von Augustins Frage nach dem *Sein oder Nichtsein der Zeit* und das *vierte Kapitel* von Augustins Frage nach dem *Wesen der Zeit*.

Nach der detaillierten Auslegung der Augustinischen Zeit-Untersuchung kann nun im *Zweiten Abschnitt* der Bedeutung gerade dieser Besinnung auf die Zeit für die phänomenologische Frage nach der Zeit im Denken Husserls und Heideggers nachgegangen werden. Das *erste Kapitel* ist dem Verhältnis der *Husserlschen Phänomenologie des inneren Zeitbewußtseins* zur Augustinischen Ansetzung von Sein und Wesen der Zeit in der Seele bzw. im Geist gewidmet. Gezeigt wird, in welchen von Augustinus erstmals gesehenen Phänomenen des Zeitverstehens Husserl eine Vorgestalt seiner eigenen Bemühungen um die Aufklärung des inneren Zeitbewußtseins sehen konnte.

Im *zweiten Kapitel* setzen wir *Heideggers phänomenologisch-hermeneutisches Fragen nach der existenzialen Zeitlichkeit des Daseins* ins Verhältnis zu Augustins Wesensbestimmung der Zeit als distentio animi. Es wird herausgearbeitet, inwiefern für Heidegger Augustins Antworten auf die Fragen nach Sein und Wesen der Zeit zu dem tendieren, was er selbst als die ekstatisch-horizontale Zeitlichkeit des Daseins zum Aufweis bringt.

Die Abhandlung schließt mit einer *rückblickenden Betrachtung* auf die Gegenwart der Augustinischen Zeit-Untersuchung in den von der jeweiligen Grundstellung her unterschiedlichen Phänomenologien Husserls und Heideggers.

ERSTER ABSCHNITT
DIE PHÄNOMENOLOGISCHE ZEIT-UNTERSUCHUNG
AUGUSTINS IN DEN „CONFESSIONES"

Erstes Kapitel
Zeit und Ewigkeit

§ 3. *Phänomenale Zeitcharaktere und die remotive Betrachtungsweise*
(XI, 1-9)

Wissentlich sagen wir „Zeit und Ewigkeit" und nicht, wie üblich, „Ewigkeit und Zeit". In dieser Umkehrung der üblichen Anordnung der Begriffe „Ewigkeit" und „Zeit" bekundet sich unsere Auffassung von der methodischen Vorgehensweise Augustins. Obwohl die Behandlung der Ewigkeit derjenigen der Zeit vorauf geht, gelingt Augustinus eine begriffliche Bestimmung der Ewigkeit nur im Ausgang und im negativen Abstoß von den spezifischen Zeitcharakteren. Wenn im Anschluß an die Bestimmung der Ewigkeit die Zeit eigens als Zeit befragt wird, erfolgt diese Untersuchung nicht etwa unter Rückgriff auf den Ewigkeits-Begriff. Nachdem im Rahmen der Erörterung der Ewigkeit ausgeführt ist, daß die Zeit selbst geschaffen ist, wird in der anschließenden Zeit-Untersuchung nicht so nach Sein und Wesensverfassung der Zeit gefragt, daß diese, Sein und Wesen, von der Ewigkeit her als ein Geschaffensein bestimmt werden. Vielmehr verhält es sich so, daß Augustinus in seiner Zeit-Untersuchung nicht mehr nach dem spekulativen, sondern nun nach dem phänomenalen Sein und Wesen der phänomenalen Zeit fragt, d.h. der Zeit so, wie sie sich im natürlich-alltäglichen Zeitverständnis zeigt. Diese methodische Vorgehensweise Augustins wird in der Literatur meistens übersehen.

Schon mit dem ersten Satz des 1. Kapitels wird die Thematik des XI. Buches der „Confessiones" eingeführt, wenn der Ewigkeit Gottes das In-der-Zeit-sein des Menschen und seiner Tätigkeiten gegenübergestellt wird. Die „Confessiones" sind ein bekennendes Reden *vor* Gott, *zu* Gott und *mit* Gott. So setzt auch das XI. Buch mit dem Sprechen *zu* Gott ein: Weil Du die Ewigkeit selbst bist, verstehst Du das, was ich Dir in den vorangegangenen Büchern in der Zeit (in tempore) schon gesagt habe und im jetzt beginnenden XI. Buch in der Zeit sagen werde, nicht auf zeitliche Weise (ad tempus). »In der Zeit« bedeutet: im zeitlichen Nacheinander. Während das menschliche Sprechen und Hören des Gesprochenen im zeitlichen Nacheinander verlaufen, ist das göttliche Vernehmen des vom Menschen innerzeitlich Gesprochenen nicht an das zeitliche Nacheinander gebunden. Vom innerzeitlichen Nacheinander her gesehen ist in der Ewigkeit Gottes dieses Nacheinander negiert. Weil der ewige Schöpfergott zugleich allwissend ist, weiß er im vorhinein das, was der mit ihm sprechende Mensch ihm zu sagen hat. Das Sprechen zu Gott beabsichtigt daher auch nicht, dem ewigen Gott mitzuteilen, was dieser noch nicht weiß. Es möchte vielmehr in dem zu Gott Sprechenden die Liebe zu Gott erwecken.

In diesem Zusammenhang taucht auch das Verbum *confiteri*, bekennen, auf. Confiteri und *confessio* haben für Augustinus eine mehrfache, eine vierfache Bedeutung. Der zu Gott Sprechende bekundet seine Liebe zu ihm, indem er ihm seine Erbärmlichkeit (miseria), zugleich aber auch das göttliche Erbarmen bekennt. Damit sind die beiden ersten Bedeutungen von confiteri angesprochen: 1. das Bekenntnis der eigenen Erbärmlichkeit, d.h. Sündhaftigkeit, also das Sündenbekenntnis; 2. das Bekenntnis des göttlichen gnädigen Erbarmens als Lobpreisung des gnädigen Gottes, der den Menschen aus seiner Sündhaftigkeit befreit und insbesondere Augustinus selbst aus der lang anhaltenden Gottabgewandtheit zur Gottsuche und Gotteserkenntnis geführt hat. Die 3. Bedeutung von confessio ist das Bekenntnis des Glaubens. Die 4. Bedeutung wird erst im 2. Kapitel des XI. Buches eingeführt. Sie ist es, die darüber Aufklärung verschaffen wird, inwiefern auch das Fragen nach der wahren Ewigkeit sowie nach Sein und Wesensverfassung der Zeit, inwiefern derartige philosophisch-theologische Untersuchungen auch einen konfessionalen Charakter haben.

§ 3. Zeitcharaktere und remotive Betrachtungsweise 25

Im 2. Kapitel teilt Augustinus mit, worüber er fortan in den folgenden Büchern der „Confessiones" handeln werde. Er möchte dem göttlichen Gesetz nachdenken (meditari in lege tua), d.h. dem in der Heiligen Schrift geoffenbarten Wort Gottes, es philosophisch-theologisch und somit begrifflich verstehen und Gott sein Wissen und Unwissen darüber bekennen (in ea tibi confiteri scientiam et inperitiam meam). Die 4. Bedeutung von confiteri besagt: Das Fragen und Suchen nach einem begrifflichen Verständnis geschieht in der Hinwendung zu Gott, als ein Sichaussprechen über das begrifflich Zuverstehende vor Gott. In diesem Sichaussprechen vor Gott bekennt Augustinus das, was er begrifflich versteht und als Wissen gewinnt, bekennt er aber zugleich auch das, was seiner begrifflichen Einsicht entzogen bleibt. Das gesuchte und gefundene, als solches zu bekennende Wissen (scientia) wird von Augustinus erläutert als primordia inluminationis tuae, als die Anfänge der Erleuchtung durch Dich, während das verbleibende Unwissen (inperitia) charakterisiert wird als die Überreste meiner Finsternis (reliquias tenebrarum mearum).

Das Wort „inluminatio" rührt an die Augustinische Lehre von der *Illumination*. Die theologisch-philosophische Lehre von der göttlichen Erleuchtung besagt nicht, daß durch diese dem Menschen die Erkenntnis in den Schoß fällt. Die göttliche Illumination entbindet den menschlichen Geist nicht von der Anstrengung der Erkenntnissuche und der Erkenntnisgewinnung. Aber der endliche menschliche Geist verdankt die jeweils gewonnene Erkenntnis nicht sich selbst und seiner Anstrengung des Begriffes allein, sondern der Befähigung zur geistigen Einsicht durch das göttliche Licht. Nicht nur in seinem eigenen, sondern im Lichte der göttlichen Erleuchtung schaut der menschliche Verstand die Wahrheit seiner durch das Nachdenken erworbenen Erkenntnisse.

Wenn sich Augustinus nunmehr aufmacht, ein begriffliches Wissen vom Inhalt des geoffenbarten Wortes Gottes zu gewinnen, so weiß er von vornherein, daß er, soweit ihm solches gelingt, sein Wissen der göttlichen Illumination verdankt. Insofern ist das bekennende Darlegen des als wahr erkannten Wissens zugleich auch eine confessio im Sinne der dankenden Lobpreisung Gottes für die Gewährung des erstrebten Wissens.

Augustinus möchte, wie er im 2. Kapitel sagt, den Dienst des Denkens und des Wortes (famulatum cogitationis et linguae meae) Gott als Opfer, d.h. als Lobopfer, darbringen. Deshalb bittet er Gott, ihm zu geben, was er ihm darbringen möchte. Was hier erbeten wird, ist die göttliche Illumination. „Ich will Dir bekennen alles, was ich in Deinen Büchern finde" (Confitear tibi quidquid invenero in libris tuis). Die Gewinnung der theologisch-philosophischen Einsichten und deren bekennendes Darlegen soll eine Lobpreisung Gottes als der ersten Quelle aller Wahrheit sein. Hier erfolgt auch der erste Hinweis darauf, daß Augustinus zuerst das geoffenbarte Wort Gottes über den „Anfang", in welchem Gott Himmel und Erde geschaffen, begreifen möchte.

Zu Beginn des 3. Kapitels bittet Augustinus: Laß mich hören und verstehen, wie Du „im Anfang Himmel und Erde erschaffen hast" (quomodo in principio fecisti caelum et terram). Er bittet nicht etwa um den Glauben an dieses Wort, sondern um das begriffliche Einsehen (intellegere). Das begriffliche Einsehen bleibt aber gestimmt auf ein Hören (audire), das in der Innerlichkeit des denkenden Geistes das Wort der göttlichen Erleuchtung vernimmt.

Mit dem 4. Kapitel beginnt die philosophisch-theologische Auslegung des ersten Verses der Genesis. Welchen Ausgang wählt Augustinus für sein Vorhaben?

Siehe, da-sind Himmel und Erde, sie rufen, daß sie geschaffen sind (Ecce sunt caelum et terra, clamant, quod facta sint). Augustinus geht also aus von Himmel und Erde, vom Ganzen des sichtbaren Seienden in seinem Sein (esse), das die Bedeutung von Vorhandensein, Wirklichsein hat. Dieses Seiende zeigt sich ihm in seinem Sein *als* einem Geschaffensein. Das clamare dürfen wir nicht nur bildlich verstehen, sondern müssen es in seiner hier grundsätzlich gemeinten Bedeutung des Sichzeigens nehmen. Das Erschaffensein ist der Sinn des Seins dieses sinnenfälligen Seienden. Daß sich dieses Seiende in seinem Sein als ein Erschaffensein bekundet, wird mit dem Hinweis auf das Sichverändern (mutari) und Sichwandeln (variari) begründet. Das Sichverändern und Sichwandeln sind in

§ 3. Zeitcharaktere und remotive Betrachtungsweise

der Tat ein phänomenaler Charakter von Himmel und Erde und allem, was diese Gegenden des Seienden umschließen. Was sich verändert und sich wandelt, das steht in Bewegungen. Alle Bewegungen verlaufen aber in der Zeit. Daß im Sichverändern und Sichwandeln die Zeit enthalten ist, wird auch aus dem folgenden Satz deutlich: Was aber nicht geschaffen ist und dennoch *ist*, in dem ist nichts, was vorher (ante) nicht gewesen war, also kein Sichverändern (mutari) und kein Sichwandeln (variari). Alles, was dem Wandel und der Veränderung unterworfen ist, ist solches, das jetzt ist, was es vorher noch nicht war, und was es nachher nicht mehr sein wird.

Jetzt, vorher und *nachher* nennen die drei Horizonte der *Zeit.* Um den Begriff des Seins als eines Nichterschaffenseins bilden zu können, muß Augustinus ausgehen vom Sein als Erschaffensein. Der Charakter des Erschaffenseins ist das sich zeigende Sichverändern und Sichwandeln, das im Nacheinander der Zeit geschieht. Dagegen ist das ungeschaffene Sein ein solches, das nur gedacht werden kann im denkenden Entfernen des zu allem innerzeitlichen Sichverändern und Sichwandeln gehörenden *Noch-nicht* und *Nichtmehr.* Lateinisch heißt „entfernen" removere, so daß wir fortan mit Heidegger (GA Bd. 23) ein solches denkendes Entfernen als die *remotive Betrachtungsweise* bezeichnen können.

Streng genommen geht Augustinus – methodisch gesehen – so vor: Das Seiende Himmel und Erde zeigt sich ihm in seinem phänomenalen Charakter des innerzeitlichen Sichwandelns und Sichveränderns. Aus der Quelle der *Offenbarung* weiß er von der göttlichen Schöpfung, vom Verhältnis des ungeschaffenen Schöpfers und der von ihm geschaffenen Welt. Um den göttlichen Schöpfer und seinen Schöpfungsakt begrifflich fassen zu können, kann Augustinus nicht unmittelbar diesen bestimmen, sondern nur mittelbar, im Ausgang vom phänomenal gegebenen Seienden, dessen phänomenale Charaktere des Sichwandelns und Sichveränderns aus dem geoffenbarten Wort von der göttlichen Schöpfung nunmehr als ein Geschaffensein gedeutet und begriffen werden. Das Geschaffensein seinerseits verweist auf ein ungeschaffenes schaffendes Seiendes, das aber nur in remotiver Betrachtung gedacht werden kann.

Himmel und Erde rufen nicht nur, daß sie in ihrem Sein geschaffen sind, sondern auch, daß sie sich nicht selbst geschaffen, nicht selbst ins Sein gebracht haben, sondern durch ein Anderes geschaffen sind. Denn um sich selbst ins Sein zu bringen, müßten sie schon vor ihrem Sein gewesen sein, um sich als Seiende allererst ins Sein zu bringen. Weil ein Sein vor dem Sein ein und desselben Seienden ein Widerspruch ist, ergibt sich die Zurückweisung des Gedankens einer Selbsterschaffung mit höchster Evidenz. Das Andere, das Himmel und Erde geschaffen hat, kann nur solches sein, das selbst schon ist, aber so, daß es nicht von einem Anderen geschaffen ist.

Das in der Zeit sich verändernde und als solches geschaffene Seiende ist schön (pulchra), aber nur insofern, als es von der Schönheit Gottes geschaffen ist. Dasselbe Seiende ist gut (bona), aber nur, weil es von Gott, der das Gute ist, geschaffen ist. Allem voran *sind* (sunt) Himmel und Erde, sie sind seiend, aber nur, weil sie von Gott, der das Sein schlechthin ist, geschaffen sind. Das geschaffene Seiende ist aber nicht in gleicher Weise seiend, gut und schön wie Gott als das Schöne, das Gute und das Sein schlechthin. Das geschaffene Seiende hat nur in endlicher Weise Teil am Sein, am Gutsein, am Schönsein. Hier ist, wie wir sehen, der Gedanke vorgebildet, der in der Scholastik unter dem Namen der Transzendentien und der analogia entis das Kernstück der mittelalterlichen Metaphysik bildet. Auch das Sein, Gutsein und Schönsein Gottes werden auf dem Wege der remotiven Betrachtung gedacht.

Nachdem im 4. Kapitel das Verhältnis von geschaffenem Seienden und ungeschaffenem Schöpfer gedacht worden ist, fragt das 5. Kapitel nach dem Wie des Erschaffens. Auf welche Weise hast Du Himmel und Erde erschaffen und welchen Mittels hast Du Dich dabei bedient? Das Erschaffen ist ein Hervorbringen. Dieses aber kennen wir von uns selbst her, die wir mannigfaltiges Seiende hervorbringen. Doch das uns vertraute menschliche Hervorbringen von solchem, was noch nicht ist und erst durch das Hervorbringen ins Sein gebracht wird, ist ein wesentlich endliches Hervorbringen, d.h. ein Hervorbringen von etwas aus einem anderen schon Seienden durch dessen Umformung. Dagegen soll das göttliche Hervorbringen als ein un-endliches gedacht werden, das nicht etwas aus etwas, sondern die Gesamtheit des außergöttlichen Seienden aus dem Nichts ins Sein bringt. Auch das Wie der göttlichen Hervorbringung kann nicht unmittelbar eingesehen und begriffen werden, sondern nur auf dem Wege der remotiven Betrachtung im Ausgang vom phänomenalen menschlichen Hervorbringen. Deshalb sagt Augustinus, daß Gott nicht wie der menschliche Künstler (homo artifex) hervorbringt. Es folgt eine Beschreibung dessen, wie das menschliche Hervorbringen von etwas in mannigfacher Weise bedingt ist. Der Mensch formt einen Körper aus einem anderen Körper, und zwar nach dem Gutdünken seiner Seele, die die Fähigkeit besitzt, ihm die Gestalt zu geben, die die Seele mit ihrem inneren Auge in sich selbst schaut. Die menschliche Seele vermag aber solches nicht aus sich selbst heraus, sondern nur insofern, als sie selbst ins Sein gebracht worden, d.h. geschaffen ist. Diese im Inneren der Seele geschaute Gestalt verleiht der Mensch über seinen Leib und die leibliche Formgebung dem schon vorhandenen, das Sein schon habenden Stoff, der sein Sein vom göttlichen Schöpfer hat.

Von allen im menschlichen Hervorbringen bestehenden Bedingtheiten muß das göttliche Hervorbringen denkend freigehalten werden. Während der Mensch nur etwas hervorbringen kann, sofern er dafür in seiner Ganzheit als Seele (Geist) und Leib von einem Anderen ins Sein gebracht ist, erschafft der Schöpfergott als das ungeschaffene Seiende. Darin liegt bereits ein Verweis auf die aeternitas. Während der Mensch nur etwas neues aus einem irgendwie schon seienden Stoff durch dessen Umformung hervorbringen kann, ist das göttliche Erschaffen nicht auf die Vorgabe eines Woraus angewiesen.

Hierin unterscheidet sich die christliche Schöpfungslehre Augustins von der Platonischen Lehre der Welteinrichtung durch den Demiurgen, der auf die ewigen Ideen hinsehend die völlig gestaltlose Urmaterie, die Chora, zum Kosmos gestaltet.[1] Zwar bezieht

---

[1] Platon, Timaeus 48 e 2 ff. In: Platonis Opera, recogn. Ioannes Burnet. 2. Auflage, Oxonii 1905-1910, Bd. IV.

Augustinus den ihm vertrauten Gedanken einer gestaltlosen Materie (materia informis) in seine Schöpfungslehre mit ein, aber so, daß er im 8. Kapitel des XII. Buches sagt: Du Herr, hast die Welt geschaffen aus dem formlosen Stoff, und ihn selbst hast Du aus dem Nichts zu Beinah-Nichts geschaffen (Tu enim, domine, fecisti mundum de materia informi, quam fecisti de nulla re paene nullam rem). Der formlose Stoff ist für Augustinus eine Zwischenstufe innerhalb der göttlichen Schöpfung, der zwar der gestalteten Welt vorausgeht, selbst aber auch aus dem Nichts geschaffen ist.

Augustinus fragt im 5. Kapitel, auf welche Weise Gott die Welt erschaffen habe. Auch die nun folgende Antwort hält sich in der remotiven Betrachtung, im negierenden Entfernen aller Bedingtheiten des menschlichen Hervorbringens. Während der Mensch auf der Erde und unter dem Himmel hervorbringt, hat Gott nicht im sichtbaren Himmel und nicht auf der Erde, nicht in der Luft und nicht im Wasser Himmel und Erde erschaffen. Gott hat nicht das Weltall (universum mundum) im Weltall (in universo mundo) erschaffen. Denn bevor das Weltall entstand, war nichts, „wo" es hätte entstehen können. Zweierlei ist damit gesagt. Der Ausdruck universus mundus benennt das Ganze des außergöttlichen Seienden. Bevor dieses ins Sein gebracht war, gab es überhaupt kein anderes nichtgöttliches Seiende, wo das Universum hätte entstehen können. Damit ist wieder betont, daß das Universum nicht aus etwas, sondern aus dem Nichts geschaffen ist. Zugleich ist aber auch gesagt, daß es vor der Schöpfung überhaupt kein Wo (ubi), also keinen Raum gab, so, daß dieser mit dem Universum mitgeschaffen ist. Während das menschliche Hervorbringen an irgendeinem Ort geschieht, ist das göttliche Schaffen frei von der Gebundenheit an den Raum, der selbst zum Geschaffenen gehört.

Doch erst der nächste Satz im 5. Kapitel spricht direkt aus, daß Gott nicht irgendetwas in der Hand hielt wie der Mensch, um aus einem Stoff das Universum zu schaffen. Erst hier wird der antike Gedanke einer Urmaterie, die dem göttlichen Schaffen vorgegeben wäre wie dem Platonischen Demiurgen, zurückgewiesen. Wenn es innerhalb des Schöpfungsaktes auch so etwas wie einen formlosen Urstoff geben sollte, dann kann dieser nicht ungeschaffen, sondern muß auch vom Schöpfer hervorgebracht sein. Alles, was irgendwie ist und nicht selbst Gott ist, hat sein Sein nur aus dem einzig ungeschaffenen Sein Gottes.

Nach dem dreifachen „nicht": nicht wie der menschliche Hervorbringer, nicht irgendwo an einem schon seienden Ort und nicht aus einem vorgegebenen Urstoff, erfolgt eine positive Antwort auf die Frage, in welcher Weise Gott das Weltall geschaffen habe. Das göttliche Erschaffen ereignet sich als ein Sprechen, das Sprechen des Schöpfungswortes, von dem auch in der Genesis die Rede ist.

Doch damit ist nun keineswegs das göttliche Sprechen des Schöpfungswortes schon begriffen. Auch das Sprechen kennen wir zunächst nur als das menschliche, das als phänomenales in der Zeit anfängt, eine Weile ertönt und dann wieder endet. Das göttliche Sprechen läuft nicht innerzeitlich ab; denn es ist das ewige Wort Gottes. Die Ewigkeit des Schöpfungswortes muß nun allererst gedacht werden.

Ein Begriff vom göttlichen Sprechen kann wiederum nur gewonnen werden im Ausgang von dem uns vertrauten phänomenalen Sprechen des Menschen, das ein stimmliches und in der Zeit verlaufendes ist. Nur im negierenden, im remotiven Absprung von den Charakteren der Zeit und des Innerzeitlichen kann der Begriff der Ewigkeit gewonnen werden.

Nun gibt es aber in der Heiligen Schrift, um deren theologisch-philosophische Durchdringung Augustinus bemüht ist, Textstellen, die sagen, daß sich das göttliche Sprechen auch der innerzeitlich verlaufenden Stimme bedient habe. Im 6. Kapitel, in dem Augustinus im Ausgang vom innerzeitlichen Sprechen und im negierenden Abstoß von den Zeitcharakteren den Begriff der Ewigkeit sucht, legt er nicht sein eigenes menschliches Sprechen, sondern ein solches innerzeitlich verlaufendes Sprechen zugrunde, das der Kundgabe eines göttlichen Wortes gedient hat. Augustinus wählt gerade dieses Beispiel, um den Ewigkeitscharakter des Schöpfungswortes auch noch vom göttlichen Sprechen vermittels einer innerzeitlich ertönenden Stimme abzuheben. Er erinnert an den Bericht aus dem Matthäus-Evangelium, Kapitel 17: Jesus zieht mit seinen Jüngern Petrus, Jakobus und Johannes auf einen Berg; dort schauen die Jünger, wie vor ihnen Jesus verklärt wird, wie Mose und Elia zu dem verklärten Jesus treten und mit ihm sprechen. Als Petrus den verklärten Jesus anspricht, überschattet sie eine lichte Wolke, aus der eine Stimme spricht: „Dieser ist mein lieber Sohn". Mit Hinweis auf *dieses* Sprechen Gottes, das von den Jüngern als ein stimmliches und in der Zeit verlaufendes vernommen wird, betont Augustinus, daß das Sprechen des Schöpfungswortes nicht von dieser Art sein kann.

Wenn nun die von den Jüngern vernommene Stimme in ihrer Seinsweise beschrieben wird, dann wird damit das phänomenale Sprechen überhaupt in seiner Seinsweise charakterisiert. Die Stimme hat sich bewegt (acta est) und hat sich hinüberbewegt (transacta est). Ihr Sichbewegen ist ein Sichhinüberbewegen. Das „trans" meint das „hinüber" aus dem jeweiligen Jetzt in das Nicht-mehr-jetzt. Das trans nennt also den Grundcharakter der Zeit: das Nacheinander der Jetzt und dessen, was jeweils das Jetzige dieser Jetzt ist. Die Stimme hat angefangen (coepta) und wurde beendet (finita). Sie erstreckt sich zwischen dem Jetzt ihres Anfangs und dem Jetzt ihres Endes. Aber wie erstreckt sie sich in diesem Zwischen? Die Silben der gesprochenen Worte ertönten und gingen vorüber (transierunt). Auch in der sich anschließenden Zeit-Untersuchung wird Augustinus mit Hilfe dieses transire die Zeit charakterisieren. Jetzt blickt die Beschreibung auf die einzelnen Silben der ertönenden Stimme, um zu zeigen, daß von dieser immer nur eine Silbe im strengen Sinne jetzt ist. Die zweite Silbe ist nur jetzt nach (post) der ersten, die dritte nach der zweiten. Wenn die dritte Silbe jetzt ertönt, sind schon die zweite und die erste Silbe hinübergegangen aus ihrem Jetzt in ihr Nicht-mehr-jetzt. Das Hinübergehen der Silben, die in ihrem Zusammenhang das Ganze der ertönenden Stimme bilden, geschieht ex ordine, nach der Ordnung der Zeit, des Nacheinander als des Grundcharakters der Zeit.

Weil diese von den Jüngern vernommene Stimme an die Ordnung der Zeit gebunden war, konnte diese Stimme nicht selbst das göttliche Wort sein, sondern eine von Geschöpflichem hervorgebrachte Stimme, die in ihrem Zeitcharakter der Vermittlung des ewigen Willens (aeternae voluntati tuae) diente. Hätte der Schöp-

§ 3. Zeitcharaktere und remotive Betrachtungsweise 33

fergott sein Schöpfungswort mit derartigen ertönenden und vorübergehenden Worten gesprochen (verbis sonantibus et praetereuntibus), dann hätte es vor der Erschaffung des Universums schon körperliche Schöpfung gegeben, durch deren innerzeitliche Bewegung die Stimme für das Schöpfungswort auf zeitliche Weise verlaufen wäre. Doch weil Himmel und Erde für die Totalität des außergöttlichen Seienden stehen, kann es vor (ante) der Erschaffung von Himmel und Erde kein anderes Körperwesen gegeben haben, durch dessen hervorgebrachte innerzeitliche Stimme das göttliche Schöpfungswort gesprochen worden wäre. Doch selbst dann, wenn es sich so verhalten hätte, daß irgendein Körperwesen vor der Erschaffung von Himmel und Erde existiert hätte, dann hätte dieses nicht ungeschaffen sein können, dann wäre dieses auch von Gott geschaffen, aber nicht wieder vermittels einer von Jetzt zu Jetzt hinübergehenden Stimme (transitoria voce).

Damit kehrt das 6. Kapitel zu seiner Ausgangsfrage zurück. Vorausgesetzt, das Schöpfungswort von der Erschaffung von Himmel und Erde habe sich einer körperlichen und innerzeitlichen Stimme bedient, so bleibt zu fragen, durch was für ein Wort dieses Körperwesen und dessen innerzeitliche Stimme für die Vermittlung des Wortes von der Erschaffung von Himmel und Erde erschaffen worden ist, wenn nicht durch ein in der Zeit von Jetzt zu Jetzt hinübergehendes. Wenn dieses Schöpfungswort das ewige ist, dann zielt die Frage darauf, wie diese Ewigkeit begrifflich zu bestimmen ist.

Für unser Absehen ist von besonderer Bedeutung, daß Augustinus für die Kennzeichnung der Zeit und des In-der-Zeit-seins die Verben transire und praeterire verwendet: transire als das Hinübergehen, praeterire als Vorbeigehen im Sinne von Vergehen. Das praeter erläutert das trans dahingehend, daß das Hinüber ein Hinweg in die Vergangenheit ist.

Bislang ist nur gesagt worden, daß das göttliche Schöpfungswort nicht als ein innerzeitliches gesprochen sein kann. Die noch ausstehende positive Kennzeichnung des göttlichen Sprechens erfolgt im 7. Kapitel. Das Schöpfungswort ist nicht auf zeitliche Weise (temporaliter), sondern immerwährend (sempiterne) gesprochen. Das erste Wort für die positive Bestimmung des göttlichen Sprechens ist das Adverb „sempiterne" bzw. das Adjektiv „sempiternus". Die positive Bestimmung des göttlichen Sprechens sagt aber auch, daß durch das immerwährend gesprochene Schöpfungswort alles (omnia) gesprochen wird.

Die Erläuterung des „sempiterne" und „omnia" erfolgt ebenfalls in remotiver Betrachtungsweise, nicht nur so, daß das temporaliter lediglich negiert wird, sondern so, daß bestimmte Charaktere des Zeitlichseins herausgehoben und so entfernt werden, daß dadurch positiv die Bedeutung der zu denkenden Ewigkeit aufleuchtet. Es genügt nicht, dem Zeitlichen bzw. Innerzeitlichen das Immerwährende nur entgegenzusetzen, sondern es muß gefragt werden, wie das Immerwährende eigens zu denken ist. Es kann aber nur begrifflich gedacht werden durch einen in bestimmter Weise ausgerichteten remotiven Absprung. Das im göttlichen Sprechen Gesprochene endet nicht (non finitur) wie das innerzeitliche Sprechen. Das Immerwährend wird also zunächst als Negation des innerzeitlichen Endes gedacht. Das allein könnte aber bedeuten, daß sich das göttliche Sprechen vom menschlichen lediglich darin unterscheidet, daß es nicht wie dieses in der Zeit irgendwann endet, sondern in der Zeit fortwährend, endlos geschieht. Daß im immerwährenden Sprechen des Schöpfungswortes alles (omnia) gesprochen wird, erhält seine Erläuterung durch den Hinweis, daß darin nicht anderes (neque aliud) gesprochen wird, damit alles gesprochen werden kann. In diesem Hinweis ist wieder das Eigentümliche des innerzeitlichen Sprechens gekennzeichnet. Inwiefern?

Wenn wir einen Satz sprechen, verläuft dieses Sprechen im Nacheinander der Zeit, d.h. ihrer Jetztfolge. In jedem Jetzt ist immer nur ein Teil, eine Silbe des ganzen Satzes gesprochen. Jedes Jetzt jener Zeitspanne, die das Sprechen des ganzen Satzes benötigt, enthält immer wieder anderes, eine andere Silbe der Worte meines ganzen Satzes. Um das Ganze des Satzes und seiner Bedeutung aussprechen zu können, bedarf ich des Nacheinander der Jetzt, in denen immer wieder anderes des Ganzen meines Satzes gesprochen ist.

§ 3. Zeitcharaktere und remotive Betrachtungsweise 35

Das göttliche Sprechen des Schöpfungswortes sagt dagegen nicht immer wieder anderes, um das Ganze sagen zu können, sondern sagt immerwährend alles zugleich (simul). So wie das „immerwährend" das positive Gegenwort zu „zeitlich endend" ist, so ist jetzt das „zugleich" das positive Gegenwort zum „nacheinander". Während das Zusagende des phänomenalen Sprechens in seiner Ganzheit ein Auseinander im Nacheinander der Zeit ist, ist die Ganzheit des im Schöpfungswort Gesagten kein Auseinander und kein Nacheinander. Im „simul" ist somit das Nacheinander der Jetzt negiert.

Aber auch das „simul" kennen wir zunächst als die phänomenale Gleichzeitigkeit. Was in diesem Sinne „zugleich", „gleichzeitig" ist, ist mit anderem in ein und derselben Zeit, d.h. in ein und demselben Jetzt. Das phänomenale Jetzt ist jedoch ein solches, das kontinuierlich übergeht in das Nicht-mehr-jetzt und sich kontinuierlich erneuert aus dem Noch-nicht-jetzt. Es genügt daher noch nicht, dem zeitlichen Nacheinander des menschlichen Sprechens das Zugleich des göttlichen Sprechens gegenüberzustellen. Dieses Zugleich, in dem alles, die Ganzheit des Schöpfungswortes, gesprochen ist, bedarf noch weiterer Klärung. Würde im Sprechen des Schöpfungswortes nicht „alles" zugleich und immerwährend gesprochen, dann handelte es sich um Zeit (tempus) und Veränderung (mutatio) und nicht um wahre Ewigkeit (vera aeternitas) und wahre Unvergänglichkeit (vera inmortalitas). Zeit heißt aber: Nacheinander der Jetzt, und Veränderung besagt, daß das innerzeitlich Seiende nicht beständig, sondern von Jetzt zu Jetzt sich verändernd und im Sichverändern vergehend ist, übergehend in das Nicht-mehr.

Damit wird immer deutlicher, daß die verschiedenen Charaktere des „nicht", die zur Zeit als solcher gehören, eigens gedanklich entfernt werden müssen, um den Begriff der wahren Ewigkeit als der wahren Unvergänglichkeit denken zu können.

Bevor Augustinus noch im 7. Kapitel einen Schritt weitergeht, tritt erst einmal der Bekenntnis-Charakter der bis jetzt gediehenen Wissensgewinnung hervor. Was Augustinus bislang an gedanklicher Einsicht gewonnen hat und was von ihm als sichere Wahrheit (certa veritas) bezeichnet wird, das bekennt er vor Gott, und für diese Gewährung begrifflicher Einsicht lobpreist er Gott. Die Gewährung dieser gedanklichen Einsicht geschieht aus der göttlichen Illumination, so, daß die 4. Bedeutung von confessio, das lobpreisende Bekenntnis der gewonnenen wahren Erkenntnisse vor Gott, aus der Illuminationslehre sich ergibt.

In der zweiten Hälfte des 7. Kapitels erfolgt die jetzt nötige Verschärfung des remotiven Absprungs von den Nicht-Charakteren der Zeit. Was durch Vergehen (mori) und Entstehen (oriri) bestimmt ist, das innerzeitlich Geschehende, ist solches, was jetzt nicht mehr ist, was es war (non est quod erat), und was jetzt ist, was es vorher noch nicht war (est quod non erat). Das menschliche Sprechen, das schon eine Zeitlang geschieht, ist mit der Silbe, die jetzt erklingt, nicht mehr jene schon zuvor erklungenen Silben. Zugleich ist es mit derselben jetzt erklingenden Silbe das, was es in der unmittelbar vorangegangenen Silbe, als diese jetzt war, noch nicht war.

Worauf Augustinus den Blick hinlenkt, läßt sich auch so sagen: Die im zeitlichen Nacheinander extendierte Stimme ist mit ihrer jetzt erklingenden Silbe die unmittelbar vorangegangene Silbe nicht mehr und die sogleich folgende Silbe noch nicht. Jedes Jetzt und Jetzige ist umgeben von einem Nicht-mehr und einem Noch-nicht, und zwar so, daß das Jetzt nicht als dieses Jetzt bleibt, sondern fließend übergeht in das Nicht-mehr-jetzt, jedoch nicht so, daß in der Zeit ein Loch entstünde, sondern so, daß das in das Nicht-mehr-jetzt übergehende Jetzt ersetzt wird durch ein neues Jetzt, das fließend aus dem Noch-nicht-jetzt übergeht.

Mit Blick auf diesen zwiefachen Nicht-Charakter des innerzeitlichen Sprechens sagt Augustinus, daß es beim Sprechen des Schöpfungswortes nichts gibt, was weicht (cedit), und nichts, was nachfolgt (succedit). Die wahre Unvergänglichkeit und Ewigkeit des Schöpfungswortes ist frei vom Entweichen in das Nicht-mehr und vom Nachfolgen und Heranrücken aus dem Noch-nicht. Diese beiden zeithaften Nicht-Charaktere sind es, die eigens im Denken weggehalten werden müssen, um den Blick freizugeben für ein Sein ohne Übergang in das Nicht-mehr und ohne Ergänzung aus dem Noch-nicht.

§ 3. Zeitcharaktere und remotive Betrachtungsweise

Was Du sprichst – sagt Augustinus in der Anrede Gottes –, das sprichst Du durch das mit Dir gleichewige Wort „in einem zumal und immerwährend alles". Nachdem jetzt ausdrücklich das Nicht-mehr und das Noch-nicht aus dem göttlichen Sprechen entfernt sind, ist überhaupt das zeitliche Nacheinander negiert. Denn das Nacheinander ist nur, wie es ist, im Zusammenhang mit dem Nicht-mehr, in das das jeweilige Jetzt übergeht, und im Zusammenhang mit dem Noch-nicht, aus dem sich das Jetzt erneuert. „Immerwährend" kann daher nicht mehr heißen „endlos" in der Jetztfolge sich durchhaltend. Im „immerwährend" sind die Jetzt*folge* und das Nicht-mehr sowie das Noch-nicht negiert.

Die Ganzheit des im Schöpfungswort Gesprochenen wird nicht im Nacheinander, sondern im Zugleich gesprochen. Wir übersetzen jetzt das simul nicht mehr als „zugleich", sondern als „zumal", um dadurch anzudeuten, daß wir das simul nicht im Sinne der Gleichzeitigkeit denken dürfen. Die „gleiche" Zeit meint das gleiche, besser dasselbe Jetzt für Mehreres. So können z.B. zwei Stimmen zugleich erklingen. Jedes Jetzt ist dasselbe Jetzt für die jeweils jetzt gesprochene Silbe der einen wie der anderen Stimme. Daß das, was alles im Schöpfungswort gesprochen wird, simul, zumal gesprochen wird, heißt nicht, daß es statt in einer Jetztfolge nach und nach nur in einem Jetzt, also gleichzeitig gesprochen wird. Denn dieses Jetzt wäre immer noch ein Jetzt in der Jetztfolge, nur daß alles, was gesprochen wird, gleichsam in einem einzigen Jetzt zusammengedrängt wäre. So wie im „immerwährend" das Nacheinander und mit ihm das Nicht-mehr und das Noch-nicht negiert sind, so muß nun auch das simul freigehalten werden von der Gleichzeitigkeit.

Während aber das göttliche Sprechen, d.h. das Erschaffen, in einem zumal und immerwährend und in diesem Sinne ewig ist, läßt sich von dem darin geschaffenen Seienden nicht sagen, daß alles zugleich und als Immerwährendes entsteht. Das bedeutet zweierlei. Das geschaffene Seiende ist nicht wie das göttliche Schaffen, aus dem es hervorgeht, durch das simul im Sinne des überzeitlichen Zumal und nicht durch das sempiterne im Sinne des überzeitlichen Immerwährend bestimmt. Vor allem aber entsteht das geschaffene Seiende nicht dadurch, daß es aus dem simul des göttlichen Sprechens hervorgeht, gleichzeitig mit allem. Ferner entsteht es nicht dadurch, daß es seinen Seinsgrund im sempiterne des göttlichen Sprechens hat, als ein solches Seiende, das nicht vergeht, sondern endlos sich im Sein hält. Ein Blick auf das geschaffene, innerzeitliche Seiende zeigt, daß nicht alles zugleich, in einem und demselben Jetzt, ist, sondern im Nacheinander der Jetzt, und daß es wieder in der Zeit endet.

Die sich hier zeigende gedankliche Schwierigkeit wird im 8. Kapitel aufgelöst. Die Schwierigkeit besteht darin, die Spannung zwischen dem jetzt in den Blick genommenen „zumal und immerwährend alles" des göttlichen Schaffens und dem innerzeitlichen Nacheinander sowie Enden des geschaffenen Seienden denkend zu bestehen. Augustinus antwortet hierauf: Alles, was in der Zeit anfängt zu sein und in der Zeit aufhört zu sein, fängt dann an und hört dann auf zu sein, wann sein innerzeitliches Anfangen- und Aufhören-sollen in der ewigen Vernunft des Schöpfergottes erkannt, d.h. gesetzt worden ist. Dieses erkennende Setzen in der göttlichen Vernunft gehört zum Sprechen des Schöpfungswortes, das in der erläuterten Weise alles zumal und immerwährend, also ewig spricht, so, daß es in ihm selbst kein innerzeitliches Anfangen und Aufhören gibt. Das Wann des innerzeitlichen Anfangs und Endes des geschöpflichen Seienden ist nicht auch das Wann, in dem sich der Schöpfergott entschließt, das Seiende entstehen und vergehen zu lassen. Die Zeitordnung und die Ordnung des innerzeitlichen Entstehens und Vergehens hat im ganzen ihren Ursprung in der Vernunft des Schöpfergottes. Doch als von ihr entsprungene, aus ihr hervorgegangene, darf sie nicht auf ihren Ursprung zurückgedeutet werden. Der entspringenlassende Ursprung darf nicht von dem aus ihm Entsprungenen her, sondern kann nur im remotiven Absprung von ihm gedacht und bestimmt werden.

Das Sprechen des Schöpfungswortes ist der Anfang (principium), in welchem Himmel und Erde, das außergöttliche Seiende, geschaffen sind. Von allem, was bislang vom göttlichen Schöpfungswort in remotiver Betrachtung gesagt und in dem „simul et sempiterne omnia" zusammengefaßt wurde, fällt nun auch ein Licht auf den „Anfang". Es ist nicht der innerzeitliche, in einem Jetzt liegende Anfang, das umgeben ist vom Nicht-mehr und vom Noch-nicht, sondern der bleibende Anfang (principium..., nisi maneret). Allein, er bleibt nicht so, wie das innerzeitlich Bleibende von Jetzt zu Jetzt beharrt, sondern er bleibt unwandelbar in seinem Sein, das frei ist vom Nicht-mehr und Noch-nicht. Auch das Bleiben, das Sich-nicht-verändern des Anfangs, kann nur gedacht werden im remotiven Abstoß vom innerzeitlichen Beharren, d.h. von einem relativen Sichdurchhalten von Etwas durch den fließenden Übergang des Jetzt in das Nicht-mehr und des Noch-nichtjetzt in das Jetzt. Der Anfang, in dem Gott Himmel und Erde erschaffen hat, ist als principium das Erste, von woher alles geschaffene Seiende als das in der Zeit entstehende, eine Zeitlang dauernde und wieder vergehende Seiende sein Sein hat.

Im 9. Kapitel sagt Augustinus etwas Wesentliches zum Erkenntnischarakter jener philosophisch-theologischen Erkenntnis, in der in remotivem Abstoß von den verschiedenen Charakteren der Zeit der begriffliche Einblick in die Ewigkeit gesucht wird. In wunderbarer, daher unfaßlicher Weise (miro modo) ist das göttliche Schöpfungswort gesprochen, in einer Weise, die der geschaffene endliche Mensch nicht begreifen und darlegen kann. Indes ist das, was hier verneint wird, nicht das bis jetzt gewonnene Verständnis, so als ob nun rückblickend gesagt werden sollte, daß wir überhaupt kein begriffliches Verständnis von der Ewigkeit des Schöpfungswortes gewinnen könnten. Was jetzt verneint wird, ist dieses: daß wir auch in der remotiven Betrachtungsweise nicht zu einem vollen Einblick in das Wesen der Ewigkeit gelangen. Die Ewigkeit des Schöpfungswortes gibt sich ihm nur zu verstehen in der Weise eines Aufblitzens (interlucet). Nur für den jeweiligen Augenblick des gedanklichen Sichabstoßens von den Zeitcharakteren blitzt etwas auf von der Ewigkeit, was sich sogleich wieder verdunkelt, um in einem neuen gedanklichen Absprung von den Zeitcharakteren erneut augenblickshaft aufzuleuchten. Das ist in der Tat eine zutreffende Beschreibung des Erkenntnischarakters jener Erkenntnis, die nur eine solche für den Augenblick des remotiven Absprungs ist. Ist dieser Absprung vollzogen, stehen wir nicht vor der Ewigkeit, um sie selbst fortwährend zu schauen und zu begreifen.

§ 4. Die niemals stehenden Zeiten,
der remotive Abstoß und die immer stehende Ewigkeit (XI, 10-13)

Im 10. Kapitel läßt Augustinus einen Einwand zu Worte kommen, der ihm dazu dient, durch eine schrittweise Zurückweisung den bislang gewonnenen Begriff von der überzeitlichen Ewigkeit zu verschärfen und die Geschaffenheit der Zeit herauszustellen.

Der Einwand formuliert sich in einer Reihe von Fragen. Heißt es in der Genesis: „Im Anfang" schuf Gott Himmel und Erde, was tat dann Gott, bevor (antequam) er Himmel und Erde schuf? Derjenige, der diesen Einwand ausspricht, gibt auch gleich die Antwort: Gott war vor seiner Schöpfung müßig (vacabat) und wirkte nichts (non operabatur aliquid).

Aus dieser Antwort folgt die zweite Frage: Warum blieb dann Gott nicht immer (non semper) und in der Folge (deinceps) ebenso müßig, wie er vor der Schöpfung immer (semper) allen Wirkens sich enthalten hatte? Der so Fragende beantwortet auch diese Frage sich selbst: In Gott muß irgendeine Regung und ein neuer Wille, ein Willensentschluß zur Hervorbringung des Geschöpflichen, entstanden sein, das er niemals vorher (ante) hervorgebracht hatte.

Diese Antwort führt zur dritten Frage: Auf welche Weise kann dort noch von wahrer Ewigkeit (vera aeternitas) die Rede sein, wo ein Willensentschluß entsteht, der vorher nicht war (non erat)? Mit den anschließenden Ausführungen desjenigen, der diesen Einwand formuliert, wird versucht, die wahre Ewigkeit Gottes im ganzen zu unterhöhlen. Die bislang schon in Frage gestellte Ewigkeit zugunsten des In-der-Zeit-seins läßt sich nicht nur – so der Einwendende – auf den göttlichen Willen und Willensentschluß beschränken, so, als ob es zwischen Gott und seinem Willen eine Differenz gäbe. Der göttliche Wille ist nicht selbst etwas Geschöpfliches und als solches ein Innerzeitliches. Geschöpfliches kann nur geschaffen werden aufgrund des göttlichen Willens, der als solcher allem Geschaffenen voraufgeht. Daraus folgt dann aber, daß der Wille Gottes und somit der Schöpfungswille zur Substanz Gottes selbst gehört (ad ipsam dei substantiam pertinet). Somit ist das Entstehen des Willensentschlusses zur Schöpfung in der göttlichen Substanz selbst anzusetzen. Wenn aber in dieser der Willensentschluß zur Schöpfung entstanden ist, der früher (prius) nicht bestand, kann die göttliche Substanz selbst nicht wahrhaft ewig genannt werden.

Sollte nun aber diesem Einwand gegenüber entgegnet werden, daß der Schöpfungswille der göttlichen Substanz gar nicht entstanden sei, sondern immerseiender (sempiterna) Wille war, dann – so der Einwendende – müsse gefragt werden, warum nicht auch die Schöpfung immerseiende, d.h. ohne Anfang sei. Entweder ist der Schöpfungswille in der göttlichen Substanz entstanden; dann ist der Anfang ein innerzeitlicher. Oder der Schöpfungswille war immer schon ohne innerzeitlichen Anfang; dann ist auch die Schöpfung immer schon endlos in der Zeit seiend. Soweit der Einwand.

Man sieht sehr schnell, von welchen Voraussetzungen dieser Einwand ausgeht: daß es die Zeit als solche – abgesehen vom innerzeitlich geschaffenen Seienden – schon vor der Schöpfung des außergöttlichen Seienden gab. Deshalb hält Augustinus zu Beginn des 11. Kapitels demjenigen, der diesen Einwand formuliert hat, entgegen, er versuche, das Ewige denkend zu erfassen, aber mit den Charakteren der Zeit, anstatt sich denkend von den Zeitcharakteren abzustoßen und so für einen Augenblick die wahre Ewigkeit zu erblicken. Die wahre Ewigkeit wird jetzt „die immer stehende Ewigkeit" genannt (semper stans aeternitas) im Abstoß von den niemals stehenden Zeiten (tempora numquam stantia). Das Nichtstehen der Zeiten, Zeitabschnitte, ist deren transire und praeterire, ist ihr Hinüber- und Vorübergehen. Das Nichtstehende an der Zeit ist ihr Charakter des zwiefachen Übergänglichen: aus dem Noch-nicht-jetzt in das Jetzt und aus diesem in das Nicht-mehr-jetzt. Wenn das Jetzt die Gegenwart an der Zeit ist, das Nicht-mehr-jetzt die Vergangenheit und das Noch-nicht-jetzt die Zukunft, dann ist die wahre Ewigkeit die nicht in das Vergangen übergehende und sich nicht aus dem Künftigen erneuernde, d.h. die nicht in sich übergängliche, sondern die stehende Gegenwart.

Diejenigen – sagt Augustinus im 11. Kapitel –, die jenen Einwand vorbringen, verstehen noch nicht (nondum intellegunt), auf welche Weise das geschieht, was durch Gott und in Gott, das Erschaffen des außergöttlichen Seienden, geschieht. Das „intellegere" meint hier das philosophisch-begriffliche Verständnis. Sie versuchen, das Ewige zu erfassen, aber sie orientieren sich für das Begreifen der Ewigkeit des göttlichen Erschaffens an den vergangenen und künftigen, an den innerzeitlichen Bewegungen der Dinge, die durch den Übergang des Noch-nicht-jetzt in das Jetzt und des Jetzt in das Nicht-mehr-jetzt bestimmt sind. Was sie nicht verstehen, ist das denkende Sichabstoßen von den Zeitcharakteren, um in der Richtung, in die der remotive Abstoß erfolgt, die überzeitliche Ewigkeit begrifflich zu fassen. In diesem denkenden Sichabstoßen entsteht der Begriff der wahren Ewigkeit.

Allein, als „immer stehend" kann die aeternitas nur im Abstoß von der Zeit und ihrem „niemals Stehen" angedacht werden. Die „niemals stehenden Zeiten" sind die Zeitabschnitte, in denen das innerzeitliche Seiende ist und dauert. An der Zeitdauer, während welcher ein Zeitding sich in der Zeit hält, zeigt sich nichts, was „steht". Die Zeitdauer eines Innerzeitlichen ist an ihr selbst bestimmt durch den kontinuierlichen Übergang des Jetzt in das Nicht-mehr-jetzt und des Noch-nicht-jetzt in das Jetzt. Dieser Charakter des kontinuierlichen Übergehens ist das, was Augustinus das Nichtstehen der Zeit nennt. Wenn dieser zwiefache Übergangscharakter der Zeit im Denken weggehalten wird, blicken wir auf ein Jetzt, das nicht übergeht in das Nicht-mehr und nicht von einem Noch-nicht-jetzt verdrängt wird. Dieses vom Nicht-mehr und vom Noch-nicht nicht betroffene Jetzt ist das nicht-übergehende, das stehende Jetzt, das nunc stans.

Die niemals stehende Zeit und die immer stehende Ewigkeit sind unvergleichbar (incomparabile). Das soll sagen, daß die wahre Ewigkeit nur im recht geleiteten remotiven Abstoß von den Zeitcharakteren gedacht werden kann.

Es liegt aber im Sinne dieses remotiven Absprungs, daß nicht nachträglich doch wieder oder versteckterweise Zeitcharaktere den Begriff der wahren Ewigkeit verfälschen. Diese Warnung sprechen auch die folgenden Sätze aus: Die Ewigkeit darf nicht am Vorbild einer „langen Zeit" (longum tempus) gedacht werden, so, als ob eine lange Zeit ein Stück Ewigkeit wäre. Die Zeit, in der etwas lange dauert, wird nur eine lange Zeit „aus den vielen vorübergehenden Bewegungsphasen" (ex multis praetereuntibus motibus), die nicht zugleich (simul) sind, sondern nur im Nacheinander sich erstrecken können. Auch die lange Zeit, in der etwas dauert, ist nicht stehend, sondern in sich steter Übergang aus dem Jetzt in das Nicht-mehr.

Dagegen gibt es im Ewigen (in aeterno) überhaupt kein Vorübergehen (praeterire), keinen Übergang aus einer übergänglichen Gegenwart in die Vergangenheit. Das Ganze des Ewigen erstreckt sich nicht lang, auch nicht endlos in der Zeit und deren Übergang, sondern ist als ihr überzeitliches Ganzes gegenwärtig (praesens), aber gegenwärtig in einer Gegenwart, die, weil sie kein praeterire kennt, nicht in das Nicht-mehr-jetzt übergeht.

Demgegenüber gibt es keine Zeit eines Innerzeitlichen, die in ihrer Ganzheit als nur gegenwärtig ohne Übergang in das Nichtmehr wäre. Das Wesenhafte des Nacheinander an der Zeit, ihres zwiefachen Übergangscharakters, beschreibt Augustinus so: Alles Vergangene ist vergangen, ist aus dem Jetzt in das Nicht-mehr-jetzt hinübergegangen, weil es vom Künftigen, vom Übergang des Noch-nicht-jetzt in das Jetzt, verdrängt wird aus dem Jetzt. Alles Künftige folgt auf das Vergangene, insofern es dem in das Nichtmehr-jetzt übergehenden Jetzt folgt, aber folgt als der Übergang des Noch-nicht-jetzt in das Jetzt.

Zum Abschluß des 11. Kapitels wird erstmals das Hervorgehen der Zeit aus der Ewigkeit gedacht. Alles Vergangene und alles Kommende (omne praeteritum ac futurum) wird von dem, was immer gegenwärtig ist (quod semper est praesens), geschaffen, so, daß es aus ihm hervorgeht. Hier, wo das Verhältnis der Zeit als des Entsprungenen zu ihrem sie entspringenlassenden Ursprung, der Ewigkeit, gedacht wird, kommt die Zeit hinsichtlich ihrer Horizonte der Vergangenheit und der Zukunft ohne Nennung der Gegenwart in den Blick. Inwiefern? Doch wohl deshalb, weil es gerade diese beiden Dimensionen sind, die die Gegenwart nicht reine, stehende, sondern nur in sich übergängliche Gegenwart sein lassen. Die stete, vom Übergang des Noch-nicht in das Jetzt und des Jetzt in das Nicht-mehr-jetzt nicht betroffene Gegenwart ist der Ursprung der Zeit mit ihren drei Dimensionen. Die stehende Ewigkeit (stans aeternitas), die als stehende frei ist vom Künftigen (futura) und vom Vergangenen (praeterita), verfügt als der hervorgehenlassende Ursprung über die Zeit in ihren drei Horizonten der übergänglichen Gegenwart, der Vergangenheit und der Zukunft.

Im 12. Kapitel antwortet Augustinus selbst auf die Frage, die der Einwendende im 10. Kapitel gestellt und die er für sich selbst auf eine unstatthafte Art beantwortet hatte. Auf die Frage, was Gott „vor" der Schöpfung getan habe, muß die Antwort lauten: Bevor er Himmel und Erde, das Ganze des außergöttlichen Seienden, schuf, hat er nicht irgendetwas getan. Jetzt aber kommt es darauf an, dieses „antequam" nicht als ein innerzeitliches zu denken, weil auch der „Anfang" kein innerzeitlicher ist. Vielmehr muß das „im Anfang" auf dem Wege des remotiven Abstoßes gedacht werden, wobei sich zeigt, daß das „in principio" als stehende Gegenwart ohne ein Vorher und Nachher zu denken ist.

Im 13. Kapitel erweist sich die Frage aus dem 10. Kapitel, was Gott vor der Erschaffung des außergöttlichen Seienden getan habe, als eine Scheinfrage. Denn diese Frage setzt eine lange, endlose Zeit vor der Schöpfung an, ohne zu beachten, daß auch diese endlose Zeit mit ihrem Vergangen und Künftig geschaffen ist.

Das ungeschaffene göttliche Seiende wird von Augustinus bestimmt als omnipotens (allmächtig), omnicreans (allerschaffend) und omnitenens (allerhaltend). Die Allmacht besagt, daß Gott mächtig ist über alles Außergöttliche. Diese Allmacht äußert sich darin, daß Gott alles nichtgöttliche Seiende ins Sein bringt und für die Dauer seines endlichen Seins im Sein erhält. Zum Außergöttlichen gehört aber auch die Zeit mit ihrem Nicht-mehr und Nochnicht, so, daß der Schöpfergott auch der Urheber (auctor) und

Gründer (conditor) aller Zeiten, auch der als endlos angesetzten Zeit, ist. Daher kann es gar keine lange oder endlos lange Zeit vor der Schöpfung gegeben haben, weil auch diese Zeit erst in der Schöpfung entspringt. Die Zeit, ihr Nacheinander, ihren Hinüber- und Übergang, gab es nicht vor der Erschaffung des außergöttlichen Seienden, sondern die Zeit wurde mit diesem Seienden als dessen Zeitform mitgeschaffen. Das Schaffen selbst und das „im Anfang" müssen denkend freigehalten werden von jenen Zeitcharakteren, die zum Übergang aus dem Noch-nicht und in das Nicht-mehr gehören. Weil es keine Zeit gab vor der Erschaffung des außergöttlichen Seienden, gab es auch kein „damals" (tunc).

Wie geht das göttliche allerschaffende Seiende dem geschaffenen Seienden und dessen Zeitform voran? Dieses Vorangehen (praecedere) hat keinen zeitlichen Sinn. Gott als der Ursprung für die Zeit als solche und deren Charaktere kann der Zeit nicht „in" der Zeit vorangehen, sondern nur so, wie die Ewigkeit als Ursprung der Zeit dieser voraufgeht. Die immer gegenwärtige Ewigkeit Gottes (semper praesens aeternitas) geht allem Vergangenen vorher (praecedis omnia praeterita), aber nicht so, wie ein früheres Jetzt dem späteren vorhergeht, nicht auf zeitliche, sondern auf überzeitliche Weise. Die immer gegenwärtige Ewigkeit geht allem Vergangenen, geht der Vergangenheit als dem einen Zeithorizont so voran, wie der entspringenlassende Ursprung seinem Entsprungenen vorangeht.

Die immer gegenwärtige Ewigkeit überragt alles Künftige (superas omnia futura). Während Augustinus für das Verhältnis der Ewigkeit zur Vergangenheit vom praecedere spricht, charakterisiert er das Verhältnis der Ewigkeit zur Zukunft als ein Überragen (superare). Auch dieses Überragen im Sinne des der Zukunft Vorhergehens ist nicht von der Art, wie ein künftiges Jetzt durch ein in noch fernerer Zukunft liegendes künftiges Jetzt überragt wird. Die Weise, in der die immer gegenwärtige Ewigkeit auch die Zukunftsdimension der Zeit überragt, ist ebenfalls überzeitlicher Art. Die immer gegenwärtige Ewigkeit, die stehende Gegenwart, ist Ursprung für die Zukunft wie für die Vergangenheit und damit auch für die nicht stehende Gegenwart.

Das 13. Kapitel schließt mit einer Gegenüberstellung von Ewigkeit und Zeit. Auch diese Gegenüberstellung muß so verstanden werden, daß das, was jetzt als abschließende Charakterisierung der wahren Ewigkeit genannt wird, nur im remotiven Abstoß von den entsprechenden Zeitcharakteren gewonnen ist. Die Ewigkeit des Seins Gottes wird gefaßt als das idem ipse esse, als das unwandelbar selbe Sein selbst, gewonnen als begriffliche Bestimmung im Abstoß vom innerzeitlichen Sichverändern. Die Ewigkeit Gottes ist frei von einem Abnehmen und Schwinden (deficere), gesagt im Absprung von allem zeitlichen Sein, das so in der Zeit ist, daß es von Jetzt zu Jetzt an Sein verliert. Die aeternitas kennt kein ire und venire, kein Gehen als Hinübergehen aus dem Jetzt in das Nicht-mehr-jetzt, und kein Kommen aus dem Noch-nicht-jetzt in das Jetzt. Das Vergehen und Kommen kann der Ewigkeit nur im Abstoß vom zeitlichen Vergehen und Kommen abgesprochen werden.

Daraus, daß Augustinus in der Gegenüberstellung von Ewigkeit und Zeit zuerst die Ewigkeit kennzeichnet und ihr dann die Zeit entgegenstellt, dürfen wir nicht meinen, die Charakterisierungen der Zeit erwüchsen im Herkommen von der Ewigkeit. Vielmehr verhält es sich umgekehrt.

Das Ganze des innerzeitlichen Seins ist nur ganz im Nacheinander des Jetzt, Nicht-mehr-jetzt und Noch-nicht-jetzt, während das Ganze des göttlichen Seins überzeitlich-unwandelbar das Ganze ist. Die Ewigkeit des göttlichen Seins ist ein simul stare, ein Stehen im einen Zumal. Dieses Stehen wird angedacht im remotiven Absprung vom zeithaften ire, venire, transire. Das zeithafte Sein eines Innerzeitlichen ist erstreckt im Außer- und Nacheinander der Zeit, erstreckt zwischen jeweils Jetzt, Noch-nicht-jetzt und Nicht-mehr-jetzt. Es erreicht seine Ganzheit erst in dem Augenblick, in dem es auch als dieses Ganze nicht mehr ist. Denn wenn es sein letztes Jetzt erreicht hat, ist das Kontinuum der vorangegangenen Jetzt vergangen.

Die Ewigkeit Gottes ist ein einziger Tag (dies unus). Als einziger Tag ist er nicht ein Tag zwischen einem vorangegangenen und einem künftigen Tag, kein Tag, der in sich übergeht in das Nicht-mehr und sich aus dem Noch-nicht erneuert.

§ 4. Remotiver Abstoß und stehende Ewigkeit

Die Ewigkeit Gottes ist als dieser einzige, in sich nicht übergängliche Tag ein Heute (hodie), das nicht einem cras, einem „morgen", nicht dem unmittelbaren Noch-nicht-jetzt weicht, und dem nicht ein heri, ein „gestern" voraufgeht; also ein hodie, das nicht dann, wenn das cras zum hodie geworden ist, selbst zum heri geworden ist.

Von diesem hodie, diesem einzigen hodiernus dies, heißt es, er sei die Ewigkeit. Die so im remotiven Abstoß von allen nichthaften Zeitcharakteren begrifflich gewonnene Ewigkeit ist die wahre Ewigkeit. Nur die wahre Ewigkeit trägt den Namen aeternitas, während die falsche Ewigkeit, die innerzeitliche Endlosigkeit, als sempiternitas bezeichnet wird.

Mit dieser Bestimmung der Ewigkeit: das stehende Heute als die stehende, vom Übergang in das Nicht-mehr und aus dem Noch-nicht freie Gegenwart, schließt das 13. Kapitel und mit ihm die philosophisch-theologische Bestimmung der Ewigkeit. Mit dem 14. Kapitel setzt die Untersuchung der Zeit ein, die nunmehr eine rein philosophische, nicht mehr theologisch-philosophische ist.

Zweites Kapitel
Aufbaugefüge und Bewegungsform
der Zeit-Untersuchung

§ 5. *Das Aufbaugefüge der Zeit-Untersuchung*

Es mag verwundern, daß nicht nur in der älteren, sondern auch in der neueren und neuesten Augustinus-Literatur immer noch Unklarheit und Unsicherheit über den *Aufbau* und den *Gang* der Zeit-Untersuchung herrschen.[1] Zwar wird vielfach gesehen, daß sie in zwei Abschnitte gegliedert ist und daß jeder dieser unter der Führung einer eigenen Frage steht. Doch der Charakter dieser Fragen und ihr innerer Zusammenhang wird meistens übersehen. Es ist aber für das zureichende Verständnis der einzelnen Untersuchungsschritte von ausschlaggebender Bedeutung, daß das Auf-

---

[1] Zum Aufbau und Gang der Zeit-Untersuchung sowie zur Gesamtinterpretation des XI. Buches der „Confessiones" vgl.: J. Weis, Die Zeitontologie des Kirchenlehrers Augustinus nach seinen Bekenntnissen. Frankfurt a.M./Bern/New York 1984 [verfaßt zwischen 1937 und 1939]. – G. Eigler, Metaphysische Voraussetzungen in Husserls Zeitanalysen. Meisenheim a. Glan 1961, S. 36-48. – R. Berlinger, Augustins dialogische Metaphysik. Frankfurt a.M. 1962, S. 42-66. – O. Lechner, Idee und Zeit in der Metaphysik Augustins. München 1964. – B. Schmitt, Der Geist als Grund der Zeit (Die Zeitauslegung des Aurelius Augustinus). Diss. Freiburg i.Br. 1967. – A. Schöpf, Augustinus. Einführung in sein Philosophieren. Freiburg/München 1970, S. 55 ff. – E.P. Meijering, Augustin über Schöpfung, Ewigkeit und Zeit. Das elfte Buch der Bekenntnisse. Philosophia patrum 4. Leiden 1979. – K. Flasch, Augustin. Einführung in sein Denken. Stuttgart 1980, S. 263-286. – S. Böhm, La temporalité dans l'anthropologie augustinienne. Paris 1984. – G. Haeffner S.J., Bemerkungen zur augustinischen Frage nach dem Wesen der Zeit im XI. Buch der „Confessiones". In: Theologie und Philosophie 63 (1988), S. 569-578, hier S. 571-573. – R. Enskat, Zeit, Bewegung, Handlung und Bewußtsein im XI. Buch der „Confessiones" des hl. Augustinus. In: Zeit, Bewegung, Handlung. Studien zur Zeitabhandlung des Aristoteles. Hrsg. E. Rudolph. Stuttgart 1988, S. 193-221. – Zum Verhältnis zwischen Augustinus und Plotin vgl. W. Beierwaltes, Einleitung zu: Plotin, Über Ewigkeit und Zeit (Enneade III 7). Übersetzt, eingeleitet und kommentiert von W. Beierwaltes. Frankfurt a.M. 1967, S. 7-88, hier S. 70 ff.

§ 5. *Das Aufbaugefüge der Zeit-Untersuchung* 49

bau-Gefüge der Untersuchung von vornherein erkannt ist. Die Erkenntnis vom Aufbau-Gefüge eines philosophischen Textes gehört zur Bildung des notwendigen Vorverständnisses vom auszulegenden Text, das seinerseits den Interpretationsschritten die sichere Führung gibt. Die vorangehende Bestimmung der Aufbau-Struktur gehört zur Klärung der *hermeneutischen Situation* einer solchen Text-Auslegung. Die Einsicht in das Aufbau-Gefüge stellt sich am sichersten dann ein, wenn sich die Interpretation der *phänomenologischen Methode* in Gestalt der phänomenologischen Zugangs- und Behandlungsweise überläßt. Ein Zugehen auf den Text, das sich von der phänomenologischen Untersuchungsmaxime „Zu den Sachen selbst!" leiten läßt, gibt dem zu interpretierenden Text die Möglichkeit, sich an ihm selbst und von ihm selbst her zu zeigen. Wenn wir in dieser Weise auf den Text der Augustinischen Zeit-Untersuchung zugehen, erschließt sich uns das von Augustinus entworfene Aufbau-Gefüge in evidenter Weise.

Nach den Kapiteln 1 bis 13, in denen Augustinus unter Rückgriff auf das phänomenale Zeitverständnis in *remotiver Vorgehensweise* den Begriff der Ewigkeit als „stehender Gegenwart" gewonnen hat, eröffnet er im Kapitel 14 die Untersuchung der Zeit mit der Frage: Quid est enim tempus? – Denn was ist die Zeit? In dieser Frage wird im streng philosophischen Sinne nach dem *Wesen* als der Wesensverfassung der Zeit gefragt. Doch im Blick auf die drei Zeithorizonte der Vergangenheit, Zukunft und Gegenwart taucht sogleich der Verdacht auf, daß die Zeit gar nicht „ist" im strengen Sinne des Seins. Was aber nicht „ist", kann auch keine Wesensverfassung haben. Bevor die Frage nach dem Wesen der Zeit fragend entfaltet werden kann, muß deshalb erst einmal die Frage nach dem *Sein* oder *Nichtsein* der Zeit gestellt und beantwortet werden. Somit wird noch im Kapitel 14 die soeben nur ausgesprochene Wesens-Frage zurückgestellt, um zuerst die Frage zur Entscheidung zu bringen, ob der Zeit in ihren drei Horizonten überhaupt eine Weise von Sein eignet. Im Unterschied zur Frage nach dem Wesen (quid, essentia) der Zeit ist es die Frage nach der Seinsweise (esse, existentia) der Zeit. Die Kapitel 14 bis 20, die den ersten Abschnitt der Zeit-Untersuchung bilden, stehen unter der Führung der Frage nach dem Sein (esse) oder Nichtsein (non esse) der Zeit. Im Kapitel 20 wird das Ergebnis dieser ersten Fragestellung formuliert. Den drei Zeithorizonten eignet eine Weise von Sein, jedoch nur in ihrem Rückbezug auf die drei Zeitverhaltungen der Seele, auf das Erinnern, Erwarten und Wahrnehmen. Die drei Weisen von Sein sind drei Weisen von Gegenwart im Sinne von Anwesenheit (praesens). Der Ort für das Sein der drei Zeithorizonte ist die zeitverstehende Seele (anima).

Daß der erste Abschnitt der Zeit-Untersuchung nach dem Sein oder Nicht-sein der Zeit fragt, wird in der Regel von der Augustinus-Literatur gesehen. Weil nun aber das Kapitel 21, mit dem der zweite Abschnitt einsetzt, von der Messung der Zeit handelt und weil durch die folgenden Kapitel dieses Abschnittes immer wieder gefragt wird, wie uns ein solches Messen von Zeitdauern möglich ist, hält man in der Augustinus-Literatur die Frage nach der Zeit-Messung für die Leitfrage dieses Abschnittes. Dabei wird aber übersehen, daß die Frage nach dem Wie der alltäglichen Zeit-Messung im Dienste einer anderen Frage steht, die die wahre Leitfrage des zweiten Abschnittes ist: die Frage nach dem Wesen als der Wesensverfassung der Zeit. Denn hier im zweiten Abschnitt wird die zu Beginn des ersten Abschnittes gestellte, sogleich aber zugunsten der Vorfrage nach dem Sein oder Nichtsein der Zeit zurückgestellte Wesens-Frage wieder aufgenommen und im 28. Kapitel in abschließender Weise beantwortet. Denn nachdem im Kapitel 20 die Vorfrage positiv beantwortet werden konnte, ist die Voraussetzung dafür geschaffen, nun nach der Wesensverfassung der Zeit zu fragen. Im Kapitel 23 wird dann auch ausdrücklich die quid-Frage wiederholt. Zu Beginn des Kapitels 25 bekennt Augustinus, daß er trotz eines langen Weges des Fragens immer noch nicht wisse, quid sit tempus, was die Zeit sei. Im Kapitel 26 stellt sich dann die lange gesuchte Einsicht in das Wesen der Zeit ein. Die Zeit ist in ihren drei Horizonten verfaßt als eine distentio, als eine Erstreckung, als eine distentio animi, als ein Sicherstrecken des zeitverstehenden Geistes. Was fast durchweg in der Augustinus-Literatur übersehen wird, ist dieses, daß die Kennzeichnung der Zeit als distentio animi Augustins Antwort auf die Frage nach der Wesensverfassung der Zeit ist. Erst die Antwort auf die Frage nach dem Wesen der Zeit als der distentio animi gibt Aufklärung darüber, wie uns im natürlichen Zeitverständnis und Umgang mit der Zeit so etwas wie das Messen von Zeitabschnitten möglich ist.

§ 6. Die Bewegungsform der Zeit-Untersuchung als das Gespräch zwischen dem natürlich-alltäglichen und dem philosophierenden Zeitverständnis

Zur Klärung der hermeneutischen Situation gehört nicht nur die vorgängige Einsicht in das Aufbau-Gefüge der Zeit-Untersuchung, sondern auch die vorangehende Erkenntnis ihrer inneren Bewegungsform. Diese zeigt sich darin, daß sich das Fragen, Suchen und Bestimmen des Gefundenen als ein *Gespräch* zwischen dem *philosophierenden* und dem *natürlich-alltäglichen* Zeitverständnis entfaltet.[1] Denn die Zeit, nach deren Sein und Wesen der Philosophierende fragt, ist ihm als zu befragende in seinem eigenen natürlichen Zeitverständnis vorgegeben. Zugleich aber ist dieses Gespräch in den konfessionalen Dialog des Philosophierenden mit Gott als der Quelle der Illumination eingebettet.

Das Kapitel 14, mit dem die philosophische Untersuchung der im natürlichen Zeitverständnis vorgegebenen phänomenalen Zeit beginnt, setzt zunächst ein mit einer Zusammenfassung des im Kapitel 13 gewonnenen Ergebnisses der Besinnung auf das Verhältnis von Ewigkeit und Zeit. Vor der Hervorbringung des außergöttlichen Seienden in sein Was- und Wiesein gab es keine Zeit, weil die Zeit selbst mit dem außergöttlichen Seienden geschaffen ist. Wäre die Zeit nicht selbst geschaffen, wäre sie mit dem ewigen Schöpfergott mit-ewig. Indessen kann die niemals stehende, wesenhaft übergängliche Zeit nicht mit der stehenden Ewigkeit mit-ewig sein. Mit-ewig hieße ewig wie die Ewigkeit, wie diese stehende

---

[1] Vgl. hierzu: M. Heidegger, Des hl. Augustinus Betrachtungen über die Zeit, a.a.O. – J. Weis, Die Zeitontologie des Kirchenlehrers Augustinus nach seinen Bekenntnissen, a.a.O., § 3. – G. Haeffner, Bemerkungen zur augustinischen Frage nach dem Wesen der Zeit im XI. Buch der „Confessiones", a.a.O., S. 571.

Gegenwart. Wäre die Zeit mit-ewig mit dem ewigen Schöpfergott, müßte sie ihren Grundcharakter des Nichtstehens, des Übergangs aus dem Noch-nicht in das Jetzt und aus dem Jetzt in das Nichtmehr, aufgeben und ebenso verharren wie der ewige Schöpfergott. Das hier für die Ewigkeit Gottes verwendete permanere meint das Verharren im Sinne der stehenden Gegenwart. Die Zeit müßte, wenn sie nicht selbst geschaffen, sondern mit dem ewigen Gott mit-ewig wäre, wie die Ewigkeit verharren, d.h. sich selbst als Zeit aufgeben. Würden die Zeitabschnitte verharren wie die Ewigkeit, wären sie keine Zeitabschnitte, sondern Ewigkeit.

Schon mit dem nächsten Satz stellt Augustinus die Frage: Quid est enim tempus? Das „enim" deutet darauf hin, daß die zu Beginn des Kapitels 14 vorgenommene Vergegenwärtigung des Verhältnisses zwischen der stehenden Ewigkeit und der niemals stehenden Zeit umwillen der Frage nach der Zeit geschah. Denn diese Vergegenwärtigung lenkt den Blick auf den phänomenalen Grundcharakter der Zeit, daß sie steter Übergang des Noch-nicht-jetzt in das Jetzt und des Jetzt in das Nicht-mehr-jetzt ist. Quid est enim tempus? – Was ist denn die Zeit in diesem ihren zwiefachen Übergangscharakter?

In den vorangehenden Kapiteln hatte Augustinus den Übergangscharakter der Zeit als Geschaffensein gedeutet. Dabei war er aber ausgegangen vom phänomenalen Zeitcharakter des zwiefachen Übergangs, um im remotiven Absprung die stehende, von jenem Übergang nicht betroffene Gegenwart zu denken. Von der so gewonnenen Ewigkeit her konnte er dann in umgekehrter Blickrichtung die phänomenale Zeit in ihrem Übergangscharakter als das Entsprungene des Ursprungs, als das Geschaffene des ewigen Schöpfergottes interpretieren.

Wäre Augustinus der Ansicht, daß mit dem Geschaffensein der Zeit diese in zureichender Weise begrifflich bestimmt wäre, würde sich die jetzt im Kapitel 14 gestellte Frage, was die Zeit sei, erübrigen. Wenn stattdessen jetzt erst das Fragen nach der Zeit anhebt, dann wird deutlich, daß Augustinus jetzt nicht mehr nach dem Geschaffensein, nach dem nicht-phänomenalen Ursprung der phänomenalen Zeit fragt, sondern nach der phänomenalen Zeit als

§ 6. *Die Bewegungsform als Gespräch* 53

solcher. Weil er für die Beantwortung der Frage nach der phänomenalen Zeit nicht mehr auf ihren nicht-phänomenalen Ursprung als die Ewigkeit, sondern nur noch auf phänomenale Charaktere der Zeit zurückgreift, ist die nun beginnende Untersuchung der Zeit eine rein philosophische und nicht mehr eine theologisch-philosophische Erörterung wie diejenige der Ewigkeit.

Mit der Frage: Quid est enim tempus? nimmt Augustinus eine neue Blickbahn auf die Zeit ein. Es ist nicht mehr die Blickbahn auf die Ewigkeit und das Geschaffensein der Zeit aus der Ewigkeit, sondern die Blickbahn auf die phänomenale Zeit. Diese soll nun nach solchen Hinsichten begrifflich durchdrungen werden, die in der bisherigen Erörterung von Zeit und Ewigkeit verhüllt blieben.

Daß sich erst mit der Frage nach dem phänomenalen Wesen der Zeit die eigentlichen Schwierigkeiten für die begriffliche Bestimmung auftun, zeigt Augustinus in der Frage an: Wer könnte dieses, was die Zeit sei, auf leichte Weise (facile) und kurz (breviter), ohne Umschweife, auseinanderlegen? Das Unternehmen einer solchen Frage und ihrer Beantwortung stößt auf gewaltige Schwierigkeiten und bedarf eines langen Untersuchungsweges. Daß zur Bewältigung dieser Untersuchung ein hohes Maß an gedanklicher Anstrengung erforderlich ist, bekundet Augustinus mit der Frage: Wer vermöchte, was die Zeit sei, durch Nachdenken zu begreifen (cogitatione conprehenderit) und das so Begriffene ins Wort zu bringen (ad verbum proferendum)? Die Bewältigung der Frage nach der Zeit erfordert nicht nur die gedankliche Erfassung, sondern auch die angemessene Versprachlichung des gedanklich Erfaßten.

Was uns nun aber in eine Verwunderung stimmt, ist der phänomenale Tatbestand, daß diesen gedanklichen und sprachlichen Schwierigkeiten, die sich der philosophierenden Frage nach der Zeit entgegenstellen werden, eine Vertrautheit und Bekanntheit der Zeit vorangeht. Denn – so Augustinus – was ginge uns beim Reden vertrauter und bekannter vom Munde als das Wort „Zeit"? (Quid autem familiarius et notius in loquendo conmemoramus quam ‚tempus'?) Augustinus blickt hiermit auf unser *vorphilosophisches*, *natürliches* und *alltägliches* Zeitverständnis, das jeder philosophischen Frage nach der Zeit voraufgeht. Unser alltäglicher Lebensvollzug bewegt sich immer schon in einem Verstehen von Zeit, das wesenhaft vorbegrifflich, aber deshalb nicht weniger gültig ist. Dieses alltägliche Zeitverständnis hat sich immer auch schon ausgesprochen in der Sprache, die wir im natürlichen Lebensvollzug sprechen. Das Wort „Zeit" ist kein erst philosophisch gewonnener Begriff, sondern ein Wort der natürlichen Sprache, das wir im Miteinandersprechen auf mannigfache Weise aussprechen.

Wenn Augustinus auf die Bekanntheit und Vertrautheit des von uns immer schon ausgesprochenen Wortes „Zeit" hinweist, macht er deutlich, daß das Fragen nach der Zeit seinen Ausgang von unserem natürlichen und *vorbegrifflichen* Zeitverständnis nimmt. Denn unser alltägliches Zeitverständnis ist es, in der die Zeit, nach der gefragt wird, gegeben und für das Fragen vorgegeben ist. Dem philosophierenden Fragen nach dem Wesen der Zeit geht je schon das natürliche Zeitverständnis als die Ermöglichung eines solchen Fragens voraus.

Im natürlichen Zeitverständnis verstehen wir nicht nur das „Wort" Zeit, ist uns nicht nur dieses „Wort", weil wir es vielfach aussprechen, höchst vertraut und bekannt, sondern wenn wir dieses Wort in den verschiedenen sprachlichen Wendungen aussprechen, verstehen wir vor allem auch, was es meint (intellegimus utique, cum id loquimur). Das natürliche Zeitverständnis ist kein bloßes Wortverständnis, sondern ein Verständnis der Sache, die in dem Wort „Zeit" genannt ist.

Es versteht auch nicht nur jeder für sich selbst, was das Wort „Zeit" meint, wenn er es in dieser oder jener Wendung ausspricht, sondern ich verstehe es auch dann, wenn ein anderer im Gespräch mit mir von der Zeit spricht, die er für dieses oder jenes braucht. Damit weist Augustinus darauf hin, daß das natürliche Zeitverständnis ein im Miteinandersein *geteiltes* Zeitverständnis ist. Die im natürlichen Lebensvollzug je schon verstandene Zeit ist die gemeinsame Zeit des Miteinanderhandelns. Fragt mich jemand: Hast du Zeit für einen gemeinsamen Spaziergang?, dann verstehe ich, daß er mit dem Wort „Zeit" jene Zeitspanne meint, in der wir einen gemeinsamen Spaziergang unternehmen können. Im alltäglichen Miteinander sprechen wir in vieler Hinsicht von der Zeit, die die Zeit unseres Lebensvollzuges ist. Ich brauche für dieses so und so viel Zeit, ich habe für jenes keine Zeit, ich nehme mir für dieses Zeit, ich lasse mir für jenes Zeit, ich vertreibe mir die Zeit, jemand stiehlt mir die Zeit, ich habe schwere Zeiten durchgemacht, jemand besucht mich von Zeit zu Zeit – und viele andere sprachliche Wendungen, in denen sich unser natürliches Zeitverständnis ausspricht.

Im natürlichen Lebensvollzug verstehen wir je schon, was Zeit ist, die wir brauchen, die wir uns nehmen oder nicht nehmen usf. Quid est ergo tempus? Was also ist die Zeit? Wenn ich für meinen alltäglichen Lebensvollzug Zeit immer schon verstehe und dieses vollzugshafte Zeitverständnis je schon ausspreche, was ist dann diese Zeit? Läßt sich nicht im Blick auf die natürlicherweise je schon verstandene Zeit die philosophierende Frage nach der Wesensverfassung der Zeit im unmittelbaren Zugriff beantworten? Kann denn nicht das alltägliche vorbegriffliche Zeitverständnis ohne Umschweife in das begriffliche Zeitverständnis übergeleitet werden?

Auf diese Frage antwortet Augustinus: Si nemo ex me quaerat, scio; si quaerenti explicare velim, nescio: „Wenn mich niemand danach fragt, was die Zeit ist, weiß ich es; wenn ich es einem Fragenden erklären will, weiß ich es nicht". In diesem hoch bedeutsamen Satze formuliert Augustinus das *Spannungsverhältnis* zwischen dem natürlichen Zeitverständnis und dem philosophierenden Begreifenwollen der Zeit.

Solange ich mir nicht die philosophische Frage nach dem Wesen der Zeit stelle, sondern in meinem alltäglichen Zeitverständnis verbleibe, weiß ich, was die Zeit ist. In meinem natürlichen Zeitverständnis verhalte ich mich je schon zur Zeit in ihren drei Horizonten, zur Gegenwart, Vergangenheit und Zukunft. Wenn ich mir jetzt Zeit nehme für dieses oder jenes, dann verstehe ich das Jetzt und die Gegenwart meines jetzigen Tuns. Wenn ich zurückdenke an das, was ich gestern getan habe, verstehe ich ohne weiteres das Gestern und die Vergangenheit meines gestrigen Tuns. Denke ich an das, was ich morgen tun werde, verstehe ich fraglos das Morgen als die Zukunft meines morgigen Tuns. In allen diesen Verhaltungen zur Zeit meines Tuns oder Lassens verstehe ich die Zeit in ihrem Nacheinander als erstreckt, so, daß es Zeitstrecken und Dauern gibt, die kürzer oder länger sein können. In diesem Zeitverstehen liegt zugleich ein Verstehen dessen, daß die Zeit in ihren drei Horizonten „ist" und nicht „nicht ist". Ein solches Zeitverstehen gewinne ich nicht erst durch eine Besinnung auf die Zeit, durch eine Thematisierung der Zeit, sondern alles, was ich in meinem alltäglichen Lebensvollzug und für diesen von der Zeit verstehe, weiß ich vor jeder theoretischen Thematisierung. Denn das natürliche Zeitverständnis ist kein thematisches Wissen, sondern ein *Vollzugswissen*. Als *Vollzugsverständnis* hält es sich in einer *fraglosen Selbstverständlichkeit*. Was ich für den Vollzug meines Lebens von der Zeit verstehe, bedarf keiner Frage, keiner Thematisierung, weil es sich ohne Frage von selbst versteht, weil es als Zeitverständnis immer schon im Vollzuge steht. Deshalb gehört die Zeit in meinem natürlichen Lebensvollzug zum Vertrautesten und Bekanntesten. Die Vertrautheit und Bekanntheit kennzeichnet das natürliche Zeitverständnis als ein Vollzugsverständnis.

Sobald jedoch jemand die philosophisch-thematisierende Frage stellt, sobald ich selber aus meinem natürlichen Zeitverständnis heraus die philosophische Frage nach der Wesensverfassung der Zeit stelle und den Versuch unternehme, die Frage aus meinem natürlichen Zeitverständnis zu beantworten, mache ich die Erfahrung, daß sich die sonst vollzugshaft verstandene Zeit ins Rätselhafte und Unfaßliche entzieht. Das *alltägliche Wissen* von der Zeit kehrt sich in ein *philosophierendes Nichtwissen*. Es ist das Nichtwissen desjenigen, der im Ausgang vom natürlich-vorbegrifflichen Zeitwissen ein begriffliches Verständnis von der Zeit sucht. Dieses Nichtwissen bedeutet aber nicht, daß ich meines natürlichen vollzugshaften Zeitverständnisses verlustig ginge. Dieses bleibt vielmehr auch weiterhin im Vollzug. Aber wenn ich im Fragen nach dem Wesen der Zeit auf ein thematisch-begriffliches Verständnis von der Zeit aus bin, sehe ich mich in ein begriffliches Nichtwissen versetzt, und das nicht nur für den ersten Augenblick, sondern langehin. Das philosophierende Begreifenwollen der Zeit möchte

§ 6. *Die Bewegungsform als Gespräch* 57

nicht etwa das natürliche Zeitverständnis als ein falsches entlarven und verabschieden, sondern es ist bestrebt, dasjenige, was wir im natürlichen Zeitverständnis vollzugshaft von der Zeit fraglos verstehen, zu thematisieren und begrifflich zu durchdringen.

Der Satz, daß ich solange, wie mich niemand nach der Zeit fragt, weiß, was Zeit ist, daß ich es aber nicht weiß, wenn ich es einem Fragenden thematisierend und begrifflich auseinanderlegen soll, zeigt unzweideutig, daß Augustinus einen wachen Sinn hat für das vorphilosophisch-natürliche Zeitverständnis. Er weiß darum, daß das philosophierende Fragen nach der Zeit aus dem je schon im Vollzug stehenden natürlichen Zeitverständnis heraus geschehen muß, daß das gesuchte begriffliche Zeitverständnis in einem Spannungsbezug zum vorbegrifflichen vollzugshaften Zeitverständnis steht. Das im Aufbrechen der Frage nach der Wesensverfassung der Zeit sich sogleich einstellende Nichtwissen ist von Augustinus im Vorblick auf alle jene Schwierigkeiten und Ratlosigkeiten gesprochen, die sich einstellen werden, wenn das natürliche Zeitwissen thematisiert und kritisch geprüft wird. Weil in der Augustinischen Zeit-Untersuchung das natürliche Zeitverständnis nicht nur den Ausgang für das Fragen bildet, sondern den *Gang der Untersuchung* bei jedem seiner Schritte begleitet, bildet jener Satz vom natürlichen Wissen und philosophierenden Nichtwissen das Motto für die Zeit-Untersuchung im ganzen. Schon mit dem nächsten Satz im Kapitel 14 beginnt das Gespräch zwischen dem philosophierenden Verstehenwollen der Zeit und dem vorphilosophisch-natürlichen Zeitverständnis.

Drittes Kapitel
Die Frage nach dem Sein oder Nichtsein der Zeit (XI, 14-20)

*§ 7. Die Zurückstellung der Wesensfrage
zugunsten der Vorfrage nach dem Sein oder Nichtsein der Zeit.
Die erste philosophierende Prüfung des Seins der Zeit (XI, 14)*

Quid est ergo tempus? Mit dieser Frage wird im streng philosophischen Sinne nach der *Wesensverfassung* der Zeit gefragt. Aus meinem natürlichen Zeitverständnis heraus kann ich jedoch diese Frage nicht unmittelbar beantworten. Kaum habe ich diese Frage ausgesprochen, erfahre ich, daß ich das gesuchte Wesen der Zeit nicht unmittelbar zu fassen vermag. Dieses Nichtfassenkönnen ist das Nichtwissen im Aussein auf ein thematisch-begriffliches Wissen.

Dennoch behaupte ich zuversichtlich zu wissen (fidenter dico scire me), daß, wenn nichts verginge, keine vergangene Zeit wäre (non esset praeteritum tempus), und wenn nichts heranküme, keine künftige Zeit wäre (non esset futurum tempus), und wenn nichts leibhaftig anwesend wäre (esset), gegenwärtige Zeit nicht wäre (non esset praesens tempus). Die *Zuversicht*, die hier ihr Wissen ausspricht, ist die des *natürlichen* Zeitverständnisses. Das *philosophierende* Fragen nach dem Wesen der Zeit beginnt mit dem Sichaussprechen des alltäglichen Zeitwissens. Die Frage nach der Zeit wird somit als ein *Anfragen beim natürlichen Zeitverständnis* angesetzt.

Was meine ich aus meinem alltäglichen Zeitverständnis heraus zuversichtlich von der Zeit zu wissen? Daß die Zeit vergangene Zeit (Vergangenheit), künftige Zeit (Zukunft) und gegenwärtige Zeit (Gegenwart) ist. Das ist das erste, was ich in meinem natürlichen Zeitverständnis fraglos von der Zeit weiß.

In dieses natürliche Wissen ist zugleich das Wissen darum eingeschlossen, daß Vergangenheit, Zukunft und Gegenwart, die drei

§ 7. Die erste Prüfung des Seins der Zeit

Zeithorizonte, „sind". Das weiß ich aus meiner natürlichen Kenntnis des Vergehenden, Kommenden und Anwesenden. Wenn es nichts gäbe, was vergeht, wäre auch keine Vergangenheit. Positiv formuliert heißt das: Weil es Vergehendes gibt, gibt es *Vergangenheit*. Weil es stetig Kommendes gibt, gibt es *Zukunft*. Weil es Gegenwärtiges gibt, gibt es *Gegenwart*.

Wie also nimmt Augustinus, wenn er das natürliche Zeitverständnis sich über das, was es von der Zeit weiß, aussprechen läßt, die Zeit in den Blick? Im Ausgang vom *Innerzeitlichen*, vom Vergehenden, Kommenden und Gegenwärtigen. Vom innerzeitlich Vergangenen aus blickt er auf den Zeithorizont der Vergangenheit, vom innerzeitlich Kommenden auf den Zeithorizont der Zukunft, vom innerzeitlich Gegenwärtigen auf den Zeithorizont der Gegenwart. Dieser Vorgehensweise darf aber nicht der Vorwurf gemacht werden, Augustinus mache darin die Zeit von den zeitlichen Gegenständen abhängig. Es darf ihr nicht vorgeworfen werden, daß für Augustinus die Zeitdimensionen das nach ihnen geordnete Innerzeitliche voraussetzen, während doch umgekehrt das Innerzeitliche die Zeitdimensionen voraussetzt. Ein solcher Vorwurf verrät, daß er die Vorgehensweise Augustins mißversteht. Augustinus will keine Abhängigkeit der Zeit (Zeitform) vom Innerzeitlichen behaupten. Vielmehr möchte er nur zeigen, wie wir zu einem Wissen von der Zeit im Unterschied zum Innerzeitlichen gelangen: nicht so, daß wir die Zeit als Zeitform unmittelbar verstehen und erfassen, sondern so, daß wir im Ausgang vom Innerzeitlichen zu einem Verstehen der Zeit als Zeitform gelangen können. Das Innerzeitliche ist es zuerst, das uns auf die Zeit selbst hinweist, das uns zu verstehen gibt, daß es die Zeit gibt, daß ihre drei Dimensionen „sind".

Das *natürliche* Zeitverständnis, das sich ausspricht und darin ausdrücklich werden läßt, was es sonst unausdrücklich versteht, vergewissert sich dessen, daß es die Zeit gibt, nach deren Wesen die philosophische Frage Quid est tempus? fragt.

Nachdem sich das natürliche Zeitverständnis hinsichtlich des *selbstverständlichen Seins* der *drei Zeithorizonte* ausgesprochen hat, könnte versucht werden, im Blick auf die so „seiende" Zeit die philosophische Frage nach ihrem Wesen zu stellen. Aber angesichts dieses zuversichtlich behaupteten Seins der Zeit taucht nun im *philosophierenden* Zeitverstehen der Verdacht auf, daß insbesondere die Zeithorizonte der Vergangenheit und Zukunft „nicht sind". Dieser Verdacht ist ein philosophischer, der in der *kritischen Prüfung* dessen, was das natürliche Zeitverständnis zu verstehen vorgibt, erwächst. Denn das natürliche Zeitverständnis kommt selbst nicht auf den Gedanken einer kritischen Prüfung seines vollzugshaften Zeitwissens, weil zu ihm die fraglose Selbstverständlichkeit gehört.

In dem Augenblick aber, in dem für das philosophierende Zeitverständnis das Sein der Zeit verdächtig wird, stellt es seine Ausgangsfrage nach dem Wesen der Zeit zurück, um nun erst einmal der Frage nach dem Sein oder Nichtsein der Zeit nachzugehen. Denn nur dann, wenn gesichert ist, daß die Zeit in ihren drei Horizonten auf irgendeine Weise „ist" und nicht „nicht ist", kann auch nach der Wesensverfassung der so „seienden" Zeit gefragt werden. Sollte sich dagegen der Verdacht bewahrheiten, daß die Zeit „nicht ist", erübrigt sich die Wesensfrage.

Mit dem letzten Absatz des Kapitels 14 setzt das Fragen nach dem Sein der Zeit ein. Diese Frage beherrscht den ersten Abschnitt der Zeit-Untersuchung bis einschließlich zum Kapitel 20. Vor allem jene beiden Zeithorizonte (illa tempora), Vergangenheit und Zukunft, wie „sind" sie (quomodo sunt), wenn die Vergangenheit und das Vergangene nicht mehr ist (iam non est) und die Zukunft bzw. das Künftige noch nicht ist (nondum est)? Das „nicht mehr" sagt doch, daß das Vergangene „nicht ist". Ebenso sagt das „noch nicht", daß das Künftige „nicht ist". Das Vergangene ist nicht, sofern es nicht mehr ist, und das Künftige ist nicht, indem es noch nicht ist. Sowohl zur Vergangenheit wie zur Zukunft gehört ein „nicht", das das Sein der Vergangenheit und das Sein der Zukunft verneint.

Dem vom natürlichen Zeitverständnis zuversichtlich behaupteten Sein von Vergangenheit und Zukunft steht jetzt aus der kritischen Prüfung des philosophierenden Begreifenwollens der Zeit das Nichtsein entgegen. Das philosophierende Zeitverstehen muß dem natürlichen Zeitverständnis vorerst *widersprechen*.

§ 7. Die erste Prüfung des Seins der Zeit

Wie aber steht es um das Sein der Gegenwart? Ist wenigstens die Gegenwart dasjenige an der Zeit, von dem das natürliche Zeitverständnis zu Recht behauptet, daß es „ist"? Ist die Zeit vielleicht nur als Gegenwart „seiend"? Ist die Gegenwart die einzige der drei Dimensionen der Zeit, die frei ist von einem „non"?

Keineswegs, denn sie geht stetig über in das Nicht-mehr. Würde sie nicht stetig in das Vergangen übergehen (transiret), wäre sie immer Gegenwart (semper esset praesens), d. h. Ewigkeit und nicht Zeit. Die Gegenwart ist überhaupt nur dadurch eine Dimension der Zeit, daß sie stetig in Vergangenheit übergeht. Also ist auch die Gegenwart durch ein „nicht" eigener Art charakterisiert. Sie ist nicht immer Gegenwart, sondern wesenhaft übergehend in Vergangenheit. Wenn es sich aber so mit der Gegenwart verhält, wie können wir dann auch nur von ihr sagen wollen, daß sie „ist"? Der Grund ihres Seins ist der, daß sie schon nicht mehr sein wird (cui causa, ut sit, illa est, quia non erit). Denn kaum ist das Noch-nicht-jetzt in das Jetzt übergegangen, geht dieses Jetzt auch schon über in das Nicht-mehr-jetzt.

Somit kann Augustinus sagen, daß wir die Gegenwart nur deshalb als Zeit bezeichnen können, weil sie zum Nichtsein (non esse) strebt. Auch hinsichtlich des Seins der Gegenwart muß das philosophierende Zeitverstehen dem natürlichen Zeitverständnis widersprechen.

Das *Ergebnis* der *ersten kritischen Prüfung* des Seins (esse) der Zeit besagt, daß den drei Zeithorizonten entgegen der Zuversicht des natürlichen Zeitverständnisses kein Sein, sondern ein Nichtsein eigentümlich ist. Die Zeit scheint so ganz dem Nichtsein zu verfallen. Wenn das natürliche Zeitverständnis zuversichtlich behauptete, daß alle drei Zeitdimensionen „sind", dann ging es mit einem selbstverständlichen und unbestimmten Verständnis von Sein um. Dieses Verständnis vom Sein der Zeit im ganzen hat sich jetzt in ein kritisch geprüftes Nichtsein verkehrt.

Mit diesem Ergebnis schließt das Kapitel 14. Doch das *natürliche* Zeitverständnis wird sich mit diesem Ergebnis nicht zufriedengeben. Es wird auf einen *anderen phänomenalen Befund* seines Zeitwissens hinweisen, der anzeigt, daß der Zeit trotz des Ergebnisses der ersten kritischen Prüfung eine Weise von Sein eignet.

Schon die erste kritische Prüfung des Seins der Zeit hat gezeigt, daß sich die Zeit-Untersuchung als ein Gespräch zwischen dem philosophierenden und dem natürlichen Zeitverständnis bewegt. In diesem Gespräch hat das natürliche Zeitverständnis eine entscheidende Funktion. Es steht nicht nur am Beginn der Zeit-Untersuchung, sondern *begleitet* die Untersuchung auf jedem ihrer Schritte. Das philosophische Zeitverständnis bleibt bei seinem ersten Ergebnis gerade deshalb nicht stehen, weil das natürliche Zeitverständnis auf ein Phänomen hinweisen wird, das das philosophische Begreifenwollen erneut in Bewegung setzen und zu einer zweiten kritischen Prüfung des Seins der Zeit veranlassen wird.

So nach der Zeit zu fragen, daß sich dieses Fragen sogleich gabelt in ein Fragen nach dem vom Nichtsein bedrohten Sein der Zeit und in ein Fragen nach dem Wesen der Zeit, ist eine Frageweise, die in der Geschichte des philosophischen Zeitbegriffs nicht zum ersten Mal bei Augustinus auftaucht. Denn diese Frageweise ist ganz die gleiche, in der *Aristoteles* seine Untersuchung der Zeit im IV. Buch seiner „Physik"[1] ansetzt und durchführt.[2]

Zuerst – so beginnt er – sei es wohlgetan, Zweifel über die Zeit vorzulegen, „ob die Zeit überhaupt zum Seienden oder zum Nichtseienden gehört" (πότερον τῶν ὄντων ἐστὶν ἢ τῶν μὴ ὄντων); sodann ist zu erörtern, „welches die Natur der Zeit sei" (εἶτα τίς ἡ φύσις αὐτοῦ) (217 b 31 f.). Erst wenn entschieden ist, ob die Zeit zu dem gehört, was ist, oder vielmehr zu dem, was nicht ist, kann untersucht werden, welches die Natur, das Wesen, die Wesensverfassung der Zeit ist. Warum aber als erstes die Frage nach dem Sein oder Nichtsein der Zeit zu behandeln sei, sagt der folgende Satz: „Daß die Zeit entweder überhaupt nicht ist (ὅτι μὲν οὖν ἢ ὅλως οὐκ ἔστιν) oder nur kaum (ἢ μόλις) und in dunkler Weise (καὶ ἀμυδρῶς), kann man aus folgendem argwöhnen: das eine von ihr ist nämlich vergangen (γέγονε) und ist nicht mehr (οὐκ ἔστιν), das andere aber von ihr wird erst kommen (μέλλει)

---

[1] Aristotelis Physica. Recogn. W.D. Ross. Oxonii 1960.
[2] Vgl. hierzu: J. Weis, Die Zeitontologie des Kirchenlehrers Augustinus nach seinen Bekenntnissen, a.a.O., S. 123 ff. – G. Eigler, Metaphysische Voraussetzungen in Husserls Zeitanalysen, a.a.O., S. 12-36.

und ist noch nicht (οὔπω ἔστιν). Aus diesen beiden aber besteht die unendliche wie auch die jeweils endlich begrenzte Zeit. Was aber aus Nichtseiendem besteht (τὸ δ'ἐκ μὴ ὄντων συγκείμενον), das kann, so scheint es, unmöglich am Sein teilhaben (μετέχειν οὐσίας)" (217 b 32-218 a 3). Während Vergangenheit und Zukunft als Teile der Zeit nicht sind, weil sie nicht mehr und noch nicht sind, ist die Gegenwart als das Jetzt (τὸ νῦν) kein Teil (οὐ μέρος) (218 a 6), sondern Grenze (πέρας) (218 a 24) zwischen der Vergangenheit und Zukunft. Auch wenn es zunächst so aussieht, als entbehre die Zeit auch hinsichtlich ihres Jetzt des Seins, so ergibt sich für Aristoteles doch die Einsicht, daß das Sein der Zeit gerade in diesem stets neu auftauchenden Jetzt liegt. Im 11. Kapitel (219 b 1 f.) gibt er seine Wesensbestimmung von der Zeit: „Das nämlich ist die Zeit, das Gezählte an der Bewegung gemäß dem Früheren und dem Späteren" (τοῦτο γάρ ἐστιν ὁ χρόνος, ἀριθμὸς κινήσεως κατὰ τὸ πρότερον καὶ ὕστερον). Die Zeit, in der eine Bewegung abläuft, ist das So-und-so-lang ihrer Dauer, die gemessen und im Messen gezählt wird.[3]

Wie Aristoteles, so sucht auch Augustinus zuerst das Sein der Zeit zu bestimmen, um daraufhin die Einsicht in die Wesensverfassung der Zeit zu gewinnen.

§ 8. Ein Einwand aus dem natürlichen Zeitverständnis gegen das Ergebnis der ersten kritischen Prüfung und die dadurch veranlaßte zweite Prüfung des Seins der Zeit (XI, 15)

Wenn Augustinus zu Beginn des Kapitels 15 sagt: Und dennoch sprechen wir von langer und kurzer Zeit (longum tempus et breve tempus), und zwar in bezug auf Vergangenheit und Zukunft (de praeterito aut futuro), dann läßt er darin sein *natürliches* Zeitverständnis zu Wort kommen. Wir sprechen von langer und kurzer

---

[3] Vgl. zur Zeit-Abhandlung des Aristoteles: M. Heidegger, Sein und Zeit, a.a.O., S. 432 f. Anm. 1. – Ders., Die Grundprobleme der Phänomenologie, a.a.O., § 19 a), α) u. β). – W. Wieland, Die aristotelische Physik. 2., durchges. Auflage, Göttingen 1970, § 18.

Zeit in unserem natürlichen Zeitverständnis, wenn wir uns darüber aussprechen, daß diese oder jene Handlung viel Zeit, d.h. eine lange Zeit benötigte oder daß das, was ich morgen zu tun gedenke, nur wenig Zeit, d.h. eine kurze Zeit beanspruchen wird.

Die Beispiele Augustins stammen aus der kalendarischen Zeitrechnung, die ihrerseits zur natürlichen Zeitverhaltung gehört. Hundert Jahre vor heute sind eine lange vergangene Zeit (praeteritum tempus longum) und hundert Jahre nach heute sind eine lange Zukunft (futurum longum). Wir sprechen von „kurz vergangen" (breve praeteritum), wenn etwas vor zehn Tagen sich ereignet hat, und von „kurz bevorstehend" (breve futurum), wenn etwas nach zehn Tagen geschehen wird.

Das philosophierende Fragen nach der Zeit muß derartige *phänomenale Tatbestände* aus dem natürlichen Zeitverständnis ernst nehmen. Das natürliche Zeitverständnis enthält echte Zeitphänomene, auch wenn es diese nicht in begrifflicher Weise versteht. Dadurch, daß das natürliche Zeitwissen über kein begriffliches Wissen verfügt, ist es nicht etwa unwahr. Um als natürliches Zeitverständnis im Vollzug des alltäglichen Lebensvollzuges zu stehen, bedarf es keiner begrifflichen Durchdringung und Auslegung. Zwar kann es sich auch in einer Ausgelegtheit halten, die dem philosophisch-begrifflichen Verständnis nicht standhalten kann. In einem solchen Fall wäre aber nur die Ausgelegtheit unwahr, während die vollzugshaft verstandenen Zeitphänomene wahr blieben. Wenn das natürliche Zeitverständnis darauf pocht, daß die Zeithorizonte nicht „nicht sind", sondern „sind", dann könnte sich erweisen, daß die Zeithorizonte in der Tat in einer bestimmten Weise „sind", daß insoweit das natürliche Zeitverständnis in der Wahrheit ist, nur daß die natürliche Ausgelegtheit des Seins der Zeit einer begrifflichen Korrektur bedarf.

Dasselbe könnte sich für das Lang- und Kurzsein, also für das Erstrecktsein von Zeit, auch von vergangener und künftiger, ergeben. Es könnte sich erweisen, daß vergangene Zeit nicht nur in einer bestimmten Weise „ist", sondern als so „seiende" auch lang und kurz, also gedehnt ist, nur daß die Auslegung der Dehnung der Zeit durch das natürliche Zeitverständnis ebenfalls einer Kor-

§ 8. Die zweite Prüfung des Seins der Zeit

rektur durch das philosophierende Zeitverständnis bedarf. Worauf das natürliche Zeitverständnis jeweils und auch im jetzigen Stadium der Untersuchung hinweist, sind echte Phänomene, die es begrifflich zu durchdringen und sprachlich zu fassen gilt.

Wenn jetzt das natürliche Zeitverständnis hinweist auf die natürliche Rede von langer und kurzer Vergangenheit und Zukunft, dann sagt es damit unausdrücklich, daß solches, was lang oder kurz ist, auch „sein" muß. Der Hinweis darauf, daß wir uns im alltäglichen Lebensvollzug zu langen und kurzen Zeitabschnitten verhalten, ist als Erweis des Seins von vergangener und künftiger Zeit gemeint.

Diesem Hinweis aus dem vollzugshaften Zeitverständnis entgegnet das kritisch-prüfende *philosophische* Zeitverstehen in Gestalt einer Frage, in der sich die Verwunderung und das Staunen ausspricht: Auf welche Art und Weise ist lang oder kurz, was nicht ist? Das philosophierende Zeitverständnis hält an seinem Ergebnis der ersten Prüfung fest. Es weiß aber zugleich, daß das Lang- und Kurzsein zur Kategorie der Quantität gehören und daß das Wiegroßsein nur von einem zugrundeliegenden Seienden ausgesagt werden kann. Im IV. Buch der „Confessiones" teilt Augustinus mit, daß er die Kategorien-Schrift des Aristoteles, die ihm in lateinischer Übersetzung zugänglich war, ernsthaft studiert hat. Im Kapitel 16 des IV. Buches zählt er auch die zehn Kategorien des Aristoteles auf: als erstes die allen anderen Kategorien zugrundeliegende Substanz (οὐσία), von der alle übrigen neun Kategorien ausgesagt werden können, zu denen auch die Quantität von etwas (ποσόν) gehört. Das Lang- und Kurzsein als Quantitätsbestimmung verweist auf ein Etwas, das „ist" und das nur als so Seiendes durch die Quantität bestimmt sein kann. Kein Lang- oder Kurzsein ohne das Sein von Etwas, das auf Grund seines Seins lang oder kurz sein kann.

Das philosophierende Zeitverständnis hält am Ergebnis seiner ersten Seins-Prüfung fest: Vergangenes ist nicht mehr, Künftiges ist noch nicht, jedes ist auf seine Weise nicht. Wie aber soll das, was nicht ist, lang oder kurz sein? Wenn die Zeit als vergangene nicht mehr ist und als künftige noch nicht ist, wir aber unbestreitbar von langer und kurzer Zeit sprechen und uns zu langer und kurzer Zeit verhalten, dann – so das philosophierende Zeitverstehen – dürfen wir nicht sagen, vergangene Zeit „ist" lang, sondern wir müssen sagen: vergangene Zeit ist lang „gewesen" (fuit). Als vergangene hat sie aufgehört, zu sein, und damit zugleich aufgehört lang zu sein. Ebenso dürfen wir, wie es scheint, von der künftigen Zeit nicht sagen, sie ist lang, sondern müssen stattdessen sagen: sie wird lang sein (erit). Denn als künftige ist sie noch nicht, sondern wird erst sein; erst dann aber wird sie auch lang sein können.

Das philosophierende Zeitverständnis nimmt damit eine *präzisierende Korrektur* des natürlichen Sprechens von langer oder kurzer vergangener und künftiger Zeit vor.

Nach dieser sprachlichen Korrektur erfolgt eine *Prüfung* dessen, ob und wie vergangene Zeit lang gewesen ist. Das fuit wird auf seinen Sinn hin befragt. Diese Befragung wird eingeleitet durch die Anrede Gottes: „O mein Herr, mein Licht, wird nicht auch jetzt Deine Wahrheit uns Menschen verspotten?" Diese Anrede erinnert uns daran, daß die Zeit-Untersuchung, das Gespräch Augustins zwischen seinem philosophierenden und seinem natürlichen Zeitverständnis, in den konfessionalen Dialog des endlich erkennenden Menschen mit dem unendlichen Gott der Illumination eingelassen ist.

Das longum fuit kann zweierlei heißen: erstens lang gewesen als vergangene, zweitens lang gewesen, als sie noch gegenwärtig war (adhuc praesens esset). Die erste Bedeutung scheidet aufgrund des Ergebnisses der ersten Prüfung aus; denn als vergangen war die Zeit nicht mehr, was aber überhaupt nicht mehr war, konnte auch nicht lang sein. Aber die zweite Bedeutung des longum fuit kann in Betracht gezogen und geprüft werden. Die lang gewesene Zeit ist lang gewesen damals, als sie noch Gegenwart war. Denn da war sie seiend und somit als seiende fähig, lang erstreckt zu sein.

Wenn es sich so verhält, bedarf es einer *weiteren Korrektur* unseres Sprechens von lang gewesener Vergangenheit. Weil das longum fuit auch die Bedeutung haben kann, daß vergangene Zeit als vergangene lang gewesen ist, muß das longum fuit einen Zusatz erhalten: Longum fuit illud praesens tempus, lang gewesen ist eine vergangene Zeit als gegenwärtige Zeit, als sie noch Gegenwart war. Nur als sie gegenwärtig war, war sie, wie es scheint, seiend und als seiend auch lang oder kurz. Als die Zeit, die jetzt vergangen ist, noch Gegenwart war, war sie noch nicht vorübergegangen (praeterierat) und also noch nicht seinslos, sondern sie war das, was lang sein konnte. Dann aber, als sie vergangen war, hörte sie auch auf, lang erstreckt zu sein (longum esse destitit), weil sie aufhörte zu sein (quod esse destitit).

Das philosophierende Verstehenwollen der Zeit kündigt nun an, daß jetzt *geprüft* werden müsse, ob eine gegenwärtige Zeit lang sein kann. Zwar wurde im Zuge der ersten Prüfung des Seins der Zeit (Kapitel 14) auch der Gegenwart das Sein abgesprochen, sofern sie kontinuierlich in das Nicht-mehr übergeht. Weil es jedoch ein nicht zu leugnender Tatbestand ist, daß wir uns zu so oder so erstreckten Zeitabschnitten verhalten, und weil die zweite Prüfung bisher ergeben hat, daß nur gegenwärtige Zeit als noch nicht vergangene lang sein könnte, muß nun untersucht werden, ob gegenwärtige Zeitabschnitte wirklich lang sein können. Sollte es sich bewahrheiten, dann wäre über die Einsicht in das Langseinkönnen von gegenwärtiger Zeit auch das Sein der Gegenwart eingesehen. Denn lang sein kann nur solches, das „ist".

Laß uns denn sehen, sagt Augustinus, du menschliche Seele, ob eine gegenwärtige Zeit lang sein kann. Die menschliche Seele, die hier angesprochen wird, ist die eigene Seele. Diese Anrede macht deutlich, daß die Zeit-Untersuchung ein *Selbstgespräch* zwischen der Zeit-untersuchenden und der Zeit-vollzugshaft-verstehenden Seele ist. Das philosophierende Begreifen-wollen der Zeit wendet sich an das natürliche Zeitverständnis: laß sehen, ob eine Zeit, von der wir sagen, sie sei Gegenwart, lang sein kann. Dem natürlichen Zeitverständnis ist es möglich, gegenwärtig währende Zeit *wahrzunehmen* und zu *messen* (sentire moras atque metiri).

An dieser Stelle der Zeit-Untersuchung werden *erstmals* zwei *Zeitverhaltungen der Seele* genannt: das *Wahrnehmen* gegenwärtiger Zeit und das *Messen* der wahrgenommenen Zeit. Das metiri dürfen wir hier nicht im Sinne wissenschaftlich-physikalischer Zeitmessung verstehen. Denn bevor wir Zeit physikalisch messen, verhalten wir uns *vorwissenschaftlich messend* zur Zeit unseres natürlichen Lebensvollzuges. Dieses *natürliche Zeit-Messen* gehört zu der Weise, wie wir uns alltäglich zur Zeit verhalten, zu der Zeit, in der wir dieses tun und jenes lassen.

Das *natürliche* Zeitverständnis sagt jetzt nicht nur, daß wir von langer und kurzer, also erstreckter Zeit sprechen, sondern es weist darüberhinaus auf den phänomenalen Tatbestand hin, daß wir für unseren Lebensvollzug uns zu *gegenwärtig-währender Zeit* verhalten, indem wir diese wahrnehmend als gegenwärtig-währende verstehen und messend für unser Tun und Lassen einteilen.

Wir sprechen auch von unserem Jahrhundert, in dem wir leben, und nennen es das „gegenwärtige" Jahrhundert. Dieses Jahrhundert nennen wir eine lange Zeit. Somit ist nun zu prüfen, ob unser gegenwärtiges Jahrhundert eine lange Zeit ist. Zuvor hieß es, lang könne eine Zeit nur als gegenwärtige sein. Daher ist zuerst zu prüfen, ob das gegenwärtige Jahrhundert überhaupt *als ganzes* gegenwärtig sein kann. Hundert Jahre können nur lang sein als gegenwärtige, und nur als solche *sind* sie und nur als gegenwärtig seiende können sie auch *lang* sein. Wir leben in diesem Jahrhundert, das wir das gegenwärtige nennen, und wenn wir es überblicken, empfinden wir seine Erstreckung als lang. Ist dieses Lang- und Erstrecktsein des gegenwärtigen Jahrhunderts nur eine Täuschung? Wenn nicht, dann schließt das Langsein des Jahrhunderts mit seiner Gegenwart das gesuchte Sein der Zeit als Gegenwart ein. Das *natürliche* Zeitverständnis verhält sich so zum gegenwärtigen Jahrhundert, daß es dieses als im ganzen gegenwärtig vermeint.

Doch sobald das *philosophierende* Zeitverstehen die Zeitstrecke von hundert Jahren thematisiert, zeigt sich ihm, daß von den hundert Jahren je nur ein Jahr gegenwärtig ist, während die Jahre davor schon wieder vergangen und die späteren Jahre noch nicht sind. Während auf einer Raumstrecke die sie bildenden Raumteile nebeneinander und zugleich sind, sind auf einer Zeitstrecke die sie bildenden Zeitabschnitte nur nacheinander. Das Ergebnis der Prüfung, ob hundert Jahre zugleich gegenwärtig sein können, lautet:

§ 8. Die zweite Prüfung des Seins der Zeit

Hundert Jahre sind nicht gegenwärtig in dem Sinne, daß sie alle zugleich sind, sondern sie sind nur nacheinander gegenwärtig. Damit schrumpft die Gegenwart von hundert Jahren zusammen auf die Gegenwart von je einem Jahr.

Daher muß nun geprüft werden, ob wenigstens das jeweils gegenwärtige Jahr als ganzes gegenwärtig sein kann. Doch auch hier zeigt sich, daß streng genommen immer nur ein Monat gegenwärtig ist, während die einen schon vergangen und die anderen noch zukünftig sind. Auch vom jeweils gegenwärtig laufenden Jahr ist zu sagen, daß es nicht als ganzes, nicht in seiner ganzen Erstrekkung, sondern nur in seinem jeweiligen Monat gegenwärtig ist.

Die nächste Prüfung gilt nun dem jeweils gegenwärtigen Monat, ob er als ganzer im strengen Sinne gegenwärtig ist. Auch hier zeigt sich, daß jeweils nur ein Tag des Monats gegenwärtig ist, während die einen nicht mehr und die anderen noch nicht sind.

Doch auch die Prüfung des jeweils gegenwärtigen Tages ergibt, daß je nur eine der 24 Stunden gegenwärtig ist, während die vorangegangenen nicht mehr und die kommenden noch nicht sind. Auch ein Tag ist nicht als ganzer im strengen Sinne gegenwärtig. Die Gegenwart ist inzwischen auf die jeweilige Stunde zusammengeschrumpft. Je kürzer die Zeitabschnitte als gegenwärtige werden, desto mehr meinen wir, daß wir uns zu einem im ganzen gegenwärtigen Zeitabschnitt verhalten.

Jetzt ist zu fragen, ob die Zeitstrecke einer Stunde als ganze gegenwärtig sein kann. Aber auch hier fällt die Antwort negativ aus. Denn die jeweils gegenwärtige Stunde läuft in flüchtigen Teilchen (fugitivis particulis agitur), so, daß immer nur ein solches Teilchen gegenwärtig ist, während die übrigen vergangen und künftig sind.

So läßt sich fragen, ob wenigstens diese flüchtigen Zeitteilchen Gegenwart sind in dem Sinne, daß sie nicht wieder in das Nichtmehr und Noch-nicht zerfallen. Nur wenn man – so das philosophierende Verstehenwollen von Zeit – sich etwas von Zeit denken könnte (si quid intelligitur temporis), das in keine auch noch so winzige Augenblicksteilchen zerlegt werden könnte (quod in nullas iam vel minutissimas momentorum partes dividi possit), nur das allein könnte man Gegenwart nennen (id solum est, quod praesens dicatur). Eine solche Gegenwart wäre das unteilbare Zeitteilchen, gleichsam das Zeitatom. Geben wir aber auf kleinste Zeitphasen acht, um an ihnen das unteilbare Teilchen Gegenwart auszumachen, dann zeigt sich, daß es solche unteilbaren Gegenwartteilchen nicht gibt. Denn auch das kleinste Zeitteilchen zerlegt sich unaufhaltsam in das Nicht-mehr und Noch-nicht. Es fliegt so reißend schnell von der Zukunft in die Vergangenheit (ita raptim a futuro in praeteritum transvolat), daß es sich nicht zur Dauer dehnen kann (ut nulla morula extendatur). Dann, wenn es sich zu dehnen scheint, zerfällt es schon wieder in Vergangenheit und Zukunft. Wenn wir auf seine Dauer achtgeben, dehnt sich *kein* Gegenwartsteilchen *als ganzes,* sondern das, was wir im Bereich des Kleinsten als Gegenwart ansprechen, teilt sich in Vergangen und Künftig.

Das *Ergebnis der Prüfung,* ob Zeit als ganze in längeren oder kürzeren Zeitabschnitten gegenwärtig sein könne, lautet: Die Gegenwart hat *keine Ausdehnung* (praesens autem nullum habet spatium). Die Gegenwart hat keine Ausdehnung im Sinne einer ganzen, unteilbaren Gegenwart. Dieses *vorläufige* Ergebnis der philosophierenden Prüfung ist jedoch nur dann in rechter Weise aufgenommen, wenn es nicht isoliert, sondern im Verhältnis zum *natürlichen* Zeitverständnis bedacht wird, in dem wir uns so zur Gegenwart verhalten, daß diese sehr wohl ein spatium, eine *Dehnung* als Gegenwart hat. So wird es darauf ankommen, die Dehnung der Gegenwart, die vermutlich ein nicht zu leugnender *phänomenaler Befund* ist, auf einem anderen Wege begrifflich zum Verständnis zu bringen.

Das *Ergebnis* der *zweiten Seins-Prüfung der Gegenwart* besagt: Weil hundert Jahre nicht im ganzen gegenwärtig sind, weil sie und alle kleineren Zeitabschnitte immer wieder in das Nicht-mehr und Noch-nicht zerfallen, können diese Zeitabschnitte auch nicht lang sein. Denn als nicht im ganzen gegenwärtige sind sie auch nicht im ganzen seiend, und als nicht seiende können sie nicht lang sein. Die im Kapitel 15 in mehrfachen Stufen vorgenommene Prüfung, ob eine Zeit als ganze gegenwärtig und als solche lang sein kann,

§ 8. Die zweite Prüfung des Seins der Zeit

geschah umwillen der Frage nach dem Sein der Zeit als Gegenwart. Veranlaßt wurde diese Prüfung durch die natürliche Rede, daß vergangene Zeit lang gewesen ist. Die Möglichkeit, daß sie als vergangene lang gewesen ist, schied aus. Die Möglichkeit aber, daß sie lang gewesen ist, als sie, die jetzt vergangen ist, zuvor noch gegenwärtig war, mußte untersucht werden. Die Untersuchung hat ergeben: Vergangene Zeit kann auch nicht damals, als sie noch gegenwärtige Zeit war, als ganze gegenwärtig gewesen sein. Denn als sie noch gegenwärtig laufende Zeit war, gab es auch kein kleinstes unteilbares Gegenwartsteilchen. Deshalb konnte auch vergangene Zeit, als sie noch gegenwärtig war, nicht lang sein – nicht lang aufgrund reiner sich dehnender Gegenwart, aufgrund von reinem, nicht ins Nicht-mehr übergehenden Sein.

Nachdem im Kapitel 15 geprüft worden ist, was es heißt, daß vergangene Zeit nicht lang gewesen ist, nachdem anschließend untersucht worden ist, ob gegenwärtige Zeit im ganzen gegenwärtig und als gegenwärtige seiend und als seiende lang sein kann, und nachdem diese Untersuchung zu dem negativen Ergebnis gekommen ist, daß nicht nur vergangene Zeit, sondern auch gegenwärtige Zeit nicht lang sein kann, bleibt noch die künftige Zeit daraufhin zu befragen, ob sie lang sein kann. Denn wir sprechen auch von und verhalten uns zu langen künftigen Zeitabschnitten. Wo ist die Zeit, die wir lang nennen können, wenn es nicht die vergangene und auch nicht die gegenwärtige ist? Ist es vielleicht die Zukunft? – so fragt das *philosophierende* Zeitverständnis. Wie zu Beginn des Kapitels 15 eine sprachliche *Korrektur* am longum est der Vergangenheit in das longum fuit vorgenommen wurde, so wird jetzt auch das longum est in bezug auf die Zukunft in das longum erit abgewandelt. Denn solange der fragliche Zeitabschnitt noch Zukunft ist, ist er noch nicht und kann als nicht seiend scheinbar auch nicht lang sein. Wie vergangene Zeit scheinbar nur lang sein konnte, als sie noch gegenwärtige Zeit war, so scheint auch künftige Zeit erst dann lang sein zu können, wenn dieser Zeitabschnitt nicht mehr künftig ist, sondern in die Gegenwart übergegangen ist. Die künftige Zeit scheint dann erst lang zu sein, wenn sie aus der Zukunft, die noch nicht ist, angefangen hat zu sein und Gegenwart geworden ist (esse iam coeperit et praesens factum erit). Denn jetzt erst kann sie, wie es scheint, als seiend-gegenwärtige auch lang sein. Indessen wissen wir bereits von der gegenwärtigen Zeit, daß sie ohne Dehnung in das Nicht-mehr übergeht, also nicht seiend und als solche auch nicht lang sein kann.

Zu Beginn des Kapitels 15 hatte das *natürliche* Zeitverständnis dem *philosophierenden* Zeitverständnis und seinem ersten Prüfungsergebnis entgegengehalten, daß wir von langer und kurzer Zeit sprechen und uns in unserem alltäglichen Lebensvollzug zu langen oder kurzen Zeitstrecken unseres Tuns und Lassens wahrnehmend und messend verhalten. Wenn wir uns aber zu langer oder kurzer Zeit verhalten, muß diese Zeit auch seiend sein. Das philosophierende Zeitverständnis machte sich daher auf den Weg, zu prüfen, ob vergangene, gegenwärtige und künftige Zeit lang sein kann. Am ehesten schien gegenwärtige Zeit lang und darin gedehnt zu sein. Doch das *Ergebnis* dieser *zweiten Prüfung des Seins der drei Zeithorizonte* lautet erneut, daß Vergangenheit, Gegenwart und Zukunft nicht gedehnt, nicht seiend und nicht lang sein können.

§ 9. Der Rückgang auf die Zeitverhaltungen des Wahrnehmens, Vergleichens und Messens von Zeit und die Frage nach dem Sein der Gegenwart (XI, 16)

Gegen das Ergebnis der zweiten Prüfung des Seins der Zeit weist das *natürliche* Zeitverständnis das *philosophierende* Verstehenwollen von Zeit erneut und mit Nachdruck auf *phänomenale Sachbestände* hin, die eine deutliche Anzeige für das Gedehntsein von Gegenwart und somit für das *Sein* von *gegenwärtiger Zeit* sind. Die zweite Prüfung des Seins der Gegenwart ergab, daß diese nicht als ganze ist, vielmehr stets in das Nicht-mehr und Noch-nicht zerfällt. Et tamen – und gleichwohl, entgegnet das *natürliche* Zeitverständnis im Kapitel 16, nehmen wir Zeitabschnitte wahr und vergleichen sie miteinander (sentimus intervalla temporum et conparamus sibimet). Das natürliche Zeitverständnis stellt diesen phänomenalen

§ 9. Rückgang auf die Zeitverhaltung des Wahrnehmens

Tatbestand dem Ergebnis der philosophierenden Untersuchung des Seins der Gegenwart entgegen.

Schon im Kapitel 15 wurden die natürlichen Zeitverhaltungen des Wahrnehmens und Messens von sich dehnender Zeit erwähnt, ohne daß sie schon eigens für die Beantwortung der Frage nach dem Sein der Gegenwart thematisiert wurden. Das Wahrnehmen und Vergleichen von unterschiedlich langen Zeitabschnitten gehört in das vollzugshafte Zeitverständnis unseres alltäglichen Lebensvollzuges. Mit unserem Tun und Lassen verstehen wir auch die Zeit, in der sich dieses erstreckt. Ich verstehe, daß meine jetzige Handlung so und so lange dauern wird. Diese Dauer vergleiche ich mit der Dauer einer anderen Handlung. Ich sage etwa zu mir selbst: für dieses benötige ich längere, für jenes kürzere Zeit. Das natürliche Zeitverständnis weist auch darauf hin, daß wir die wahrgenommenen und verglichenen Dauern auch messen. So sagen wir: Dieses hat doppelt solange gedauert wie jenes. Das metiri müssen wir im Sinne der natürlichen Zeiteinteilung verstehen, die zum vollzugshaften Zeitverständnis gehört. Wenn wir vom Messen der Zeit hören, denken wir heute sogleich an die exakte wissenschaftliche Zeitmessung. Dabei vergessen wir, daß zu unserem natürlichen Zeitverständnis ein eigenständiges messendes Einteilen der Zeit gehört, ein Einteilen der Zeit für unseren natürlichen Lebensvollzug.

Mit dem Hinweis auf das *natürliche Wahrnehmen, Vergleichen* und *einteilende Messen* von Zeit möchte das natürliche Zeitverständnis vor allem sagen, daß so von uns wahrgenommene, verglichene und einteilend gemessene Dauern auch „sind". Der Hinweis auf das natürliche Wahrnehmen, Vergleichen und Messen von Dauern versteht sich als eine Bestätigung des *Seins* der *wahrgenommenen* und *gemessenen* Dauern. Wie kann der Zeit und insbesondere der Gegenwart das Sein abgesprochen werden, wenn es ein unleugbarer phänomenaler Tatbestand ist, daß wir in unserem alltäglichen Lebensvollzug zu Dauern gedehnte Zeit wahrnehmen, vergleichen und messen?

Auf diesen Einwand des natürlichen Zeitverständnisses antwortet das *philosophierende* Begreifenwollen der Zeit mit dem Satz:

Aber wir messen die Zeitdauern, wenn wir sie wahrnehmend messen, nur als *vorübergehende* (Sed praetereuntia metimur tempora, cum sentiendo metimur). Praetereuntia tempora sind die gegenwärtig vorübergehenden Dauern im Unterschied zu den praeterita tempora, den vorübergegangenen, den vergangenen Dauern. Wir messen nur solche Dauern, die sich gegenwärtig dehnen, dehnen im Vorübergehen der Jetzt und Jetzt. Denn nur die gegenwärtig vorübergehende Zeit *nehmen wir wahr,* und nur die *wahrgenommene* Zeit können wir in ihrer Dauer *messen.* Sind Dauern vergangen, ohne daß ich sie als vorübergehende wahrgenommen und gemessen habe, kann ich sie nicht mehr als vergangene wahrnehmen und messen. Als vergangene sind sie nicht mehr, und als solche haben sie keine Länge, die gemessen werden könnte. Ebenso messen wir nicht künftige Dauern (futura tempora). Denn als künftige sind sie noch nicht und als solche können sie nicht gedehnt sein und nicht in ihrer Länge gemessen werden.

Was geht in dieser *Antwort* des *philosophierenden* Zeitverständnisses vor? Offenbar etwas Entscheidendes, nicht nur für den Augenblick, sondern für den *weiteren Verlauf der Zeit-Untersuchung* überhaupt. Denn das philosophierende Zeitverständnis nimmt jetzt erstmals das phänomenale Zeit-Wahrnehmen und Zeit-Messen ernst. Von jetzt ab stellt es die Frage nach dem *Sein* der Gegenwart und gegenwärtigen Zeit nur noch aus der *thematisierten Blickbahn der Zeitverhaltungen* des Wahrnehmens und wahrnehmenden Messens gegenwärtig vorübergehender und darin sich dehnender Zeit.

Im Kapitel 15 wurde nach dem Sein der Gegenwart in der *Geradehingerichtetheit* auf die Gegenwart gefragt. In dieser Haltung bleibt die Zeitverhaltung des Wahrnehmens von gegenwärtig vorübergehender Zeit unbeachtet. Jetzt aber im Kapitel 16 verläßt das philosophierende Zeitverständnis die bislang eingenommene Haltung der Geradehingerichtetheit auf die Gegenwart und thematisiert die Zeitverhaltung des wahrnehmenden Messens. Von jetzt ab wird nur noch aus der *Thematisierung dieser Zeitverhaltung,* in der ich mich zur Gegenwart verhalte, nach dem Sein der Gegenwart gefragt. Die *Zeitverhaltung des Wahrnehmens* gegenwärtig vorübergehender Zeit bildet von nun ab den *Leitfaden* für das Fragen nach

§ 9. Rückgang auf die Zeitverhaltung des Wahrnehmens 75

dem *Sein der Gegenwart*. Damit verwandelt das philosophierende Zeitverständnis seinen bisherigen Frageansatz. Es fragt nicht mehr nach dem Sein der Gegenwart in direkter Hinwendung zur Gegenwart, sondern es nimmt das Sein der Gegenwart aus dem thematisierten Leitfaden des Zeit-Wahrnehmens in den Blick.

Diesen Wandel im Frageansatz nennen wir den *Rückgang des philosophierenden Zeitverständnisses von der Geradehingerichtetheit auf die Zeitverhaltung*. Wurde zuvor versucht, das Sein der Gegenwart in unmittelbarer Hinwendung zu ihr zu fassen, so wird von jetzt ab der Versuch unternommen, das Sein der Gegenwart aus der Mitthematisierung der Verhaltungsweise zur Gegenwart zu sichern.

Der letzte Satz des Kapitels 16 faßt das *Ergebnis* zusammen: Wenn gegenwärtige Zeit vorübergeht (cum ergo praeterit tempus), kann man sie wahrnehmen und messen (sentiri et metiri potest), wenn sie aber vorübergegangen ist (cum autem praeterierit), kann man sie nicht mehr wahrnehmen und messen, da sie dann nicht mehr ist (quoniam non est, non potest). Das ist die *philosophierende Auslegung* des aus dem *natürlichen Zeitverständnis* vorgegebenen phänomenalen Sachbestandes des Wahrnehmens und Messens von Zeitspannen. Wenn jetzt das philosophierende Zeitverständnis anerkennt, daß gegenwärtig vorübergehende Zeit wahrgenommen und in ihrer Dauer gemessen wird, ist damit zugleich zugestanden, daß vorübergehende Zeit, sofern sie *wahrgenommen* ist, sich dehnt, als sich dehnende „ist" und als solche hinsichtlich ihrer Länge gemessen werden kann.

So ist es vermutlich der *Rückbezug* der vorübergehenden Zeit auf die Zeitverhaltung des Wahrnehmens, der die Gegenwart trotz ihres Abfließens nicht in das bloße Nicht-mehr und Noch-nicht zerfallen läßt, sondern sie als Gegenwart sich dehnen läßt. Wie sich aber die Gegenwart dehnt, ohne daß die Teile dieser gegenwärtigen Strecke zugleich sind, bleibt vorerst noch dunkel. Wenn aber eingesehen ist, daß wir gegenwärtig vorübergehende Zeit wahrnehmend hinsichtlich ihrer Länge messen, dann ist vor allem die Einsicht gewonnen, daß die im Wahrnehmen gemessene Zeit „ist". Das bedeutet, daß der gegenwärtig vorübergehenden Zeit nur *als* wahrgenommener, nur im Rückbezug auf die Zeitverhaltung des wahrnehmenden Verstehens der Gegenwart, das gesuchte Sein eignet. In den Kapiteln 14 und 15 konnte sich das Sein der Gegenwart deshalb nicht zeigen, weil die Gegenwart nicht aus der mitthematisierten Gegenwartsverhaltung in den Blick genommen wurde. Wie aber gegenwärtig vorübergehende Zeitabschnitte durch ihr Wahrgenommensein, durch ihren Rückbezug auf die Zeitverhaltung, „sind", bleibt vorerst noch rätselhaft.

§ 10. *Rückgang auf die Zeitverhaltungen der Wiedererinnerung und Erwartung und die Frage nach dem Sein der Vergangenheit und Zukunft (XI, 17)*

Die entscheidende Einsicht des Kapitels 16 ist, daß sich in der Mitthematisierung der spezifischen Verhaltung zur Gegenwart das gesuchte Sein der Gegenwart andeutungsweise zeigt. Ist damit nicht auch der Weg frei für die Einsicht, wie auch den Zeithorizonten der Vergangenheit und Zukunft eine Weise von Sein zukommt? Wenn sich das Sein von gegenwärtiger Zeit im Rückgang auf die spezifische Verhaltung zur Gegenwart gezeigt hat, gibt es dann nicht auch spezifische Zeitverhaltungen zur Vergangenheit und Zukunft, so, daß sich im Rückgang auf diese und durch ihre Thematisierung zeigt, wie auch vergangene und künftige Zeit „sind"?

Wer ist es – fragt das *natürliche* Zeitverständnis zu Beginn des Kapitels 17 –, der mir sagt, daß nicht drei Zeitdimensionen sind (non esse tria tempora), Vergangenheit, Gegenwart, Zukunft, sondern daß nur Gegenwart ist, weil jene zwei anderen nicht sind? Für das *philosophierende* Zeitverständnis hat sich bisher nur das Sein der Gegenwart gezeigt. Das *natürliche* Zeitverständnis hält aber an der Gewißheit seines Zeitwissens fest, daß nicht nur Gegenwart und Gegenwärtiges, sondern auch Vergangenheit und Vergangenes sowie Zukunft und Künftiges „sind". So wie das natürliche Zeitverständnis im Kapitel 16 das philosophierende Zeitverständnis auf die spezifische Verhaltung zur Gegenwart hingewiesen hat, so weist es jetzt auf die *natürlichen Verhaltungen zur Zukunft und Ver-*

§ 10. Rückgang auf die Wiedererinnerung und Erwartung

gangenheit hin. Das natürliche Zeitverständnis begnügt sich freilich mit dem bloßen Hinweis darauf, daß wir im *Vorhersagen von Künftigem* uns zu etwas verhalten, was nicht „nicht ist", und daß wir im *Erzählen von Vergangenem* uns gleichfalls zu etwas, was „ist", verhalten.

So wie das *philosophische* Zeitverständnis den Hinweis auf den phänomenalen Tatbestand der wahrnehmenden Verhaltung zu Gegenwärtigem ernst nahm, so nimmt es auch jetzt den Hinweis auf die phänomenalen Befunde der vorhersagenden Verhaltung zu Künftigem und der erzählenden Verhaltung zu Vergangenem auf. Auch hier vollzieht sich nun der *Rückgang* aus der bisher eingenommenen Haltung der Geradehingerichtetheit auf die Zeitverhaltungen zur Zukunft und Vergangenheit. Das Ernstnehmen des Hinweises auf die phänomenalen Tatbestände besteht darin, daß nunmehr aus der *Mitthematisierung dieser Zeitverhaltungen* erneut nach dem *Sein* von Vergangenem und Künftigem gefragt wird.

In der zweiten Frage des Kapitels 17 „Oder sind auch diese [Vergangenes und Künftiges]...?" spricht das *philosophierende* Zeitverständnis, das gleich damit beginnt, nach dem *Sein* von Künftigem und Vergangenem nunmehr aus den thematisierten Zeitverhaltungen zu Zukunft und Vergangenheit zu fragen. Sind vielleicht auch das Künftige und das Vergangene (An et ipsa sunt)? Ist das Künftige vielleicht so, daß es aus irgendeinem *Verborgenen* hervortritt, wenn aus Zukunft Gegenwart wird (ex aliquo procedit occulto, cum ex futuro fit praesens)? Hält sich das Künftige, von dem wir meinen, daß es irgendwie „ist", im Verborgenen und „ist" es als so im Verborgenen Sichhaltendes? Kommt dem Künftigen in dieser Verborgenheit schon eine Weise von Sein zu, so daß es, wenn es aus der Zukunft in die Gegenwart übergeht, nicht aus dem bloßen Nicht-sein (Noch-nicht-sein), sondern aus dem Sein als Künftigem in das Sein als Gegenwärtiges übergeht?

Das ist der *erste Auslegungsversuch* des Voraussagens von Künftigem. Wenn Künftiges vorhergesagt wird, muß es in irgendeiner Weise gesehen werden. Gesehenwerden aber kann nur solches, was irgendwie „ist". Bisher lautete das Ergebnis der Seinsprüfung des Künftigen, daß es als Noch-nicht nicht ist. Ein *phänomenaler Tatbe-*

stand ist das Vorhersagen von Künftigem. Was darin als Künftiges, das Gegenwärtiges werden kann, gesehen und vorausgesagt wird, muß in irgendeiner Weise *sein*. Könnte es nicht in der Weise „sein", daß es *sich im Verborgenen hält* und daß ihm im Verborgenen eine Weise von Sein zukommt?

Ähnlich ist nach dem *Sein* des Vergangenen zu fragen. Ist das Vergangene vielleicht so, daß es in irgendein *Verborgenes* zurücktritt, wenn es aus der Gegenwart in die Vergangenheit übergeht (in aliquod recedit occultum, cum ex praesenti fit praeteritum)? Hält sich auch das Vergangene im Verborgenen und „ist" es als so im Verborgenen Sichhaltendes? Kommt dem Vergangenen ein Sein dadurch zu, daß es *sich im Verborgenen hält* und dort nicht überhaupt nicht mehr ist, sondern irgendwie „ist"? Kommt dem Vergangenen in der Verborgenheit noch eine Weise von Sein zu, so, daß es, wenn es aus der Gegenwart in die Vergangenheit übergeht und zu Vergangenem wird, nicht aus dem Sein in das bloße Nicht-mehr-sein, sondern aus dem Sein des Gegenwärtigen in das Sein des Vergangenen übergeht?

Auch das ist nur der *erste Auslegungsversuch* des Erzählens von Vergangenem. Diejenigen, die Vergangenes erzählen (qui narrant praeterita), könnten unmöglich Wahres erzählen (non utique vera narrarent), wenn sie es nicht *im Geiste schauten* (si animo illa non cernerent). So wie das Vorhersagen von Künftigem die Zeitverhaltung des *Erwartens* ist, so ist das Erzählen von Vergangenem die Zeitverhaltung der *Wiedererinnerung*. Das wiedererinnernde Bezogensein auf Vergangenes ist ein Schauen dieses Vergangenen. Das wiedererinnernde Schauen des Vergangenen vollzieht sich als eine Verhaltung des Geistes (animus), als eine Verhaltung der Seele (anima). Deshalb ist das Wiedererinnern ein Schauen des Vergangenen im Geiste, so wie das Erwarten ein Schauen des Künftigen im Geiste ist. Dieses in der Wiedererinnerung geschaute Vergangene kann als so Geschautes nicht überhaupt nicht sein. Es muß irgendwie sein, vielleicht so, daß es als Vergangenes im Verborgenen noch irgendwie ist. So wie man Künftiges nicht erwartend schauen kann, wenn es überhaupt noch nicht ist, so kann man auch Vergangenes nicht wiedererinnernd schauen, wenn es überhaupt nicht

§ 10. Rückgang auf die Wiedererinnerung und Erwartung

mehr ist. Wenn das Künftige überhaupt nicht wäre, dann könnte es nicht erwartet und im Erwarten nicht geschaut werden. Wenn das Vergangene überhaupt nicht wäre, könnte es nicht erinnert und im Erinnern nicht geschaut werden.

Das Kapitel 17 schließt ab mit der Einsicht: Es „sind" also sowohl Künftiges wie auch Vergangenes (Sunt ergo et futura et praeterita). Das an den Anfang gestellte „sunt" betont das *Sein* von Vergangenem und Künftigem. In den Kapiteln 14 und 15 zeigte sich keine Möglichkeit, dem Vergangenen und Künftigen eine eigene Weise von Sein zuzusprechen. Der Grund dafür war die *Geradehingerichtetheit*, also das Absehen von den spezifischen Zeitverhaltungen zu Vergangenem und Künftigem. Jetzt aber, da das philosophierende Zeitverstehen für sein Fragen nach dem Sein von Vergangenheit und Zukunft den *Leitfaden der thematisierten Zeitverhaltungen der Erwartung von Künftigem und der Wiedererinnerung von Vergangenem* gewählt hat, zeigt sich erstmals so etwas wie eine Seinsweise von Künftigem und Vergangenem. So wie das Sein von Gegenwärtigem und gegenwärtiger Zeitabschnitte *rückgebunden* ist an die spezifische Gegenwartsverhaltung, so zeigt sich jetzt auch das Sein von Vergangenem *rückgebunden* an die Vergangenheits-Verhaltung und das Sein des Künftigen *rückgebunden* an die Zukunfts-Verhaltung. Wie indessen das Vergangene und vergangene Dauern aus ihrem Rückbezug auf die Verhaltung der Wiedererinnerung „sind", wie dem Vergangenen durch diesen Rückbezug eine eigene Weise von Sein zukommt, bleibt im Kapitel 17 noch unerörtert. Wie das Zukünftige und künftige Zeitabschnitte aus ihrem Rückbezug auf die Verhaltung der Erwartung „sind", wie dem Künftigen durch diesen Rückbezug eine eigene Weise von Sein zukommt, bleibt gleichfalls noch ungeklärt.

In den Kapiteln 16 und 17 – das kann gar nicht deutlich genug gemacht werden – schwenkt die Zeit-Untersuchung in die ihr gemäße Blickbahn auf die zu untersuchende Zeit ein. Diese *neue Blickbahn* besagt: Die Frage nach dem Sein der drei Zeiten (tempora) ist nicht in der Geradehingerichtetheit auf die Zeitdimensionen zu erörtern, sondern aus der Thematisierung der Verhaltungen zu den drei Zeiten zu exponieren und auszuarbeiten. Die Zeitverhaltungen sind die des zeitverstehenden Menschen. In meinem alltäglichen Lebensvollzug verhalte ich mich wahrnehmend zur Gegenwart, erinnernd zur Vergangenheit und erwartend zur Zukunft.

Soll nun im folgenden so nach dem *Sein* des wahrgenommenen Gegenwärtigen, des erinnerten Vergangenen und des erwarteten Künftigen gefragt werden, daß dieses Fragen am *Leitfaden* dieser drei Zeitverhaltungen erfolgt, dann müssen wir dieses Fragen auch in der rechten Weise vollziehen. Solches geschieht nur dann, wenn wir uns ausdrücklich in diese drei Zeitverhaltungen bringen. Zwar halten wir uns ständig in ihnen auf, aber so, daß wir in diesen Zeitverhaltungen *aufgehen* und sie *unbeachtet* lassen. Im natürlichen Vollzug dieser Zeitverhaltungen leben wir auf das wahrgenommene Gegenwärtige, erinnerte Vergangene und erwartete Künftige so hin, daß darin *verhüllt* bleibt, wie das Gegenwärtige, Vergangene und Erwartete auf die Zeitverhaltungen rückbezogen ist. Wenn es darum geht, diese Zeitverhaltungen philosophisch zu thematisieren, besteht die Gefahr, daß wir sie wie ein gegenständliches Gegenüber ansetzen, anstatt sie aus ihrem *Vollzugscharakter ausdrücklich* werden zu lassen. Der Strukturgehalt dieser Verhaltungen zeigt sich nur, wenn diese Verhaltungen nicht im gegenständlichen Gegenüber, sondern aus ihrer Vollzugshaltung heraus zur Auslegung gelangen.

Für Augustinus ist es selbstverständlich, daß er die Thematisierung des wahrnehmenden Bezogenseins auf das wahrgenommene Gegenwärtige, des erinnernden Bezogenseins auf das erinnerte Vergangene und des erwartenden Bezogenseins auf das erwartete Künftige aus der Vollzugshaltung heraus vornimmt. Das gleiche muß nun aber auch für uns gelten. Die Augustinische Untersuchung der Frage nach dem *Sein* der drei Zeithorizonte aus der *thematisierten Blickbahn* der drei Zeitverhaltungen werden wir nur dann text- und sachgemäß interpretieren, wenn wir sie aus der Thematisierung der vollzogenen Zeitverhaltungen zur Auslegung bringen. Die Frage nach dem Sein des im Wahrnehmen wahrgenommenen Gegenwärtigen, des im Erinnern erinnerten Vergangenen und des im Erwarten erwarteten Künftigen kann von jedem nur so mitgefragt werden, daß jeder die je eigenen Zeitverhaltungen in die Ausdrücklichkeit bringt und am Leitfaden dieser auf das *Sein* des wahrgenommenen Gegenwärtigen, des erinnerten Vergangenen und des erwarteten Künftigen blickt.

§ 11. Das Sein des erinnerten Vergangenen und erwarteten Künftigen als eine Weise von Gegenwart (Anwesenheit) (XI, 18-19)

Nun aber muß gefragt werden, wie, auf welche Weise das erwartete Künftige und das erinnerte Vergangene „sind". Wenn das Künftige und das Vergangene „sind" – so beginnt das *philosophische* Zeitverständnis im Kapitel 18 –, dann will ich wissen, wo sie sind (volo scire, ubi sint). Im Kapitel 17 wurde die Vermutung ausgesprochen, daß sich das Künftige und das Vergangene, sofern sie irgendwie „sind", in irgendeinem *Verborgenen* halten. Wenn nun zu Beginn des Kapitels 18 gefragt wird, wo sie sind, ist nach dem *Wo dieses Verborgenen* gefragt. Wo „sind" in eigentümlicher Weise das Künftige und das Vergangene, wenn sie in der Erwartung und in der Wiedererinnerung geschaut werden und als geschaute „sind"?

Für die Beantwortung dieser Wo-Frage ist das philosophierende Zeitverständnis vorerst noch nicht gerüstet. Wenn ich dieses noch nicht vermag – so das philosophierende Zeitverständnis –, nämlich auf das Wo eine Antwort zu geben, so weiß ich doch soviel: Wo auch immer das erwartete Künftige und das erinnerte Vergangene „sind" (ubicumque sunt), dort sind sie nicht Künftiges und Vergangenes, sondern Gegenwärtiges (non ibi ea futura esse aut praeterita, sed praesentia). Um die *Wo-Frage* beantworten zu können, muß sich die Untersuchung zuerst der *Wie-Frage* widmen, d.h. der Frage, wie das erwartete Künftige und wie das erinnerte Vergangene jeweils „ist". Die Wie-Frage ist aber keine andere als die *Frage nach der Weise des Seins,* nach der *Seins-weise* des erwarteten Künftigen und erinnerten Vergangenen.

Die *Wie-Frage* hat im Kapitel 18 eine Beantwortung in Gestalt einer These gefunden. Alles Folgende ist als Ausführung und Erweis dieser These zu verstehen. An der paradox anmutenden Formulierung dieser weitreichenden These dürfen wir uns nicht stoßen. Dort, wo das Künftige und das Vergangene je auf seine Weise „ist", dort „ist" das Künftige nicht Künftiges, sondern Gegenwärtiges. Das *philosophierende* Zeitverständnis will dieses sagen: Das Künftige in der Erwartung, das als solches in der Weise des Erwartens geschaut wird, ist *nicht bloß* Künftiges, *nicht bloßes* Nochnicht, sondern ein Künftiges, das für den Erwartenden in einer eigenen Weise gegenwärtig, anwesend ist. Das Vergangene in der Erinnerung, das im Erinnern geschaut wird, ist *nicht bloß* Vergangenes, *kein bloßes* Nicht-mehr, sondern ein Vergangenes, das für den Erinnernden in einer eigenen Weise gegenwärtig, anwesend ist. Die *eigentümliche Seinsweise* des erwarteten Künftigen und des erinnerten Vergangenen ist nicht die Gegenwart des Gegenwärtigen, sondern eine *je eigene* Weise von Gegenwart und Anwesenheit.

Das Wo und das Dort wurden im Kapitel 17 als irgendein *Verborgenes* gekennzeichnet. Sofern das Vergangene noch und das Künftige schon irgendwie ist, d.h. gegenwärtig, anwesend ist, hält es sich in irgendeinem Verborgenen. Das Verborgene des irgendwie noch anwesenden Vergangenen und schon anwesenden Künftigen unterscheidet sich vom Nicht-verborgenen, vom Offenbaren des eigentlich Gegenwärtigen. Wenn das Künftige auch dort im Verborgenen nur Künftiges wäre, dann wäre es dort noch nicht, überhaupt noch nicht, dann käme ihm überhaupt keine Weise von Sein zu. Wenn das Vergangene auch dort im Verborgenen nur Vergangenes wäre, dann wäre es dort überhaupt nicht mehr.

Das Vergangene in seinem *Rückbezug auf die Wiedererinnerung*, das *wiedererinnerte* Vergangene „ist" in der Weise, daß es als Vergangenes für mich in meinem Erinnern gegenwärtig, anwesend ist. Freilich ist es nicht für mich gegenwärtig wie das Gegenwärtige, sondern als Vergangenes, als Abwesendes ist es zugleich für mich und mein erinnerndes Bezogensein auf es anwesend.

Das Zukünftige in seinem *Rückbezug auf die Erwartung*, das *erwartete* Künftige, „ist" in der Weise, daß es als Künftiges für mich in meinem Erwarten gegenwärtig, anwesend ist. Indes ist es nicht für mich gegenwärtig und anwesend wie das Gegenwärtige, sondern als Künftiges, als in diesem Sinne Abwesendes ist es für mich in meinem erwartenden Bezogensein auf es gegenwärtig, anwesend.

§ 11. Das Sein des Erinnerten und Erwarteten

Wie läßt sich der *Unterschied* zwischen der *Gegenwart* (Anwesenheit) des Gegenwärtigen einerseits und der *Gegenwart* (Anwesenheit) von erinnertem Vergangenen und erwartetem Künftigen andererseits kennzeichnen? In der Wahrnehmung ist das wahrgenommene Gegenwärtige *leibhaftig gegenwärtig*. Dagegen ist in der Erinnerung das erinnerte Vergangene *nicht mehr leibhaftig* anwesend, so wie das in der Erwartung erwartete Künftige *noch nicht leibhaftig* anwesend ist. Die Anwesenheit des wahrgenommenen Gegenwärtigen ist bestimmt durch die Leibhaftigkeit des Anwesenden. Demgegenüber ist die Anwesenheit des erinnerten Vergangenen und des erwarteten Künftigen durch das *Ausbleiben* der leibhaftigen Gegebenheit charakterisiert.

Diesen Gedanken vorerst abschließend sagt das *philosophische* Zeitverständnis: Wo auch immer und was auch immer das Vergangene und das Künftige sein mögen (Ubicumque ergo sunt, quaecumque sunt), sie „sind" nur als Gegenwart (non sunt nisi praesentia). Das „wo auch immer" nimmt wieder die Wo-Frage auf, die vorerst noch unbeantwortet bleibt. Das „was auch immer" bezieht sich auf das Wassein, auf das Wesen, auf die *Wesensfrage*, die zurückgestellt ist. Was auch immer die Zeit hinsichtlich ihrer Vergangenheitsdimension und ihrer Zukunftsdimension sein mag, welches Wesen diesen auch immer eigentümlich sein mag. Die *Was-Frage* wurde zugunsten der *Seinsfrage* zurückgestellt, die soeben positiv beantwortet wurde: *Sein* von Vergangenem als Gegenwart des Vergangenen, sofern dieses ein *erinnertes* ist; *Sein* von Künftigem als Gegenwart von Künftigem, sofern dieses ein *erwartetes* ist.

Im Zusammenhang des hier genannten „wo auch immer" wird jetzt deutlich, daß die Wo-Frage sowohl die Frage nach dem Sein wie auch die Frage nach dem Wesen der Zeit umfaßt. Wenn sich zeigt, „wo" den drei Zeithorizonten ihre eigene *Seinsweise als Gegenwartsweise* zukommt, dann ist mit diesem Wo auch der „Ort" für das Wesen der Zeit gefunden. Nur dort, wo den drei Zeithorizonten eine je eigene Seinsweise eignet, zeigt auch die Zeit ihre Wesensverfaßtheit. Die Wo-Frage fragt nach dem Bereich, an dem die Zeit ihr Sein und Wesen hat.

a) Die Seinsweise des erinnerten Vergangenen als Gegenwartsweise

Im Fortgang des Kapitels 18 gibt das philosophierende Zeitverständnis eine Erläuterung dessen, wie dem Vergangenen der Wiedererinnerung eine eigene Gegenwartsweise eignet. Das *philosophische* Zeitverstehen sagt: Quamquam praeterita cum vera narrantur, ex memoria proferuntur non res ipsae, quae praeterierunt, sed verba concepta ex imaginibus earum, quae in animo velut vestigia per sensus praetereundo fixerunt. Die von Joseph Bernhart in der von uns zugrundegelegten Ausgabe der „Confessiones" gegebene Übersetzung ist fehlerhaft, weil er den Sachverhalt nicht in der sachgemäßen Weise interpretiert. Jede Übersetzung setzt eine Interpretation voraus. Der wiedergegebene Satz muß sachgemäß in der Übersetzung so lauten: „Freilich werden, wenn man Vergangenes wahrheitsgemäß erzählt, nicht die Sachen selbst aus dem Gedächtnis hervorgeholt, die vergangen sind, sondern Worte, geschöpft aus Bildern von den Sachen (earum), die (quae) im Geist gleichsam Spuren eingeprägt haben, als sie [die Sachen] an den Sinnen vorüberzogen". Die Erläuterung dessen, wie dem Vergangenen in der Wiedererinnerung eine Gegenwartsweise eignet, entfaltet sich als eine *Beschreibung der Zeitverhaltung der Wiedererinnerung*. Entlang dem Leitfaden der Verhaltung zu Vergangenem wird zu beschreiben versucht, in welcher Weise das erinnerte Vergangene für den Erinnernden gegenwärtig ist. Die Ausgangsfrage lautet: Wie vollzieht sich in der wahrheitsgetreuen Erzählung von Vergangenem, das einmal Gegenwärtiges war, die Wiedererinnerung dieses Vergangenen? Diese Art zu fragen entspricht dem im Kapitel 17 gewählten Frageansatz.

Wie beschreibt das *philosophierende* Zeitverständnis das wiedererinnernde Sichbeziehen auf das erinnerte Vergangene? Wie wird von ihm das erinnerte und als solches für mich gegenwärtige Vergangene charakterisiert? Das Wiedererinnern ist ein ex memoria proferre, ein Hervorholen aus dem Gedächtnis. Das *Gedächtnis* ist nicht das gleiche wie die *Wiedererinnerung*. Soweit das Gedächtnis das Gedächtnis von Vergangenem ist, nennt es jene Wissensweise, in der ich das Vergangene in einer eingehüllten Weise weiß. Das

§ 11. *Das Sein des Erinnerten und Erwarteten* 85

Gedächtniswissen von Vergangenem ist ein eingehülltes Vergangenheitswissen. Demgegenüber ist die Wiedererinnerung eine Verhaltung, in der ich das gedächtnismäßig behaltene und d.h. eingehüllte Wissen von Vergangenem enthülle. Das wiedererinnernde Enthüllen des gedächtnismäßig Eingehüllten hat den Charakter anschaulichen *Vergegenwärtigens*. Jedes Wiedererinnern ist ein Hervorholen des in der Weise des Behaltens gewußten Vergangenen, hervor aus der gedächtnismäßigen Verborgenheit in die anschauliche Vergegenwärtigung. Das erinnerte Vergangene ist das mehr oder weniger anschaulich Vergegenwärtigte je nach der *Vollzugsweise* des Erinnerns. Das Wiedererinnern ist ein Ver-gegenwärtigen, während das Wahrnehmen ein *Gegenwärtigen* ist. Denn das Wahrnehmen läßt das Wahrgenommene in seiner leibhaftigen Gegenwart anwesend sein. Das Wiedererinnern gegenwärtigt nicht, sondern *ver*-gegenwärtigt; es läßt das Vergangene in eine ihm eigene Gegenwart für mich hervorgehen.

Im Wiedererinnern – so das *philosophierende* Zeitverstehen – werden nicht die res selbst aus dem Gedächtnis hervorgeholt, weil diese vergangen sind. Was sind die res ipsae? Sie sind das leibhaftig Gegenwärtige meiner gegenwärtigenden Wahrnehmung. Weil diese leibhafte Gegenwart dem Vergangenen der Erinnerung fehlt, ist die Wiedererinnerung niemals gegenwärtigend, sondern ver-gegenwärtigend. Das Vergegenwärtigte ist nicht die res ipsa, weil sie als vergegenwärtigte nicht mehr in ihrer leibhaften Gegenwart gegeben ist.

Wie ist die vergegenwärtigte res in der Wiedererinnerung gegeben? Was ist das, was im Vollzug der Zeitverhaltung der Wiedererinnerung als gedächtnismäßig Behaltenes aufgehellt und vergegenwärtigt wird? Das *philosophierende* Zeitverständnis sagt: imagines rerum, Bilder von jenen res ipsae, die selbst nicht mehr sind. Was aber sind die Bilder? Das philosophierende Zeitverständnis antwortet so: Als die Dinge und dinglichen Geschehnisse an den Sinnen vorbeizogen (per sensus praetereundo), in der gegenwärtigenden Wahrnehmung, haben sie im Geist gleichsam Spuren eingedrückt (in animo velut vestigia fixerunt). Diese Spuren haben den Charakter von Bildern als Abbildern. Ein Abbild trägt in sich die

Verweisung auf das Abgebildete. Das Bild ist als Abbild das Abbildende, das etwas anderes abbildet. Das, worin die Dinge abgebildet sind, ist das sie Abbildende, das Abbild.

Die Antwort auf die Frage, was die in der Wiedererinnerung aus dem Gedächtnis hervorgeholten Gedächtnis- und Erinnerungsbilder sind, wird durch eine *Beschreibung der gegenwärtigenden Wahrnehmung* gegeben. Die Einbeziehung der Wahrnehmung und ihrer Beschreibung in die Beschreibung der Wiedererinnerung ist sachgemäß, wenn das Wiedererinnern seinem Wesen nach eine Wiederholung der gewesenen Wahrnehmung im *Modus des Gleichsam* ist. Das erinnerte Vergangene ist als ein Wahrgenommen-*gewesenes* vergegenwärtigt.

Eine ausführliche Auslegung der Wahrnehmung gibt Augustinus in seiner großen *memoria-Analyse* des X. Buches der „Confessiones". Dort wird im Kapitel 8 von den Gefilden und weiten Hallen des Gedächtnisses gesprochen, „wo die gehäuften Schätze der unzählbaren Bilder sind, die von den Dingen aller Art meine Sinne mir zusammentrugen (ubi sunt thesauri innumerabilium imaginum de cuiuscemodi rebus sensis invectarum). Wenig später heißt es, daß alles, was wir durch die Sinne wahrnehmen, in das Gedächtnis eintritt, ein jedes durch seine Tür, das Sichtbare durch das Sehvermögen, das Tastbare durch das Tastvermögen, usf.; alles so auf den verschiedenen Wegen der Sinne in das Gedächtnis Eintretende wird in ihm aufbewahrt. Dennoch treten nicht die sinnlich wahrnehmbaren Dinge selbst in das Gedächtnis (Nec ipsa tamen intrant), sondern die Bilder der sinnlichen Dinge sind dort gegenwärtig (sed rerum sensarum imagines illic praesto sunt); sie sind im Gedächtnis gegenwärtig für das sie erinnernde Vorstellen (cogitationi reminiscenti eas). Ferner heißt es im selben Kapitel: Auf welche Weise diese Bilder entstanden sind (Quae quomodo fabricatae sint), wer kann das sagen, wenn zwar offenkundig ist, durch welche Sinne sie aufgenommen und im Innern aufbewahrt sind? Gegen Ende des 8. Kapitels heißt es: Schaute ich nicht Berge und Meer und Fluß und Sterne, die ich gesehen, und den Ozean, von dem ich sagen hörte, drinnen in meinem Gedächtnis (intus in memoria mea), so gewaltig im Raume gelagert, als erblickte ich sie draußen (quasi foris viderem).

§ 11. Das Sein des Erinnerten und Erwarteten 87

Aus diesen Textstellen wird deutlich: Im wahrnehmenden Michrichten auf die wahrgenommenen Dinge bin ich nach Augustinus unmittelbar nicht auf die wahrgenommenen Dinge selbst, sondern auf *geistimmanente Wahrnehmungsbilder* gerichtet. Mein unmittelbares Wahrnehmungswissen von den wahrgenommenen Dingen sind die inneren Wahrnehmungsbilder, die sich im Vollzug des Wahrnehmens bilden.

Wie aber kommt Augustinus zur Ansetzung solcher Wahrnehmungsbilder? Warum muß für ihn unser Wahrnehmungswissen den Charakter von inneren Wahrnehmungsbildern haben? Seine Antwort lautet, daß die wahrgenommenen Dinge nicht selbst in das Innere meines wahrnehmenden Geistes treten, sondern draußen verbleiben.

Ist es aber, weil im Wahrnehmen die wahrgenommenen Dinge dort bleiben, wo sie sind, notwendig, das Wahrnehmungswissen als ein abbildendes Wissen zu deuten? Ist mein Wahrnehmungswissen von den wahrgenommenen Dingen und dinglichen Geschehnissen nur drinnen in Gestalt von Abbildern, die auf die abgebildeten Dinge draußen verweisen? Bin ich nicht im Wahrnehmen direkt bei den wahrgenommenen Dingen, so, daß mein Wahrnehmungswissen die Weise ist, in der mir die Dinge selbst gegeben sind? Wenn ich das Verhältnis von Wahrnehmung und wahrgenommenem Ding nicht von außen betrachte, sondern *entlang dem Vollzugssinn* der Wahrnehmung, stoße ich dann auf so etwas wie ein inneres Wahrnehmungsbild, das auf das äußere Ding als Abgebildetes verweist? Steht vielleicht die Ansetzung des Verhältnisses von *intus* und *foris,* von drinnen und draußen, dem *phänomenalen Befund* des wahrnehmenden Sichrichtens auf das wahrgenommene Ding entgegen? Ist durch die Ansetzung von Innen und Draußen die *wahre Intentionalität* der Wahrnehmung verfehlt? In der Tat, so wird die *phänomenologische Kritik Husserls* an diesem Ansatz lauten.

Weil Augustinus schon das Wahrnehmungswissen als ein Haben von Wahrnehmungsbildern deutet, muß er auch das Gedächtnis- und Erinnerungswissen vom Vergangenen als einem Wahrgenommen-gewesenen als ein Haben und Hervorholen von *Gedächtnis- und Erinnerungsbildern* bestimmen. Das Vergangene, das in der

Wiedererinnerung als Wahrgenommen-gewesenes gegenwärtig ist, hat als Vergegenwärtigtes den Charakter von imagines. In der enthüllenden Wiedererinnerung bin ich Augustinus zufolge auf die als Erinnerungsbilder aufgehellten Gedächtnisbilder gerichtet.

Aber auch hier ist zu fragen: Entspricht es dem *Vollzugssinn* der Wiedererinnerung, zu sagen, daß ich mich in ihr unmittelbar auf Erinnerungsbilder beziehe und nur insofern, als diese auf die in ihnen abgebildeten vergangenen Dinge selbst verweisen, mittelbar auf die vergangenen Dinge selbst? Ist nicht auch hier die *wahre Intentionalität*, das wahre Sichrichten auf das erinnerte Vergangene, verfehlt?

Augustinus gibt im Kapitel 18 ein Beispiel für die Gegenwart von erinnertem Vergangenen in einem Erinnerungsbild. Es ist die Erinnerung an seine eigene Knabenzeit, d.h. an alles das, was er als Knabe wahrgenommen und erfahren hat. Die Knabenzeit ist zugleich ein Beispiel für eine lang erstreckte vergangene Zeitspanne. Die Knabenzeit und alles, was Augustinus in ihr erfahren hat, ist nicht mehr und gehört zur vergangenen Zeit (in tempore praeterito est), die nicht mehr ist (quod iam non est). Wenn ich in der Wiedererinnerung meine Jugendzeit überdenke und aus ihr berichte, dann schaue ich sie nicht so als sie selbst, wie ich einst in ihr gestanden und sie erfahren habe. Für Augustinus heißt das: ich schaue ein Bild von ihr in der gegenwärtigen Zeit (imaginem eius in praesenti tempore intueor), weil dieses Bild noch in meinem Gedächtnis und in meiner Wiedererinnerung ist. In praesenti tempore: die Gegenwart, in der ich das Erinnerungsbild meiner Knabenzeit schaue, ist die Gegenwart meiner Wiedererinnerung. In dieser ist gegenwärtig meine erinnernde Verhaltung und mein Erinnerungsbild, auf das ich erinnernd bezogen bin. Weil aber das Erinnerungsbild den Charakter eines Abbildes hat, bin ich in meiner Wiedererinnerung nicht nur auf das gegenwärtige Bild, sondern durch es hindurch auf die abgebildete vergangene Knabenzeit gerichtet. Durch die geistimmanente Gegenwart des Erinnerungsbildes erhält das Vergangene, das doch eigentlich erinnert werden soll, eine Weise von Gegenwart. Die Gegenwart des Erinnerungsbildes im Wiedererinnern soll die Weise, wie erinnertes Vergangenes für uns eine eigene Gegenwartsweise hat, aufklären.

§ 11. Das Sein des Erinnerten und Erwarteten

Wenn ich eine Abbildung, etwa eine Zeichnung eines Gebäudes, wahrnehme, ist diese als das selbst wahrgenommene Bild leibhaft gegenwärtig. In dieser Bildwahrnehmung nehme ich jedoch das Bildding selbst, den Bildweltträger, nicht thematisch wahr. Das, worauf mein thematischer Blick gerichtet ist, das ist das im Bild Abgebildete. Das im Bilde abgebildete (gezeichnete) Gebäude ist selbst nicht in der Weise gegenwärtig wie die sie abbildende Zeichnung. Das im gegenwärtigen Bild abgebildete Gebäude ist selbst nicht leibhaftig gegeben. Aber durch die Verbildlichung im wahrgenommenen Bild erhält es eine eigene Weise von Gegenwart für mich. Als selbst nicht leibhaftig gegenwärtig ist das Gebäude durch das leibhaftig gegenwärtige Bild auf eine eigene Weise, d.h. aber in der Weise der Verbildlichung gegenwärtig.

Die entscheidende Frage lautet nun: Kann mit Hilfe der *Bildwahrnehmung* das wiedererinnernde Sichrichten auf das erinnerte Vergangene gedeutet werden? Die Bildwahrnehmung ist eine in sich gestufte Verhaltung zu einem leibhaft Gegenwärtigen und einem darin erscheinenden nicht leibhaft Gegenwärtigen. Ist auch die Wiedererinnerung in analoger Weise eine in sich gestufte Verhaltung? Ist die Vergegenwärtigung von Vergangenem eine Abwandlung der Bildwahrnehmung? Da Augustinus auch die Dingwahrnehmung mit Hilfe von Wahrnehmungsbildern deutet, ist auch hier zu fragen, ob die Dingwahrnehmung ein Modus der Bildwahrnehmung ist. Oder ist es nicht vielmehr so, daß Wahrnehmung und Wiedererinnerung *anderen Wesens* sind als die Bildwahrnehmung? In diesem Falle darf die Bildwahrnehmung nicht als Deutungsmodell für Wahrnehmung und Erinnerung dienen. Mit diesen Fragen weisen wir in die Richtung, in der sich Husserls Kritik an der bildertheoretischen Interpretation der von Hause aus schlichten, nicht gestuften intentionalen Verhaltungen bewegt, eine Kritik, die auch von Heidegger uneingeschränkt geteilt wird.

Zu Beginn des Kapitels 18 hatte es geheißen: Wo auch immer das Vergangene sei, dort, wo es „ist", wo ihm eine eigene Seinsweise eignet, „ist" es in der Weise von Gegenwart, Anwesenheit, einer Gegenwartsweise von Vergangenem, sofern dieses in der Wiedererinnerung ver-gegenwärtigt wird. Inzwischen hat das *philoso-*

phierende Zeitverständnis die *Einsicht* in das gesuchte *Wo* gewonnen. Die praesentia des Vergangenen in der Erinnerung ist die Gegenwart des Bildes von jenem Ding, das selbst vergangen ist, während sein Wahrnehmungsbild nunmehr als Erinnerungsbild in der memoria, im erinnernden animus, gegenwärtig ist. Diese Gegenwart des Erinnerungsbildes in dem *für sich selbst gegenwärtigen animus* verleiht dem vergangenen, aber im Erinnerungsbild abgebildeten Ding eine Weise von Gegenwart für mich.

Das *Wo* ist somit die *memoria* des animus. Der *animus* oder die *anima* ist der Bereich der wahrnehmenden und erinnernden Verhaltung. Nur für den wahrnehmenden, gedächtnismäßig behaltenden und erinnernden Geist gibt es ein *Sein* von Gegenwärtigem und von Vergangenem. Diese Einsichten hat das *philosophierende* Zeitverständnis aus der Richtung des *gewandelten Frageansatzes* gewonnen, wonach nach der Seinsweise von Gegenwärtigem und Vergangenem am *Leitfaden* der Zugangsweisen zum Gegenwärtigen und Vergangenen gefragt wird. Fraglich aber ist, ob in dieser Blickrichtung der zeitverstehende animus angesetzt werden muß als eine *Sphäre der Innerlichkeit,* die gegen die *Sphäre der Äußerlichkeit* abgehoben ist. Der erste Schritt zur Überwindung dieser Sphäreneinteilung, die der Vermittlung durch Erkenntnisbilder bedarf, ist *Husserls Wesenseinsicht* in die *wahre intentionale Verfaßtheit* des Bewußtseins und seiner Erlebnisse als Akte. Diese Wesenseinsicht ist die Voraussetzung für die Einsicht Heideggers, daß das Wesen des Menschen nicht nur das intentional verfaßte Bewußtsein ist, sondern das ekstatisch-horizontal verfaßte Dasein.

b) Die Seinsweise des erwarteten Künftigen als Gegenwartsweise

Im zweiten Abschnitt des Kapitels 18 sucht Augustinus nach einer Deutung dessen, wie dem auf die Erwartung rückbezogenen Zukünftigen, d.h. wie dem *Künftigen im Gegebenheitsmodus des Erwartetseins*, eine *eigene Gegenwartsweise* für mich eignet. Die in den Zukunftshorizont gerichtete Vorhersage von Künftigem erhält für Augustinus dadurch eine besondere Bedeutung, daß sie auch die Zukunftsschau der alttestamentarischen Propheten einschließt.

§ 11. Das Sein des Erinnerten und Erwarteten

Augustinus sucht mit der Deutung der Erwartung und der Seinsweise des erwarteten Künftigen zugleich eine philosophische Einsicht in die Möglichkeit der Prophetie.

Das *philosophierende* Zeitverständnis fragt als erstes, ob es für die Vorhersage von Künftigem eine ähnliche Ursache (similis causa) wie für die Erzählung von Vergangenem gebe. Es stellt die Frage, ob bei der Erwartung von dem, was noch nicht ist, bereits vorhandene Bilder vorweg wahrgenommen werden (ut rerum, quae nondum sunt, iam exsistentes praesentiantur imagines). Die erfragte Ähnlichkeit ist zunächst die zwischen Erwartungsbildern und Erinnerungsbildern. Sind wir in der erwartenden Vorhersage von Künftigem so auf dieses gerichtet, daß wir es in *Vorstellungsbildern* schauen, die *Erwartungsbilder* sind? Gewinnt das Künftige als das Erwartete eines Erwartens seine eigene Gegenwartsweise für mich durch die Gegenwart von Erwartungsbildern?

Doch diese Ähnlichkeit zwischen Erwartung und Erinnerung ist es nicht allein, nach der gefragt wird. Die in Frage stehende Ähnlichkeit betrifft vor allem den *Ursprung* der Erwartungsbilder, d.h. ob zwischen ihrem Ursprung und dem der Erinnerungsbilder eine Entsprechung besteht. Geht so, wie dem Erinnern von Vergangenem ein Wahrgenommenhaben des damals Gegenwärtigen voraufgeht, auch dem Erwarten von Künftigem ein Vorweg-wahrnehmen des später Gegenwärtigen vorher? Wenn im voraufgehenden Wahrnehmen die Wahrnehmungs- bzw. Erinnerungsbilder gewonnen werden, können dann in Entsprechung dazu in einem Vorwegwahrnehmen des Künftigen Erwartungsbilder gebildet werden?

Augustinus verwendet das Verb *praesentire*. Sentire heißt wahrnehmen, praesentire meint dann im strengen Sinne ein Vorwegwahrnehmen. Das sentire ist ein Wahrnehmen von solchem, was als leibhaftig Gegenwärtiges gegeben ist. Ein praesentire müßte ein solches sein, in dem das Künftige schon gegenwärtig ist, um als solches in Analogie zum Wahrnehmen des leibhaft Gegenwärtigen vorweg wahrgenommen zu werden. In diesem Vorwegwahrnehmen müßten die Erwartungsbilder von Künftigem gewonnen werden. Doch das *philosophierende* Zeitverständnis antwortet auf die selbst gestellte Frage mit einem nescio. Das praesentire von Künftigem wird als eine dem menschlichen Geist nicht mögliche Erkenntnisweise zurückgewiesen. Die Herkunft und Bildung von Erwartungsbildern steht damit nicht in einer Entsprechung zum Ursprung der Erinnerungsbilder.

Diesem für die *philosophierende* Aufhellung der erwartenden Zukunftsverhaltung und der Gegenwartsweise des erwarteten Künftigen untauglichen praesentire stellt Augustinus ein *praemeditari* gegenüber. „Das aber weiß ich mit Gewißheit, daß wir gewöhnlich unsere künftigen Handlungen vorbedenken (praemeditari futuras actiones nostras) und daß dieses Vorbedenken gegenwärtig ist (eamque praemeditationem esse praesentem), während das Handeln selbst, das wir vorbedenken, noch nicht ist, weil es künftig ist". Darin verweist Augustinus auf das *Phänomen* unserer *alltäglichen* Zukunftsverhaltung. Wir leben für unsere alltäglichen Handlungen nicht nur gegenwarts- sondern auch zukunftsbezogen, indem wir die in der Gegenwart zu vollziehenden Handlungen vorwegbedenken. Unser Leben vollzieht sich wesenhaft aus diesem vorbedenkenden Vorgriff auf das, als was wir in der Gegenwart leben werden. Das praemeditari steht hier für die Zukunftsverhaltung der Erwartung. Die praemeditatio ist gegenwärtig. Gegenwärtig ist das Erwarten und das darin Erwartete, die künftig von mir auszuführenden Handlungen in der Weise ihres Vorbedachtseins. Dagegen sind die Handlungen selbst, so, wie sie später gegenwärtig vollzogene sein werden, noch nicht. Die praemeditatio und ihre Gegenwart umfaßt die Verhaltung des Vorbedenkens wie auch das, worauf ich in dieser Haltung bezogen bin, was ich in dieser Verhaltung vorbedenkend schaue. Den zukünftigen Handlungen kommt eine Seinsweise zu, eine Weise von Gegenwart für mich, der ich vorbedenkend auf sie bezogen bin. Zunächst wird noch nicht von Erwartungsbildern gesprochen, weil erst geklärt werden muß, wie Vorstellungsbilder von Künftigem überhaupt gebildet werden können wenn nicht auf dem Weg eines praesentire.

In seiner Zeit-Untersuchung erstrebt Augustinus evidente, einsichtige Erkenntnis. Die geheimnisumwitterte Vorwegwahrnehmung von Künftigem ist deshalb für ihn kein Thema einsichtiger

§ 11. Das Sein des Erinnerten und Erwarteten

Erkenntnis. Dagegen liegt für ihn eine einsichtige Erkenntnis in dem Satz, daß man „nur das sehen kann, was ‚ist' (videri nisi quod est non potest), was aber schon ‚ist', ist nicht künftig, sondern gegenwärtig". Was Augustinus hier sagen will, versteht man nur, wenn man darauf achtet, daß er das Verb *videre* in der Bedeutung des sinnlichen Sehens verwendet, das sowohl im sentire wie im praesentire gemeint ist. Sinnlich gesehen werden kann nur solches, was selbst schon leibhaftig gegenwärtig ist, weshalb Künftiges nicht vorwegwahrgenommen, vorweg sinnlich gesehen werden kann. Etwas anderes als das sinnliche Sehen ist das erinnernde Schauen von erinnertem Vergangenen oder das erwartende Schauen von erwartetem Künftigen. Für dieses Schauen verwendet Augustinus die Verben *cernere* oder *intueri:* ein Schauen, das nicht das Anblicken eines sinnlich und leibhaftig Gegebenen ist.

Daß Augustinus in seiner Verwendung des Verbs videre auf das sinnliche Sehen von sinnlich Gegebenem abzielt, wird ganz deutlich, wenn er nun sagt: „Wenn man also sagt, daß Künftiges gesehen werde (videri futura), so betrifft dieses Sehen nicht das Künftige selbst, das selbst noch nicht ist und das heißt zukünftig ist, sondern gesehen werden etwa seine *Ursachen* oder *Anzeichen,* die schon sind (eorum causae vel signa forsitan videntur, quae iam sunt). Diese Ursachen und Anzeichen sind nicht etwa die Erwartungsbilder, sondern solches, was als leibhaftig Gegenwärtiges sinnlich gesehen, wahrgenommen werden kann. Die Ursachen und Anzeichen sind selbst leibhaftig Gegenwärtiges, das in seinem Ursachesein für ein anderes und in seinem Anzeigen von etwas anderem auf ein Späteres vorweist, das selbst noch nicht leibhaftig gegenwärtig ist wie die Ursachen und Anzeichen.

Wie wird aufgrund der sinnlichen Wahrnehmung von Ursachen und Anzeichen Künftiges erwartet und vergegenwärtigend geschaut, aber nicht im eigentlichen Sinne gesehen? Diejenigen, die Ursachen für oder Anzeichen von künftig Seiendem sinnlich wahrnehmen, sagen aus diesen wahrgenommenen leibhaftig gegenwärtigen Ursachen oder Anzeichen das Künftige, auf das jene vorweisen, als im Geiste erfaßtes (animo concepta) voraus. Im Anschluß daran heißt es: Quae rursus conceptiones iam sunt, et eas praesentes apud se intuentur, qui illa praedicunt – „Diese conceptiones wiederum sind schon und als gegenwärtige schauen diejenigen, die das Künftige vorhersagen, diese in sich". Was hier *conceptiones* genannt wird, ist der Sache nach dasselbe wie die imagines als Erwartungsbilder. Diese werden hier nicht gleich als Bilder angesprochen, weil sie als Bilder von erwartetem Künftigen nicht denselben abbildenden Charakter haben wie die Erinnerungsbilder.

Was ich als Künftiges erwarte, kann ich nicht mit derselben Anschaulichkeit vorstellen wie das erinnerte Vergangene. Denn von diesem weiß ich aus vorangegangener Wahrnehmung, wie es sich leibhaftig gezeigt hat, während diese wahrnehmungsmäßige Anschaulichkeit für das erwartete Künftige noch aussteht. Für das in sich Schauen der conceptiones vom Künftigen verwendet Augustinus im Unterschied zum videre das Verb *intueri*. Das intueri meint das vergegenwärtigende Schauen des vergegenwärtigten Künftigen, das selbst nicht gegenwärtig, sondern als Noch-nicht-gegenwärtiges nur vergegenwärtigt ist. Demgegenüber meint das videre ein gegenwärtigendes Schauen, nämlich der leibhaftig gegenwärtigen Ursachen und Anzeichen.

Wie aber bilden sich die Vorstellungen (conceptiones) vom erwarteten Künftigen anläßlich der sinnlichen Wahrnehmung seiner Ursachen und Anzeichen? Wenn ich die Ursachen und Anzeichen wahrnehme, bilden sich in dieser Wahrnehmung Wahrnehmungsbilder vom wahrgenommenen Gegenwärtigen. Doch diese Wahrnehmungsbilder sind nicht die conceptiones, in denen ich das Künftige erwartend vergegenwärtige. Wie sich so etwas wie Erwartungsbilder bilden, wenn sie nicht wie Erinnerungsbilder aus einer vorangehenden Wahrnehmung hervorgehen, davon handelt Augustinus in seiner *memoria-Analyse des X. Buches*. Dort heißt es (8, 14): „Aus derselben Masse [meiner Gedächtnisbilder] verbinde ich mir selber auch immer neue Bilder (similitudines) von selbsterfahrenen Dingen oder auch von solchen aus fremder Erfahrung geglaubten Dingen, weil diese fremde Erfahrung meiner eigenen entsprach, mit vergangenen Bildern, und aus diesen verbundenen Bildern erwäge ich auch meine künftigen Handlungen, sowohl wie sie ausgehen werden und was ich von ihnen hoffen kann (atque ex

§ 11. *Das Sein des Erinnerten und Erwarteten* 95

his etiam futuras actiones et eventa et spes), und wiederum erwäge ich dieses alles als gleichsam Gegenwärtiges (et haec omnia rursus quasi praesentia meditor)". Aus den sich wiederholenden Wahrnehmungs- bzw. Gedächtnisbildern werden die allgemeineren Erfahrungsbilder gebildet, auf die jeweils für die Erwartung von Künftigem zurückgegriffen wird.

Augustinus unterscheidet zweierlei Weisen von Gegenwärtigem, das für die Erwartung von Künftigem auf das Künftige hinweist: 1. die leibhaft gegenwärtigen Ursachen und Anzeichen, 2. die geistimmanent gegenwärtigen Erwartungsbilder, die in ihrer abbildenden Funktion auf das Noch-nicht-Seiende verweisen. Das heißt jedoch nicht, daß beide Weisen von Gegenwärtigem für jede Erwartung konstitutiv sein müssen. Wesensnotwendig konstitutiv für das erwartende Bezogensein auf ein erwartetes Künftiges sind nur die imaginativ gebildeten conceptiones, in denen ich nach Augustinus das Künftige vorgebildet und darin vergegenwärtigt schaue. Wenn Augustinus als Beispiel für die Erwartung von Künftigem auf einen solchen Fall zurückgreift, bei dem die Wahrnehmung von leibhaft gegenwärtigen Ursachen und Anzeichen für das noch nicht leibhaft gegenwärtige Künftige mitspielt, dann nur deshalb, weil er zeigen will, was im Zusammenhang einer Erwartung, einer Vorhersage von Künftigem, allein als ein videre, als ein Wahrnehmen genannt werden kann: nicht das cernere oder intueri, nicht das vergegenwärtigende Schauen des Künftigen im vergegenwärtigenden Erwartungsbild, sondern nur das in gewissen Fällen mitlaufende sinnliche Wahrnehmen von solchem, was innerzeitlich dem Künftigen voraufgeht und auf das nachfolgende Künftige vorweist.

Für einen solchen Fall der Vorhersage eines noch nicht Gegenwärtigen gibt Augustinus ein Beispiel: die Vorhersage des bevorstehenden Sonnenaufgangs aus meiner Wahrnehmung der Morgenröte. Er sagt: „Ich betrachte die Morgenröte". Hier verwendet er das Verb intueri für die sinnliche Anschauung, während er zuvor dieses Verb für das innere Schauen des Erwartungsbildes gebrauchte. Im sinnlichen Anschauen der Morgenröte „sage ich den bevorstehenden Sonnenaufgang voraus". Es folgt die Auslegung der Zukunftsvorhersage, die von der Gegenwartsanschauung begleitet wird. „Was ich in der sinnlichen Anschauung betrachte (intueor), ist gegenwärtig (praesens est)", ist leibhaftig gegenwärtig. „Was ich [aus der wahrgenommenen Morgenröte] vorhersage, ist noch zukünftig".

Augustinus differenziert, wenn er betont, daß während der erwartenden Vorhersage des Sonnenaufgangs nicht etwa die Sonne selbst künftig ist, sondern ihr Aufgang. Während ich die Morgenröte wahrnehme, ist die Sonne selbst für mich zwar noch nicht leibhaftig in gegenwärtigender Anschauung gegeben. Aber ich weiß, daß sie selbst außerhalb meines Wahrnehmungsfeldes mit dem leibhaftig Gegenwärtigen mitgegenwärtig ist. Wenn ich im Wahrnehmen der Morgenröte an die Sonne und ihren jetzigen Stand unterhalb des Horizontes denke, bin ich auch auf sie vergegenwärtigend bezogen. Doch diese Vergegenwärtigung bezieht sich nicht auf den Zukunftshorizont, ist also keine Erwartung, sie bezieht sich auch nicht auf den Vergangenheitshorizont, ist also keine Wiedererinnerung, sondern sie ist in den *Gegenwartshorizont* hinein gerichtet. Denn der Horizont der Gegenwart ist nicht nur der meines unmittelbaren Wahrnehmungsfeldes, sondern auch die Gegenwart dessen, was jenseits der Grenzen meines jeweiligen Wahrnehmungsfeldes gegenwärtig ist.

Was außerhalb meines originären Wahrnehmungsfeldes mit dem innerhalb des Wahrnehmungsfeldes leibhaftig Gegebenen gleichzeitig gegenwärtig ist, wird von mir nicht wie das leibhaftig Gegenwärtige gegenwärtigt, sondern als nicht leibhaftig Gegenwärtiges vergegenwärtigt, aber vergegenwärtigt als Gegenwärtiges bzw. als Mitgegenwärtiges innerhalb des umfassenden Gegenwartshorizontes. Diese Weise der Vergegenwärtigung nennt Husserl im Unterschied zur Wiedererinnerung (als der Vergangenheits-Vergegenwärtigung) und im Unterschied zur Erwartung (als der Zukunfts-Vergegenwärtigung) die *Gegenwarts-Vergegenwärtigung*.

Während der anläßlich der Wahrnehmung der Morgenröte sich vollziehenden Vorhersage des Sonnenaufgangs ist nicht die Sonne selbst, wohl aber ihr späterer Stand, ihr Aufgang, als künftig vergegenwärtigt. Doch diesen künftigen Sonnenaufgang „könnte ich

§ 11. *Das Sein des Erinnerten und Erwarteten* 97

nicht vorhersagen, wenn ich ihn nicht im Geiste imaginativ vorstellte (nisi animo imaginarer)". Das animo imaginari nennt das imaginative Vorstellen des künftigen Sonnenaufgangs in einem zukunftsbezogenen Vorstellungsbild, dem Erwartungsbild. Augustinus hebt nun den vorhergesagten, als künftig erwarteten Sonnenaufgang ab einerseits von der jetzt wahrgenommenen Morgenröte (nec illa aurora, quam in caelo video) und andererseits von dem in meinem Geist Erwarteten (nec illa imaginatio in animo meo). Beides aber, Morgenröte und Erwartungsbild, wird „als Gegenwärtiges geschaut" (praesentia cernuntur), um den bevorstehenden Sonnenaufgang vorhersagen zu können.

Indes wird die Morgenröte nicht in derselben Weise als Gegenwärtiges geschaut wie das geistimmanente Erwartungsbild. Das cernere, das Augustinus als zusammenfassendes Verb für das eine und das andere Schauen verwendet, ist im Falle der Morgenröte das videre, das sinnliche Anschauen, und im Falle des inneren Erwartungsbildes das intueri, das innere Schauen. Die Morgenröte ist als Gegenwärtiges ein leibhaftig Gegenwärtiges, während das Erwartungsbild kein sinnenfällig Gegenwärtiges, sondern ein geistimmanentes Gegenwärtiges ist, das selbst von der Seinsart des Geistes ist. Die geistimmanente Gegenwart des imaginativ Erwarteten, das gegenwärtig ist in der Gegenwart, in der der Geist für sich selbst gegenwärtig ist, ist die Gegenwart der vorbildenden Verweisung auf das vorgebildete Künftige. Dieses Künftige ist als noch Abwesendes für mich in der Vergegenwärtigung anwesend. Als Noch-nicht-Gegenwärtiges erhält es seine Gegenwarts- oder Anwesenheitsweise aus der Gegenwart der mit dem Erwartungsbild gegenwärtigen vorbildenden Verweisung.

Damit haben wir eine *phänomenologische Auslegung* der Augustinischen Interpretation des Erwartungs-Phänomens vollzogen. Unsere phänomenologische Auslegung hielt sich in den *Grenzen des Augustinischen Ansatzes* und war bemüht, die Sache so, wie sie Augustinus gesehen und interpretiert hat, sichtbar zu machen. Sie war nur in *methodischer* Hinsicht phänomenologisch, während in thematischer Hinsicht offen blieb, ob Augustinus in seiner Interpretation den phänomenalen Tatbestand so ausgelegt hat, wie dieser sich an ihm selbst und von ihm selbst her zeigt. Hier könnte sich erweisen – und wir hatten schon darauf hingewiesen –, daß seine Interpretation in der Orientierung an der Bildwahrnehmung die *phänomenale Wesensverfassung* der Erwartung verfehlt, ebenso wie die *phänomenale Wesensverfassung* der Wiedererinnerung und Wahrnehmung, insofern er auch deren intentionales Sichrichten auf das erinnerte Vergangene und das wahrgenommene Gegenwärtige mit Hilfe von Vorstellungsbildern interpretiert hat.

Dennoch ist in rein *methodischer* Hinsicht eine *phänomenologische Auslegung* einer in thematischer Hinsicht die wahre phänomenale Struktur verfehlenden Interpretation möglich und sogar notwendig. Möglich ist sie, weil die Art, in der Augustinus bestimmte Phänomene deutet, in einem reicheren Maße zur anschaulichen Vergegenwärtigung gebracht werden kann, als es in der gewöhnlichen Text-Interpretation geschieht. Diese begnügt sich mit der bloßen Nennung von Tatsachen, die sich in Augustins interpretierendem Vorgehen ergeben. Sie stellt etwa fest, daß Augustinus das Sein von Künftigem als ein Gegenwärtigsein von Künftigem in der Erwartung und deren Erwartungsbildern bestimmt. Damit ist aber nur ein Sachverhalt benannt, ohne daß der darin enthaltene *anschaulich entfaltbare Sachgehalt* entfaltet wird. Man beruft sich stillschweigend auf die Bekanntheit dessen, was das Erwarten von etwas ist. Solche feststellenden Nennungen, an die scharfsinnige Überlegungen und Bemerkungen angeschlossen werden, enthalten sich der anschaulichen Enthüllung des in den Nennungen unanschaulich nur Angezeigten. Die in den nichtphänomenologischen Textauslegungen auftretenden bloßen Nennungen haben den Charakter von *Leerintentionen*, während die phänomenologische Textauslegung sich in anschaulichen Erfüllungen der bloßen Leerintentionen vollzieht. Eine Textauslegung bewegt sich in Leerintentionen, wenn sie die auszulegenden Phänomene in anschaulicher Leere nur nennt und darin anzeigt. Demgegenüber vollzieht sich eine Textauslegung in *anschaulichen Erfüllungen*, wenn sie das in den Leerintentionen bloß Angezeigte anschaulich zur Gegebenheit, zum Sich-an-ihm-selbst-zeigen bringt.

§ 11. Das Sein des Erinnerten und Erwarteten

Eine phänomenologische Textauslegung eines in thematischer Hinsicht nicht durchgängig phänomenologisch gedachten Textes ist auch notwendig, weil das *phänomenologisch Verfehlte* oder *Unzureichende* nur durch eine phänomenologische Auslegung, d.h. durch eine anschauliche Entfaltung der unzureichenden oder sogar fehlgehenden Phänomen-Deutung phänomenologisch sichtbar gemacht werden kann.

In dem knappen Kapitel 19 gibt Augustinus aufgrund der im Kapitel 18 gewonnenen Einsicht in das Wesen der Zukunfts-Vorhersage eine zusammenfassende *Erläuterung der prophetischen Zukunftsschau*. Zwar geschieht die Prophetie durch göttliche Belehrung und Eingabe. Diese göttliche Seite der Prophetie bleibt für das endliche Erkennen des Menschen unzugänglich. Sofern sich aber die prophetische Vorhersage im Bereich des Menschlich-Endlichen vollzieht, sofern sinnlich wahrnehmbare Geschehnisse als künftige prophetisch vorhergesagt werden, muß diese Vorhersage auch *einsichtig* sein. Augustinus sagt daher: Gott belehrte die Propheten über Künftiges dergestalt, daß er sie über Gegenwärtiges mit Bezug auf Künftiges belehrte (de futuris doces praesentia). Dieses Gegenwärtige sind einmal irgendwelche jetzt schon wahrnehmbare Vorboten, Ursachen, Anzeichen für das jetzt noch nicht Gegenwärtige, und zum anderen die im Geist geschauten Erwartungsbilder. Denn Künftiges, das jetzt noch nicht ist und erst später sein wird, kann nur schon jetzt für mich in gewisser Weise gegenwärtig, anwesend sein, sofern es in jetzt schon sinnlich wahrnehmbaren Vorboten angezeigt und in den mit meiner Selbstgegenwart gegenwärtigen Erwartungsbildern vergegenwärtigt wird.

Damit ist die den ersten Abschnitt der Zeit-Untersuchung führende Frage nach den *Seinsweisen der drei Zeithorizonte* positiv beantwortet. Das positive Ergebnis kann nun zusammenfassend im Kapitel 20 formuliert werden.

§ 12. Die zeitverstehende Seele, ihre drei Zeitverhaltungen und die Seinsweisen des Vergangenen, Gegenwärtigen und Künftigen (XI, 20)

Augustinus beginnt in seiner Zusammenschau der seit dem Kapitel 14 gewonnenen Einsichten so: „Das aber ist jetzt klar und deutlich: Weder das Zukünftige noch das Vergangene ‚sind', und nicht eigentlich läßt sich sagen: Es ‚sind' drei Zeiten". Er wiederholt also die schon in der ersten Prüfung des Seins der Zeit im Kapitel 14 gewonnene Einsicht. Denn diese Einsicht hat trotz der Wandlung im Frageansatz seit dem Kapitel 16 Bestand: Künftiges und Vergangenes „sind nicht" als *bloß* Künftiges und als *bloß* Vergangenes. Sie sind nicht außerhalb ihres Rückbezuges zu den Zeitverhaltungen. Insoweit ist die natürliche Rede des natürlichen Zeitverständnisses, daß die drei Zeitdimensionen „sind", nicht sachgemäß, nämlich dann, wenn sie meint, daß das Künftige und Vergangene „an sich ist".

Dieses *erste Ergebnis* aus dem 14. Kapitel, an dem auch in den folgenden Kapiteln festgehalten wurde, muß nun aber *eingeschränkt,* es darf nicht absolut genommen werden. Die Einschränkung ergibt sich aus jenen Einsichten, die seit dem Kapitel 16 mit dem *Wandel des Frageansatzes* schrittweise erarbeitet wurden. Absolut würde das erste Ergebnis der Prüfung des Seins der Zeit genommen werden, wenn es besagte, daß den Horizonten der Zeit in gar keiner Hinsicht ein esse zukäme. Eine Seinsweise der Zeithorizonte zeigt sich aber erst dann, wenn diese nicht mehr in der *Geradehingerichtetheit,* sondern aus der *Thematisierung der Zeitverhaltungen* befragt werden. Dann aber muß die natürliche Rede, daß „drei Zeiten ‚sind'", entsprechend erweitert werden. Diese Erweiterung muß sagen, in welcher Weise den drei Zeiten ein esse eignet. „Man sollte vielleicht angemessener sagen (proprie diceretur): Zeiten ‚sind' drei, eine Gegenwart von Vergangenem (praesens de praeteritis), eine Gegenwart von Gegenwärtigem (praesens de praesentibus) und eine Gegenwart von Künftigem (praesens de futuris)."

Wo aber, in welchem *Bereich* ist das Vergangene, das Gegenwärtige und das Künftige auf gewisse Weise gegenwärtig bzw. anwe-

§ 12. Die zeitverstehende Seele　　　　　　　　101

send? Diese *Wo-Frage* wurde erstmals zu Beginn des Kapitels 18 gestellt. Jetzt im Kapitel 20 erhält sie ihre Antwort, nachdem sich zuvor schon gezeigt hat, daß Gegenwärtiges in seiner Gegenwart nur „ist" *als wahrgenommenes* (Kapitel 16), daß Vergangenes in seiner Vergangenheit nur „ist" *als behaltenes und erinnertes* (Kapitel 17 und 18), daß Künftiges in seiner Zukunft nur „ist" *als erwartetes* (Kapitel 17 und 18).

Jetzt im Kapitel 20 sagt das *philosophierende* Zeitverständnis: „Es sind nämlich diese Zeiten als eine gewisse Dreiheit in der Seele (Sunt enim haec in anima tria quaedam) und anderswo sehe ich sie nicht (et alibi ea non video)". Der *Bereich*, in welchem sich das Sein der drei Zeithorizonte zeigt, ist die *zeitverstehende Seele*. Nur wenn für die Frage nach dem Sein der Zeit die zeitverstehende Seele thematisiert wird, zeigen sich die *Seinsweisen* von Vergangenem, Künftigem und Gegenwärtigem. Die Thematisierung der zeitverstehenden Seele ist die Thematisierung des *Leitfadens,* an dem entlang das in den Zeitverhaltungen verstandene Vergangene, Künftige und Gegenwärtige hinsichtlich seines esse befragt wird.

Ich sehe, sagt das *philosophierende* Zeitverständnis, das Sein der drei Zeithorizonte *nur in der Seele, im Rückbezug auf die Zeitverhaltungen*. Erst jetzt werden die drei Zeitverhaltungen mit einem je eigenen Terminus bezeichnet, während Augustinus bislang nur vom Wahrnehmen des Gegenwärtigen, vom Erzählen des Vergangenen und vom Vorhersagen und Vorherbedenken des Künftigen gesprochen hat. Dagegen hatten wir in unserer Auslegung das Erzählen als die Wiedererinnerung und das Vorhersagen als die Erwartung angesprochen. Das Sein als Gegenwart bzw. Anwesenheit von Vergangenem ist in der Seele als der *memoria* (praesens de praeteritis memoria). Das Sein als Gegenwart bzw. Anwesenheit von Gegenwärtigem ist in der Seele als dem *contuitus* (praesens de praesentibus contuitus). Das Sein als Gegenwart bzw. Anwesenheit von Zukünftigem ist in der Seele als *expectatio* (praesens de futuris expectatio). Die zeitverstehende Seele wird somit nach drei Hinsichten ausgelegt, und jede dieser Hinsichten ist eine Zeitverhaltung.

Memoria heißt hier nicht nur „Gedächtnis" im engeren Sinne des Behaltens, sondern „Gedächtnis" im weiteren Sinne der *Wie-*

dererinnerung. Contuitus kann mit Augenschein, *Anschauung* übersetzt werden. Gemeint ist die Anschauung des *leibhaftig Gegenwärtigen* in der Wahrnehmung. Expectatio heißt *Erwartung* und ist das vergegenwärtigende Eindringen in den Zukunftshorizont, so wie die memoria das vergegenwärtigende Eindringen in den Vergangenheitshorizont ist.

Die drei Seinsweisen der drei Zeithorizonte lassen sich wie folgt fassen: *Sein als Gegenwart des erinnerten Vergangenen im Erinnern* (memoria), *Sein als Gegenwart des erwarteten Künftigen im Erwarten* (expectatio), *Sein als Gegenwart des wahrgenommenen Gegenwärtigen im Wahrnehmen* (contuitus). Wenn in dieser Weise das Sein der drei Zeitdimensionen sprachlich gefaßt wird, ist vom *philosophierenden* Zeitverständnis gedanklich und sprachlich das ausgelegt, was für das *natürliche* Zeitverständnis fraglos-selbstverständlich ist, daß nämlich die drei Zeitdimensionen „sind". Daß diese jedoch nur „sind" für die drei Zeitverhaltungen der Seele und nicht auch abgelöst von ihnen, also absolut, davon weiß das natürliche Zeitverständnis nichts.

Nachdem man einmal gedanklich eingesehen hat, wie den drei Zeitdimensionen eine Weise von Sein zukommt, kann man, wie Augustinus einräumt, wieder zu der üblichen verkürzten Redeweise der *natürlichen* Rede zurückkehren, die sagt, daß drei Zeiten „sind", ohne hinzuzufügen, *wie sie sind*. Die verkürzte Redeweise darf vom philosophischen Zeitverständnis jedoch nur dann beibehalten werden, wenn es dessen eingedenk bleibt, daß die drei Zeitdimensionen nur „sind" für die behaltend-erinnernde, erwartende und wahrnehmende Seele. Die verkürzende Redeweise darf nicht meinen lassen, daß Zukünftiges selbst schon „ist" wie Gegenwärtiges, daß Vergangenes selbst noch „ist" wie Gegenwärtiges. Künftiges „ist" nur in der Weise des Erwartetseins, Vergangenes „ist" nur in der Weise des Erinnertseins.

Augustinus beschließt das Kapitel 20 mit einer interessanten Bemerkung zu den verschiedenen *Arten des Sprechens:* Es gibt nur weniges, was wir in eigentlicher Weise, also sachgemäß, zu Wort kommen lassen (proprie loquimur), während wir das meiste ungenau (non proprie) ins Wort bringen. Dennoch versteht jeder, was wir eigentlich sagen wollen. Diese Bemerkung ist von Bedeutung, weil sie zeigt, wie Augustinus ausdrücklich darum weiß, daß eine gedankliche Einsicht auch in adäquater Weise versprachlicht werden muß, daß dagegen das natürliche Sprechen oft nicht sachgemäß spricht, daß aber auch die gedanklichen Einsichten nicht immer so zum sprachlichen Ausdruck gelangen, wie es von der Sache her gefordert ist.

Viertes Kapitel
Die Frage nach dem Wesen der Zeit (XI, 21-28)

§ 13. Die aporetische Situation: das Messen vorübergehender Zeit und die scheinbare Erstreckungslosigkeit der Zeit (XI, 21)

Die im Kapitel 14 der Zeit-Untersuchung eröffnende Frage nach dem *Wesen* (quid) der Zeit, die noch im selben Kapitel zugunsten der Vorfrage nach dem *Sein* (esse) der Zeit zurückgestellt wurde, wird im Kapitel 21 wieder aufgenommen. Allerdings geschieht das nicht so, daß hier schon die Frage Quid est enim tempus? wiederholt wird. Vielmehr beginnt der zweite Abschnitt der Zeit-Untersuchung mit dem Hinweis auf den *phänomenalen Befund* aus dem *natürlichen* Zeitverständnis, daß wir *vorübergehende Zeiten messen*, um sogleich vom *philosophischen* Zeitverständnis die Feststellung treffen zu lassen, daß die gegenwärtig vorübergehende Zeit *keine Ausdehnung* (spatium) habe, aber als *gemessene* Zeit *gedehnt* sein müßte.

Weil es zu Beginn des zweiten Abschnittes und auch in der Folge *vordergründig* um die Frage nach dem *Wie des Messens* von Zeit geht, meint man vielfach in der Augustinus-Literatur, hier gehe es lediglich um das Problem der Meßbarkeit von Zeit. Man übersieht dabei, daß die Frage nach dem Wie des Messens von Zeit *im Dienste der Frage nach der Wesensverfassung* der Zeit steht. *Was ist* die vorübergehende Zeit, wenn wir sie in ihrem Vorübergehen wahrnehmen und hinsichtlich ihrer Längen messen? Sie muß, um in ihren Längen gemessen werden zu können, *gedehnt, erstreckt* sein. Also ist die Frage nach dem *Was*, nach der *Wesensverfassung* der Zeit die Frage nach dem, wie der wahrgenommenen und gemessenen Zeit eine *Dehnung* eignen kann. Das *Wesen* der Zeit wird als ihre *Dehnung* und *Erstreckung* gesucht. Ein eindeutiger Beleg dafür, daß mit der Frage nach dem Wie der Meßbarkeit von Zeit die Wesens-Frage gefragt wird, ist das Kapitel 25. Dort wird die aus dem Kapi-

§ 13. Die aporetische Situation

tel 14 bekannte Formulierung wörtlich wiederholt. Zugleich wird vom *philosophierenden* Zeitverständnis festgestellt, daß es nicht wisse, wie der Zeit Dauer und Dehnung eigne. Wenn eingesehen ist, wie der Zeit in ihrem Vorübergehen Dehnung und Erstreckung eignet, ist auch die Frage nach ihrer Wesensverfassung beantwortet.

Zu Beginn des Kapitels 21 wird daran erinnert, daß im Kapitel 16 ein erster Hinweis des *natürlichen* Zeitverständnisses auf den *phänomenalen Befund* des Zeitmessens erfolgt sei und daß das *philosophierende* Zeitverständnis diesen *natürlichen* Hinweis auf das Messen von *gegenwärtig vorübergehenden* Zeiten, Zeitabschnitten eingeschränkt habe. Wenn an mein philosophierendes Zeitverständnis die Frage gerichtet werden sollte, woher es denn wisse, daß es nur vorübergehende Zeit messe, dann antwortet es so: Daß wir nur gegenwärtig vorübergehende Zeiten (praetereuntia tempora) messen können, weiß ich, weil ich erstens weiß, daß ich Zeitabschnitte messe, und weil ich zweitens weiß, daß wir nicht messen können, was nicht ist, Vergangenes und Künftiges aber nicht „sind".

Hat aber nicht die Antwort auf die Frage nach dem Sein des Vergangenen und des Künftigen aus dem ersten Abschnitt ergeben, daß Vergangenes als erinnertes und Künftiges als erwartetes jeweils „ist"? In der Tat. Doch Augustinus macht von dieser Einsicht zu Beginn des zweiten Abschnittes nicht sogleich Gebrauch. Vielmehr möchte er auf einem eigenen Weg des fragenden Untersuchens und *von der Sache selbst her* zu der Einsicht geführt werden, daß der Zeit eine Erstrecktheit nur insofern eignet, als sie in besonderen Zeitverhaltungen der Seele verstandene Zeit ist.

Wenn wir nur die gegenwärtig vorübergehende Zeit messen, wie messen wir sie (quomodo metimur), wenn sie an sich keine Ausdehnung hat (quando non habet spatium)? Das ist wieder eine Frage des *philosophierenden* Zeitverständnisses. Schon im Kapitel 15 hieß es: praesens autem nullum habet spatium. In der *Geradehingerichtetheit* auf die Gegenwart zerfällt sie dehnungslos in das Nicht-mehr und Noch-nicht. Zwar wurde im ersten Abschnitt das Sein des Gegenwärtigen, sofern dieses im contuitus wahrnehmend angeschaut wird, eingesehen. Aber mit dieser Einsicht ist noch nicht die andere gewonnen, wie die wahrgenommene vorübergehende Zeit sich dehnt. Die *aporetische Situation* des philosophierenden Zeitverständnisses besteht darin, daß sich kein Weg zeigt, auf dem das spatium der Zeit gefaßt werden könnte, während es andererseits ein *phänomenaler Befund* ist, daß wir die Zeit, wenn sie vorübergeht, messen, nicht aber, wenn sie schon vorübergegangen ist. Denn ist sie vorübergegangen, ohne daß wir sie wahrgenommen und gemessen haben, ist sie nicht mehr, so daß sie auch nicht mehr nachträglich gemessen werden kann.

Daß schon im Kapitel 21 die Frage nach dem spatium der Zeit wieder auftaucht, zeigt deutlich darauf hin, daß es im zweiten Abschnitt um die *Aufhellung dieses Wesenscharakters* der Zeit geht. Aus der vorläufigen Ausweglosigkeit muß nach einem Ausweg gesucht werden. Es muß untersucht werden, inwiefern die gegenwärtig vorübergehende Zeit *trotz des Ergebnisses von Kapitel 15* gedehnt ist. Die Suche nach dem *Wie der Gedehntheit* der vorübergehenden Zeit ist die Suche nach dem *Wesen* der Zeit.

Daher fragt Augustinus: Wenn wir gegenwärtig vorübergehende Zeit messen, von woher (unde), wohindurch (qua) und wohin (quo) verläuft die Zeit? Die Antwort auf diese dreifache Frage erfolgt noch aus dem Untersuchungsstand des Kapitels 15, der an die Haltung der *Geradehingerichtetheit* auf die Zeit geknüpft ist: Die vorübergehende Zeit läuft aus der Zukunft (ex futuro), die noch nicht ist (quod nondum est), durch die Gegenwart (per praesens), die der Dehnung entbehrt (quod spatio caret), in die Vergangenheit (in praeteritum), die nicht mehr ist (quod iam non est).

Weil es aber ein unbestreitbarer *phänomenaler Tatbestand* ist, daß wir in unserem natürlichen Zeitverständnis Zeit messen, muß gefragt werden: „Was aber messen wir, wenn nicht die Zeit in irgendeiner Ausdehnung?" (Quid autem metimur nisi tempus in aliquo spatio?) Man beachte hier das *quid* und das *spatium!* Auch hier wird deutlich, daß das gesuchte quid der Zeit ihr spatium ist. Die gemessene Zeit muß gedehnt sein. Wir sprechen doch in bezug auf gemessene Zeit vom Einfachen, Doppelten, Dreifachen, Gleichen, was nur von ausgedehnten Zeitabschnitten (spatia temporum) möglich ist. Im Hinblick auf diese spatia temporum muß erneut gefragt werden: „In welcher Ausdehnung also messen wir die vorübergehende Zeit?" (In quo ergo spatio metimur tempus praeteriens?) Die Zukunft, aus der sie vorüberzieht, kann es nicht sein, weil sie noch nicht ist und als dieses Noch-nicht nicht gemessen werden kann. Auch die Vergangenheit, in die die Zeit vorübergeht, kann es nicht sein, weil sie nicht mehr ist und als dieses Nichtmehr nicht gemessen werden kann. Messen wir dann die Zeit in der Ausdehnung, welche die Gegenwart ist, messen wir die vorübergehende Zeit in der gegenwärtig sich dehnenden Zeit? Messen wir die Zeit in der Gegenwart, durch die hindurch sie vorübergeht? Wenn aber die Gegenwart keine Ausdehnung hat (nullum spatium), dann messen wir die Zeit auch nicht als gegenwärtige. Aber dennoch muß an dem *phänomenalen Befund* festgehalten werden, daß Zeit, sofern sie gemessen wird, sich für die Messung in irgendeiner Weise dehnen muß.

§ 14. *Das alltägliche Verstehen von Zeit in ihrer Gedehntheit und die philosophische Ratlosigkeit in bezug auf das Wie der Dehnung (XI, 22)*

Das Problem, vor das sich das *philosophische* Zeitverständnis gestellt sieht, ist ein „höchst verwickeltes Rätsel" (inplicatissimum aenigma). Das Eingelassensein des Gesprächs zwischen dem *philosophischen* und dem *natürlichen* Zeitverständnis in den *konfessionalen Dialog* Augustins mit der Quelle der göttlichen Illumination wird dadurch erneut lebendig, daß Augustinus die göttliche Illumination um Gewährung der philosophischen Einsicht in den so *gewöhnlichen (alltäglichen)* und dennoch so *verborgenen* Sachverhalt wie den des Messens gedehnter Zeit bittet.

Augustinus weist hin auf das *natürliche Phänomen* des Alterns in der Zeit. Damit läßt er das *natürliche* Zeitverständnis zu Wort kommen. Ich weiß von meiner eigenen Lebenszeit, daß meine Tage vorübergehen, daß ich in diesem Vorübergehen älter werde. Im Verstehen meines Älterwerdens verstehe ich die bisher schon vorübergegangene Zeit als gedehnt. Sie dehnt sich von meiner jeweiligen Gegenwart in die Vergangenheit, so, daß ich meine schon abgelaufene Lebenszeit in ihrer Dehnung überblicken kann. Je mehr sich meine vergangene Lebenszeit dehnt, desto älter werde ich. Das alles verstehe ich in meinem alltäglichen Lebensvollzug fraglos. Wenn ich aber philosophierend den Versuch mache, die Gedehntheit meiner Lebenszeit gedanklich zu fassen, entzieht sie sich ins Rätselhafte. Ich *weiß*, daß meine Lebenstage vorüberziehen und daß sich meine schon gelebte Lebenszeit dehnt, aber ich *weiß nicht*, auf welche Weise sie sich im Vorübergehen dehnt.

Damit stehen wir wieder in jener Situation, die im Kapitel 14 in den berühmten Satz gebracht wurde: Wenn mich niemand danach fragt, was die Zeit ist, weiß ich es; will ich es aber einem, der mich danach fragt, erklären, weiß ich es nicht – das *Spannungsverhältnis* zwischen dem *natürlichen und vollzugshaften* Zeitverständnis und dem *philosophierenden* Verstehenwollen der im alltäglichen Lebensvollzug immer schon verstandenen Zeit. In dieser Grundsituation findet sich der Philosophierende sowohl für sein Fragen nach dem *esse* wie auch für sein Fragen nach dem *quid* der Zeit.

Um das *natürliche Verstehen* von gedehnter Zeit zu illustrieren, weist Augustinus auf das *natürliche Sprechen* von Zeit hin, in dem sich das natürliche Verstehen der Gedehntheit von Zeit bekundet. Ich richte z.B. an jemanden die Frage: Wie lange (quamdiu) hat er darüber gesprochen? Oder: Wie lange hat er dieses oder jenes getan? Oder ich frage mich selbst: Wie lange schon habe ich das nicht mehr gesehen? Oder im Messen der Silbenlängen von Worten in Versen sage ich: Diese Silbe benötigt im Gesprochenwerden das Doppelte an Zeit im Verhältnis zu jener kurzen Silbe. In diesen verschiedenen Weisen des *natürlichen* Sprechens verhalten wir uns ganz *selbstverständlich* zu mehr oder weniger *gedehnter* Zeit. In dieser Weise verhalten wir uns zur Zeit und sprechen von ihr und werden von denen, mit denen wir sprechen, verstanden, und auch die anderen, die so und in ähnlicher Weise mit mir sprechen, höre und verstehe ich fraglos. Augustinus weist darin erneut auf die *Geteiltheit* des *natürlichen Zeitverständnisses* hin. Wir leben miteinander in einem geteilten Zeitverständnis, worin wir das Gedehntsein von Zeit, die wir für unser gemeinsames Tun und Lassen brauchen, verstehen. Was wir da im alltäglichen Miteinander *vollzugshaft* von

§ 14. *Alltägliches Verstehen der Gedehntheit* 109

der Zeit verstehen, ihre *Gedehntheit*, ist das Offenkundigste (manifestissima) und das Gewöhnlichste (usitatissima). Zugleich aber ist es für das *philosophierende* Verstehen allzu *verborgen* (nimis latent) und muß deshalb allererst gefunden, d.h. gedanklich enthüllt werden (nova est inventio eorum).

Hier wird wieder einmal deutlich, daß Augustinus die *philosophisch-begriffliche* Aufhellung, wie die Zeit sich dehnen kann, als eine gedankliche Durchdringung des *fraglos-natürlichen* Zeitverständnisses verstanden wissen will. Die mit dem natürlichen Zeitverständnis mitlaufende Auslegung der Gedehntheit von Zeit mag fehlgehen und als solche durch die philosophische Einsicht in das Wie der Dehnung korrigiert werden. Dadurch wird aber nicht das natürliche Verstehen der Gedehntheit der Zeit verworfen und durch ein philosophisches Zeitverständnis ersetzt. Augustinus geht vielmehr davon aus, daß das *natürliche* Zeitverständnis Sein und Wesensverfassung der Zeit versteht, wenn auch in der vorthematischen, vorbegrifflichen, d.h. in der vollzugshaften Weise. Doch als vorbegrifflich ist das natürliche Zeitverständnis nicht etwa unwahr. Die Wahrheit des natürlichen Zeitverständnisses spricht sich auch in der natürlichen Sprache aus. Wir sprechen so unser alltägliches Zeitverständnis aus, daß sich darin ein *natürliches Wissen* um das *Sein* des erinnerten Vergangenen, erwarteten Künftigen und wahrgenommenen Gegenwärtigen bekundet. Desgleichen sprechen wir unser natürliches Zeitverständnis dahingehend aus, daß sich im Gesprochenen ein natürliches Wissen um das *Sichdehnen* von Zeit kundtut. Doch eines ist das vollzugshafte Zeitverständnis des natürlichen Lebensvollzuges, ein anderes das philosophierende Verstehenwollen der im natürlichen Zeitverständnis verstandenen echten Zeitcharaktere.

Die Einsicht Augustins, daß sich das begriffliche Verstehenwollen der Zeit aus dem vorbegrifflich-natürlichen Zeitverständnis erheben muß, nicht um dieses zu verwerfen, sondern um es begrifflich durchsichtig zu machen, ist ein *phänomenologischer Grundzug der Augustinischen Zeit-Untersuchung*.

Ein anderer *phänomenologischer Grundzug* im Augustinischen Philosophieren zeigt sich in seiner Einsicht, daß zum begrifflichen

Verständnis eines Sachverhaltes auch die *entsprechende Versprachlichung* gehört.

Schließlich aber zeugt es von einer *phänomenologischen Grundhaltung* Augustins, daß er in seinem Nachdenken über die Zeit von den Phänomenen ausgeht und dafür auf die *natürliche Sprache* hört, in der sich das alltägliche Zeitverständnis immer schon ausgesprochen hat.

§ 15. *Dauer und Dehnung der Bewegung von Himmelskörpern und irdischen Körpern und die Frage nach der Dehnung der Zeit* (XI, 23-24)

Das Kapitel 22 schloß mit dem wiederholten Hinweis auf die *aporetische Situation,* in der sich das *philosophierende* Zeitverständnis in seinem Fragen nach dem Wesen der Zeit befindet. Denn einerseits bekundet sich so etwas wie Dehnung der Zeit in unserem *natürlichen* Miteinandersprechen, worin sich unser gemeinsames natürliches Zeitverständnis immer schon ausgesprochen hat. Das Wie--lange beziehen wir auf die gegenwärtige Zeit, in der wir dieses oder jenes tun, auf die vergangene Zeit, in der wir jenes getan haben, und auf die künftige Zeit, in der wir dieses tun werden. Andererseits aber entzieht sich dieser Dehnungscharakter der Zeit allen bisherigen Versuchen, ihn gedanklich zu durchdringen und struktural zu fassen.

In dieser vorerst ausweglosen Situation kann, um nach einem Ausweg Ausschau zu halten, gefragt werden, ob vielleicht die im natürlichen Zeitverständnis verstandene Gedehntheit der Zeit *kein Eigencharakter der Zeit* sei, sondern *Eigencharakter der Bewegung von Körpern*, insbesondere der ausgezeichneten Bewegungen der Himmelskörper. Das Kapitel 23 prüft daher die Frage, ob die ausgezeichneten Bewegungen der Himmelskörper die Zeit selber seien, während das Kapitel 24 der Frage nachgeht, ob die Zeit, wenn nicht die Bewegung der Sonne, dann vielleicht die Bewegung der sonstigen Körper sei.

§ 15. Dauer und Dehnung der Bewegung von Körpern

Wir müssen die in diesen beiden Kapiteln verfolgte Frage aus der den zweiten Abschnitt leitenden Frage nach der *Wesensverfassung* der Zeit verstehen. Das Wesen der Zeit wird in ihrer Dehnung vermutet. Diese Dehnung läßt sich vorerst nicht fassen. Vielleicht aber suchen wir die Dehnung in der falschen Richtung. In einer auffallenden Weise erfahren wir so etwas wie Dehnung und gedehnte Dauer an den Körperbewegungen. Vielleicht müssen wir die Dehnung bei den Körperbewegungen suchen. Vielleicht ist die Dehnung ein Charakter der Bewegung, so daß die Zeit nichts anderes als die gedehnte Körperbewegung ist. Vielleicht ist die Zeit in ihrer Dehnung gar nichts Eigenständiges im Verhältnis zur Bewegung, sondern die Bewegung selbst.

Zu Beginn des Kapitels 23 sagt das *philosophierende* Zeitverständnis, es habe einen Gelehrten sagen gehört, daß die Bewegungen von Sonne, Mond und Sternen selber die Zeit seien, anstatt daß auch diese ausgezeichneten Bewegungen in der Zeit verlaufen. Augustinus bezieht sich hier auf stoische Lehren, so auf die Lehre des Zenon von Kition (ca. 336-264)[1]. Daß der Umlauf der Sonne selbst (bzw. die Bewegung der Erde um die Sonne) die Zeit sei, ist eine Ansicht, die sich insofern nahelegen kann, als wir uns für die Messung und Einteilung der Zeit in Tage und Jahre nach der Sonnenbewegung richten.

Indessen wird die Identifizierung der Himmelskörper-Bewegungen mit der Zeit vom *philosophierenden* Zeitverständnis sogleich als unhaltbar zurückgewiesen. Auch wenn die Himmelskörper in ihrer Bewegung innehielten, verliefen die Körperbewegungen auf der Erde, z.B. die Drehung der Töpferscheibe, in der Zeit. Mit dem Stillstand der Himmelskörper wäre nicht auch die Zeit getilgt, in der sich die Töpferscheibe entweder langsamer oder schneller dreht. Auch jetzt könnte die unterschiedliche Dauer der langsameren oder schnelleren Drehbewegung gemessen werden. Die Himmelskörper, ihre Umlaufbewegungen und verschiedenen Stand-

---

[1] Stoicorum veterum fragmenta, collegit I. ab Arnim. Vol. I: Zeno et Zenonis discipuli. Leipzig 1905. Fragment 93, S. 26: Ζήνων ἔφησε χρόνον εἶναι κινήσεως διάστημα, (...).

orte, sind nicht die Zeit selber, sondern sie dienen nur zur Bestimmung von gedehnten Zeitabschnitten nach Tagen und Jahren. Was wir als Dehnung des Tages oder des Jahres erfahren, ist *nicht der Eigencharakter der Sonnenbewegung*, sondern ist *Wesenscharakter der Zeit*, in der auch die Sonnenbewegung verläuft. Die Dehnung, die wir an den gleichmäßigen Bewegungen der Himmelskörper wahrnehmen, ist nicht das Eigene dieser Bewegungen, sondern diese Bewegungen sind nur deshalb gedehnt, weil sie in der sich dehnenden Zeit verlaufen. Die Dehnung ist Eigentum der Zeit und nicht der Bewegung. Die Zeit gibt auch den Bewegungen der Himmelskörper die Dehnung, so, daß diese nur als gedehnt erfahren werden, weil sie in der sich dehnenden Zeit verlaufen. Nicht ist die Zeit identisch mit den Himmelskörper-Bewegungen, sondern diese sind innerzeitliche Bewegungen.

Im Anschluß an diese Einsicht spricht Augustinus unzweideutig aus, worum es ihm jetzt bei der Prüfung der Frage, ob die Zeit nichts anderes als die Bewegung der Himmelskörper sei, geht: Ego scire cupio vim naturamque temporis, quo metimur corporum motus – Ich möchte *Macht* und *Beschaffenheit* der Zeit verstehen, wodurch wir die Körperbewegungen messen. In der Wendung vim naturamque (vis et natura) wird nach dem *Wesen* der Zeit gefragt. Das Wesen wird hier gefaßt als natura, als Wesensverfassung, und als vis, als die Macht und Mächtigkeit dieser Wesensverfassung. Gefragt ist danach, wie die Wesensverfassung (natura) der Zeit es möglich macht (vis), daß die Körperbewegung Dauer hat und daß diese hinsichtlich ihrer Länge gemessen werden kann. Das Messen von Körperbewegungen ist nur möglich, weil diese eine Dauer haben. Ihre Dauer haben sie, weil sie in der Zeit verlaufen. Welches ist die Wesensverfassung der Zeit, die den Körperbewegungen ihre Dauer ermöglicht?

Etwas später heißt es im selben Kapitel, er, Augustinus, frage danach, *was* die Zeit *sei*, wodurch wir den Sonnenumlauf messen und dann sagen können, dieser habe sich bis jetzt schon in der Hälfte der gewohnten Zeit vollzogen. Hier im Kapitel 23 taucht somit dieselbe Formulierung der *Wesens-Frage* wieder auf, die erstmals im Kapitel 14 eingeführt wurde – ein weiterer Erweis dafür,

§ 15. Dauer und Dehnung der Bewegung von Körpern

daß es im zweiten Abschnitt der Zeit-Untersuchung um die Beantwortung der Wesens-Frage und nicht etwa der Frage der Zeit-Messung geht. Der Gleichlaut beider Textstellen „quid sit tempus, quo metientes solis circuitum" und „scire cupio vim naturamque temporis, quo metimur corporum motus" bestätigt, daß in der Wendung „vim naturamque" das quid der Zeit gemeint ist. Was ist die Zeit in ihrem Wesen, in ihrer *Wesensverfassung*, so daß wir durch diese die Dauer des Sonnenumlaufes messen können? Welches ist die Wesensverfassung der Zeit, die dem Sonnenumlauf Dauer gibt, die dann von uns gemessen werden kann?

Der Gedankengang des Kapitels 23 führt das *philosophische* Zeitverständnis zu der Einsicht, daß die Zeit in ihrem quid, in ihrer natura und vis, eine *Art von Dehnung* ist (Video igitur tempus quandam esse distentionem). Hier wird *erstmals* die Dehnung nicht mehr als spatium, sondern mit dem jetzt neu eingeführten Terminus *distentio* bezeichnet. Dieser Wandel in der terminologischen Bezeichnung erfolgt deshalb, weil ein spatium bzw. spatia gedehnte Zeitabschnitte, Zeitspannen sind, die als solche nur möglich sind, weil die Zeit überhaupt den Wesenscharakter des Sichdehnens hat. Dieses wesenhafte Sichdehnen der Zeit ermöglicht in ihr selbst gedehnte Zeitspannen oder Zeitabschnitte. Das vorläufige Ergebnis des Fragens nach dem Wesen der Zeit lautet: Die Zeit muß in einer Art von distentio, des *Sicherstreckens*, verfaßt sein, damit es so etwas wie meßbare Dauern geben kann.

Den Einblick in den *Distentio-Charakter der Zeit* nennt Augustinus ein Sehen (videre). Er versucht sich aber auch dessen zu vergewissern, ob dieses gedankliche Sehen ein *wahres* Sehen ist, das sich aus dem Sichzeigen der hier zu denkenden Sache bestimmt, oder ob es doch nur ein vermeintliches, *scheinhaftes* Sehen ist. Auch darin macht sich ein *phänomenologischer* Zug des Augustinischen Zeit-Denkens bemerkbar. Ist die distentio temporis jetzt schon ein wahrhaft Gesehenes, zeigt sie sich so, wie die Zeit in Wahrheit an ihr selbst verfaßt ist, oder ist dieses Sichzeigen doch noch irgendwie verstellt? Augustinus spricht von einer quaedam distentio, von einer Art von Dehnung, weil sich noch nicht mitgezeigt hat, welcher Art diese distentio ist, wie überhaupt der Zeit so etwas wie eine distentio wesenseigentümlich sein kann.

Hat das Kapitel 23 gezeigt, inwiefern die Zeit nicht mit der ausgezeichneten Bewegung des Sonnenumlaufes gleichgesetzt werden darf, so wird jetzt im Kapitel 24 dargetan, inwiefern die Zeit auch nicht mit den sonstigen Körperbewegungen ineinsgesetzt werden kann. Die Zeit ist nicht die Bewegung eines Körpers, sondern jeder Körper bewegt sich in der Zeit (in tempore), so daß die Zeit das *Worinnen* der schnelleren oder langsameren Bewegung ist.

Was messe ich, wenn ich eine Körperbewegung messe? Ich messe, sagt das *philosophierende* Zeitverständnis, durch die Zeit (tempore), wie lange (quamdiu) der Körper sich bewegt vom Anfang bis zum Ende seiner Bewegung. Zwischen Anfang und Ende dehnt sich ihre Dauer. Voraussetzung für das Messenkönnen und für die Angabe des Wie-lange der Bewegung ist das Sehen ihres Anfangs und ihres Endes.

Aus dem ersten Abschnitt wissen wir bereits, daß vorübergehende Zeit nur gemessen werden kann, sofern sie als solche für das Messen *wahrgenommen* wird. Jetzt geht es darum, zu verstehen, *wie* sich die Zeit, in der eine Bewegung verläuft, für diese Bewegung dehnt. Wird nun gesagt, daß das Messen des Wie-lange einer Körperbewegung das *Wahrnehmen* ihres Anfangs und ihres Endes erfordert, dann liegt darin der *erste Hinweis* darauf, daß das Sichdehnen der Zeit für die Dauer der Bewegung nur aus der *Thematisierung der Wahrnehmung* der sich dehnenden Zeit erfaßt und begriffen werden kann. Damit beginnt auch für die Frage nach dem Wesen der Zeit der *Rückgang* auf diejenigen *Zeitverhaltungen,* in denen sich die Zeit dehnt. Wenn ich den Anfang der Körperbewegung nicht wahrgenommen habe und ihr Ende nicht wahrnehme, wenn ich sie nur während ihres Ablaufens eine Zeitlang wahrnehme, kann ich ihre Dauer nicht zwischen Anfang und Ende, sondern nur zwischen dem Beginn meiner Wahrnehmung und ihrem Aufhören messen. Wenn ich die Körperbewegung nicht von Anfang an bis zu ihrem Ende, sondern nur lange wahrnehme, vermag ich nur anzugeben, daß die Bewegung lange Zeit währt, nicht aber, wie lange sie im ganzen dauert. Das, wozwischen gemessen

§ 15. Dauer und Dehnung der Bewegung von Körpern

werden soll, muß im ganzen wahrgenommen werden. Das Messen setzt die wahrnehmende Erfassung dessen, was gemessen werden soll, voraus.

Daher wird die *Dehnung* der Zeit rückbezogen sein auf das *Wahrnehmen* der vorübergehenden Zeit und der darin verlaufenden Körperbewegung. Wenn ich nicht nur sage, daß die Körperbewegung lange dauert, sondern angebe, wieviel Zeit sie benötigt hat, dann vergleiche ich und sage, daß sie ebenso lange dauerte wie jene andere Bewegung oder doppelt solange. Können wir die Raumstrecke bestimmen, von wo bis wohin ein bewegter Körper in seiner Ortsbewegung gelangt, dann können wir auch sagen, in wieviel Zeit (quantum temporis) der Körper von dem einen Ort zum anderen sich bewegt hat.

Daraus erhellt erneut, daß die Bewegung eines Körpers etwas anderes ist als das, womit (quo) wir messen, wie lang sie ist, wie lange sie dauert. Nicht die Bewegung ist die Zeit, sondern die Zeit ist das, womit wir die Bewegung messen, und auch das, was wir von ihr messen, ihre Dauer. Wir messen das zeitliche Wie-lange mit einem Maß, das selbst der Zeit entnommen ist. Wir messen die Zeit, die Dauer einer Bewegung, mittels eines *Zeitmaßes*.

Daß die Zeit nicht selber die Bewegung ist, zeigt sich auch darin, daß wir nicht nur die Bewegung, sondern auch die *Ruhe* eines Körpers in ihrer Dauer messen. Wir messen mittels der Zeit sowohl die Dauer der Bewegung wie auch die Dauer der Ruhe. Nicht nur die Bewegung, sondern auch die Ruhe als deren Grenzfall ist in der Zeit. Die Zeit ist das Worin von Bewegung und Ruhe.

Das Kapitel 24 endet mit der *abschließenden* Feststellung, daß die Zeit nicht selbst die Bewegung der Körper ist. Zeit und Bewegung sind *unterschieden*, doch so, daß sie *aufeinander bezogen* sind. Die Dehnung in Gestalt der Dauer, die wir an der Körperbewegung wahrnehmen, ist das Eigene der Zeit. Nur durch die Dehnung der Zeit als des Worinnen der Bewegung hat diese eine innerzeitliche gedehnte Dauer.

§ 16. Erneutes Eingeständnis der aporetischen Situation für die Frage nach dem Wesen der Zeit (XI, 25)

Nachdem das *philosophische* Zeitverständnis am Schluß des Kapitels 23 die Einsicht ausgesprochen hat, daß die Zeit eine Art distentio zeige, und nachdem es jetzt am Ende des Kapitels 24 die zweite Einsicht formuliert hat, daß die Zeit und ihre distentio nicht die Körperbewegung ist, muß es nun zu Beginn des Kapitels 25 bekennen, daß es bis jetzt immer noch keine Antwort auf die *Frage nach dem Wesen der Zeit* gefunden hat. Denn diese Antwort ist erst dann in einer zureichenden Weise gegeben, wenn auch eingesehen ist, *wie*, auf welche Weise die Zeit eine *distentio* ist, wie ihr dieser Wesenscharakter eigen sein kann. „Ich bekenne Dir, Herr, daß ich immer noch nicht weiß was die Zeit ist" (Et confiteor tibi, domine, ignorare me adhuc, quid sit tempus) – weil das *philosophierende* Zeitverständnis noch nicht erkannt hat, *wie* die Zeit *sich dehnen* kann.

Deutlicher als im Kapitel 23 taucht hier im Kapitel 25 die *Wesens-Frage* in ihrer bekannten Formulierung auf. Im zweiten Abschnitt der Zeit-Untersuchung geht es primär um die Frage nach der Wesensverfassung der Zeit. Alle anderen Fragen, wie etwa die der Messung der Zeit, stehen im Dienste der Wesens-Frage.

Erneut wird die *aporetische Situation* gekennzeichnet. Als *natürliches* Zeitverständnis weiß ich, daß ich das soeben Gesagte, mein Nichtwissen vom Wesen der Zeit, in der Zeit gesagt habe, daß sich für dieses Sagen die Zeit gedehnt hat. Ich weiß auch, daß ich schon lange (diu) über die Zeit (de tempore) spreche „und daß auch dieses ‚lange' nur durch die Dauer der Zeit lang ist (mora temporis)". Wenn ich daher weiß, daß ich schon lange Zeit über die Zeit, ihr esse und ihr quid, spreche, weiß ich auch, daß solches nur möglich ist, weil die Zeit die Dauer für mein Sprechen hergibt. Ich weiß einerseits, daß die Zeit für mein Fragen nach der distentio sich dehnen muß; andererseits weiß ich nicht, *was* die Zeit *ist*, d.h. *wie* sie *sich dehnen* kann. Wie kann ich nur wissen, daß die Zeit die Dauer für mein Sprechen bereitstellt, während ich gedanklich nicht weiß, *was* die Zeit *ist* (quid est tempus)? Hier zeigt sich wieder das paradoxe Verhältnis von *scire* und *non scire*. Das *Wissen* darum, daß mein Sprechen von der Zeit selbst eine meßbare Dauer hat, gehört zum *natürlichen* Zeitverständnis. Das non scire ist das *philosophische Nichtwissen,* wie der Zeit in ihrem Vorübergehen eine Dehnung eignen kann, so, daß nicht nur gegenwärtig vorübergehende, sondern auch schon vorübergegangene und noch nicht vorübergegangene Zeit als gedehnt erfahren wird.

Aber welcher Art ist dieses Nichtwissen, fragt sich das *philosophierende* Verstehenwollen? Weiß ich vielleicht doch, wie der Zeit die distentio eignet, nur daß ich noch nicht weiß, wie ich dieses, was ich weiß, sagen soll? Diese Frage des philosophierenden Verstehenwollens deutet darauf hin, daß Augustinus *kurz vor der entscheidenden Einsicht in das Wie des Sichdehnens der Zeit steht,* daß er schon in die Richtung blickt, aus der die Antwort auf die *Wesens-Frage* zu erwarten ist, daß sich diese Antwort schon anzukündigen beginnt, doch so, daß er das, was er zu sehen beginnt, noch nicht sprachlich zu fassen vermag. Denn hier bahnt sich eine Einsicht an, die *zum ersten Mal* gewonnen wird, für die es deshalb auch noch keinen sprachlichen Ausdruck gibt.

§ 17. Das Wesen der Zeit als die distentio animi (XI, 26)

Im Kapitel 26 kommt es zu der lange gesuchten Einsicht, wie der Zeit die distentio eignet.[1] Augustinus geht wieder aus von dem *phänomenalen Befund* des *natürlichen* Zeitverständnisses, demgemäß wir uns ständig *messend* und *einteilend* zur Zeit unseres *alltäglichen* Lebensvollzuges verhalten. Diesem natürlichen Wissen steht entgegen das Nichtwissen dessen, was die Zeit ist, wenn sie es möglich macht, die Dauer von Bewegungen zu messen.

Was heißt nun Zeit messen? Wenn ich die Bewegung eines Körpers messe, messe ich sie mittels der Zeit (tempore). Mittels der

---

[1] Vgl. zur Interpretation der distentio animi: K. Held, Zeit als Zahl. Der pythagoreische Zug im Zeitverständnis der Antike. In: Zeiterfahrung und Personalität. Hrsg. v. Forum für Philosophie Bad Homburg. Frankfurt a.M. 1992, S. 13-33, hier S. 27 ff.

Zeit messe ich die Zeit selbst (ipsum tempus), in der die Bewegung abläuft. Wie lange die Bewegung eines Körpers währt, kann ich nur messen, wenn ich die für diese Bewegung benötigte Zeitstrecke messe.

Nun aber wird erst die entscheidende Frage gestellt, deren Beantwortung zur ersten Einsicht in das Wie der Dehnung der Zeit führen wird. Wenn wir die Zeit messen, in der eine Bewegung verläuft, unde metior, woran messe ich die Dauer? Was hat es mit dem Zeitmaß auf sich, mit dem ich die unterschiedlichen Dauern der innerzeitlichen Abläufe messe? Das *natürliche* Zeitverständnis stellt die Frage, ob wir nicht mit einer kürzeren Zeitspanne (tempore breviore) eine längere (longius) messen, so, wie wir mit der Länge einer Elle die Länge eines Balkens messen. Wir kennen verschiedene Raummaße, mit denen wir Raumstrecken in ihrer Länge messen. Gibt es analog auch ein oder verschiedene Zeitmaße? Wenn ja, wie gibt es sie? Liegt ein Zeitmaß in derselben Weise wie ein Raummaß vor?

Ein solches mögliches Zeitmaß ist z.B. die Dauer einer kurzen Silbe (spatium brevis syllabae), mit der wir die Dauer einer langen Silbe (spatium longae syllabae) messen. Die Dauer der langen Silbe ist das Doppelte von der Dauer der kurzen Silbe. Wie messen wir die Dauer von langen Silben durch die Dauer von kurzen? Nicht etwa auf dem Papier, auf dem die Verse, ihre Worte und Silben, geschrieben stehen. Jetzt geht es nicht um ein räumliches, sondern um ein zeitliches Messen, nicht um die räumliche Ausdehnung, sondern um die zeitliche Dehnung. Wir messen die zeitliche Länge während des Gesprochenwerdens der Worte, während ihres innerzeitlichen Vorübergehens. Hierbei sagen wir, dieses ist eine lange Silbe, weil sie das Doppelte der kurzen beträgt, und dieses ist eine kurze Silbe.

Haben wir damit ein festes Zeitmaß, so, wie die Elle ein festes Raummaß ist? Liegt das Zeitmaß überhaupt in vergleichbarer Weise wie ein Raummaß vor? Offenbar ist die kurze Silbe kein festes Maß für die Zeit (certa mensura temporis), „denn es kann ja geschehen, daß eine kurze Silbe, wenn sie langsam vorgetragen wird, mehr Zeit (ampliore spatio temporis) beansprucht als eine lange Silbe, die rasch gesprochen wird. Hier nun spricht sich eine *Erfahrung* aus, die jetzt auf der Suche nach dem Wie der Dehnung von Zeit von *größter Tragweite* ist. Die Erfahrung, daß ich selber das Zeitmaß der gesprochenen Silbe beliebig dehnen und kürzen kann. Diese für das *natürliche* Zeitverständnis selbstverständliche Tatsache führt jetzt das *philosophische* Zeitverständnis zum *jähen Einblick in das Wie der Dehnung der Zeit*.

Zunächst bestätigt die Erfahrung, daß ich eine kurz gesprochene Silbe gedehnt sprechen kann, die schon im Kapitel 23 ausgesprochene Einsicht, daß die Zeit in ihrer Wesensverfassung *eine Art von distentio* ist. Aber die jetzt im Kapitel 26 ausgesprochene *Selbsterfahrung*, daß ich kurze Silben auch gedehnt sprechen kann, führt über jene bloße Bestätigung hinaus zu der alles entscheidenden Einsicht, wie der Zeit der Dehnungscharakter zukommt.

Zuerst sagt das *philosophierende* Zeitverständnis im Anschluß an die ausgesprochene Selbsterfahrung: „Daher scheint es mir, daß die Zeit nichts anderes ist als eine Art Ausdehnung (Inde mihi visum est nihil esse aliud tempus quam distentionem): aber wessen Ausdehnung, weiß ich nicht (sed cuius rei, nescio)". Damit ist nur der Stand der Einsicht aus dem Kapitel 23 vergegenwärtigt. Gleich darauf heißt es aber: „Doch sollte es mich wundern, wenn nicht des Geistes selbst (et mirum, si non ipsius animi)". Die Selbsterfahrung, daß ich selbst es bin, der die Dauer von gesprochenen Silben, Worten oder Versen beliebig dehnen kann, gewährt die Einsicht, daß *die Dehnung der Zeit das Sicherstrecken des Geistes* ist.

Inwiefern? Inwiefern erstreckt sich der Geist, wenn er es ist, der die Dauern von gesprochenen Silben und Worten beliebig dehnen kann? Welchen Charakter hat dieses Sicherstrecken? Offenbar den eines *Michausspannens*. Im Verstehen der kurzen Silbendauer umspanne ich diese Dauer. Spreche ich die Silbe gedehnter, dann umspanne ich verstehend die längere Silbe. Das aber zeigt, daß die Dauer überhaupt nur gedehnt ist im *Rückbezug* auf meinen Zeit- und-Dauer-verstehenden, in diesem Verstehen sicherstreckenden Geist.

Allerdings ist damit noch nicht aufgezeigt, wie in der *zeitverstehenden distentio animi* die darin verstandene Zeit ihre Gedehntheit gewinnt, wie im zeitverstehenden Sichausspannen, Sicherstrecken des Geistes die vorübergehende Zeit dergestalt sich dehnt, daß so etwas wie Zeitspannen, Zeitabschnitte, Zeitstrecken, gedehnte Dauern möglich werden.

Nachdem die erste entscheidende Antwort auf die Frage nach dem Wie der distentio temporis gegeben ist, daß die *distentio der Zeit die distentio des zeitverstehenden Geistes* ist, gibt das *philosophierende* Zeitverständnis seine erste Erläuterung der bisher nur ausgesprochenen These. Das philosophierende Zeitverständnis fragt erneut: Was messe ich, wenn ich sage, daß diese Zeit länger ist als jene? Die Antwort lautet: Ich messe die Zeit. Aber welche Zeit? Nicht die künftige Zeit, weil und sofern sie noch nicht ist; auch nicht die vergangene Zeit, weil und sofern sie nicht mehr ist; aber auch nicht die gegenwärtige Zeit, sofern sie keine Ausdehnung hat. Wie hat sie denn keine Ausdehung? So, daß das Jetzt als Jetzt nicht im Sinne eines Gegenwartsteilchens gedehnt ist. Das Jetzt ist nur Grenze zwischen dem Nicht-mehr und dem Noch-nicht. Was aber messe ich dann, wenn ich Zeit messe?

Nun erfolgt die richtungsweisende Antwort, wenn auch noch in Form einer Frage: An praetereuntia tempora, non praeterita? Messe ich etwa die Zeit, die in ihrem *gegenwärtigen Vorübergehen* nicht schon überhaupt und bloß vergangen ist? Das *philosophierende* Zeitverständnis verweist mit dem „Sic enim dixeram" auf das Kapitel 16 zurück. Dort wurde im Zuge der Frage nach dem Sein des Gegenwärtigen darauf hingewiesen, daß wir die vorübergehende Zeit, sofern wir sie wahrnehmen, in ihrer Dauer messen. Mit dem Satz, daß wir die Zeit, die im Vorübergehen nicht schon vergangen ist, messen, gibt das philosophierende Zeitverständnis einen Wink in die Richtung, in die es ferner blicken muß, wenn es bestimmen will, wie die distentio der Zeit die distentio des zeitverstehenden Geistes ist. In diesem Wahrnehmen der vorübergehenden Zeit müssen sich *eigentümliche Zeitverhaltungen* des zeitverstehenden Geistes noch verhüllen, aus denen die vorübergehende Zeit ihre distentio, ihre Dehnung und Dauer erhält. Diese eigentümlichen Zeitverhaltungen werden vermutlich *nicht dieselben* sein, die wir bisher unter den Titeln der Wahrnehmung, Wiedererinnerung und

Erwartung kennengelert haben. Diese uns noch unbekannten Zeitverhaltungen, die *verhüllterweise im Wahrnehmen* der vorübergehenden Zeit im Vollzuge stehen, werden es vermutlich sein, in denen sich der zeitverstehende Geist *erstreckt*, dergestalt, daß in dieser seiner Erstreckung die vorübergehende Zeit *trotz ihres Überganges* in das Nicht-mehr und *trotz ihres Herkommens* aus dem Noch-nicht sich dehnt zu Dauern, die gemessen werden können. Wie ist eine *Dehnung der Zeit über das Nicht-mehr und Noch-nicht hinweg* möglich? Diese Frage wird in den beiden letzten Kapiteln der Zeit-Untersuchung entfaltet und schließlich beantwortet.

§ 18. *Rückgang auf die Zeitverhaltungen des sicherstreckenden Geistes (XI, 27)*

Die Erfahrung, daß ich das von mir selbst gesetzte Zeitmaß einer kurzen Silbe beliebig dehnen kann, öffnet im Kapitel 26 den Blick dafür, daß die vorübergehende Zeit ihre Dehnung aus dem *Sicherstrecken des zeitverstehenden Geistes* gewinnt. Dabei blieb freilich noch offen, was das Sicherstrecken des Geistes ist und wie die vorübergehende Zeit aus diesem Sicherstrecken ihre Dehnung erhält. Wie ist eine Dehnung der gegenwärtig vorübergehenden Zeit in das Nicht-mehr und Noch-nicht hinein möglich? Was leistet der zeitverstehende Geist in seinem zeitverstehenden Sicherstrecken auf die im Vorübergehen verstandene Zeit, daß diese sich dehnt? Dieser Frage geht das Kapitel 27 nach.

Um aufzuklären, *wie* gegenwärtig vorübergehende Zeit von innerzeitlich Geschehendem *sich dehnt* und *wodurch* sie sich dehnt, geht Augustinus aus von der Zeitverhaltung des Messens, um im thematisierenden Blick auf die messende Verhaltung zur vorübergehenden Zeit das Wie des Sichdehnens der Zeit *philosophisch* verstehen zu können. Die Thematisierung der Zeitverhaltungen des wahrnehmenden Erfassens und Messens der vorübergehenden Zeit bedeutet, *methodisch* gesehen, den *Rückgang* aus der *Geradehingerichtetheit* meines Zeitverstehens auf die *Zeitverhaltungen,* um am *Leitfaden* dieser die in den Zeitverhaltungen verstandene Zeit hinsichtlich ihrer Dehnung aufzuhellen.

Im *ersten Teil* der Zeit-Untersuchung erfolgte der Rückgang aus der Geradehingerichtetheit unseres Zeitverstehens auf die Zeitverhaltungen, um aus ihrer Thematisierung und am Leitfaden der thematisierten Verhaltungen die *Seinsweise* von wahrgenommenem Gegenwärtigen, erinnertem Vergangenen und erwartetem Zukünftigen zu bestimmen.

Jetzt im *zweiten Teil* der Zeit-Untersuchung erfolgt der Rückgang auf die Zeitverhaltungen und das Fragen entlang dieser umwillen der Frage nach dem *Wesen* der Zeit, nach ihrer *Dehnung* im Vorübergehen. Im ersten Teil waren es die Zeitverhaltungen der Wahrnehmung, Wiedererinnerung und Erwartung, die den Leitfaden für das Fragen nach der Seinsweise der drei Zeithorizonte bildeten. Jetzt im zweiten Teil *scheinen* es die Zeitverhaltungen des Messens und ebenfalls des Wahrnehmens zu sein, die den Leitfaden für das Fragen bilden. Doch wir werden sehen, daß diese Verhaltungen nur den Ausgang bilden, um *ursprünglichere* Zeitverhaltungen zu entdecken, in denen sich der zeitverstehende Geist erstreckt und aus denen die vorübergehende Zeit ihre Dehnung erhält.

Das zu Beginn des Kapitels 27 zugrundegelegte Beispiel eines innerzeitlich ablaufenden Geschehnisses, dessen Dauer gemessen werden soll, ist das Ertönen einer körperlichen Stimme, das stimmliche Hersagen eines Verses oder das Erklingen eines Liedes. Diese Stimme beginnt jetzt zu ertönen, sie ertönt eine Weile und hört jetzt auf. An diesem innerzeitlich ablaufenden Geschehnis sind der Anfang, das Ende und die dazwischen sich dehnende Dauer zu unterscheiden. Bevor die Stimme anfing zu ertönen, war sie noch im ganzen künftig, als solche noch nicht seiend und daher noch nicht meßbar. Nach ihrem Aufhören ist sie vergangen, nicht mehr seiend und kann daher nicht mehr gemessen werden. Gemessen werden konnte sie nur, während sie ertönte, weil da „war", was gemessen werden konnte.

Wie aber war die Stimme während ihres Ertönens *gegenwärtig*? Nicht in der Weise eines Stehens (stare). Als gegenwärtig ertönende Stimme dehnte sie sich zwischen ihrem Anfang und ihrem Ende nicht als stehende Gegenwart. Auch als gegenwärtig ertönende Stimme ging sie (ibat) und ging sie vorüber (praeteribat).

Ihre Gegenwart war keine stehende, sondern eine wesenhaft vorübergehende. Gerade als so vorübergehende konnte sie gemessen werden. Denn als vorübergehende (praeteriens) dehnte sie sich zu einer gewissen Zeitspanne (tendebatur in aliquod spatium temporis). Während die vorübergehende und im Vorübergehen sich dehnende Stimme hinsichtlich der Länge ihrer gedehnten Dauer gemessen werden konnte, hat die Gegenwart *als solche* keine Ausdehnung (praesens nullum habet spatium). Die Gegenwart als solche, d.h. die Gegenwart im Unterschied zur Vergangenheit und Zukunft, hat keine Ausdehnung dergestalt, daß sie ein Stück nicht übergänglicher, sondern stehender Gegenwart wäre. Aber gegenwärtig vorübergehende und im Vorübergehen wahrnehmend erfaßte, d.h. verstandene Zeit dehnt sich (tenditur) und kann als so sich dehnende gemessen werden.

Deshalb lautet die nun leitende Frage: *Wodurch* und *wie* hat die gegenwärtig vorübergehende Zeit (und die in ihr ertönende Stimme) ihre *Dehnung*? Wenn nach Kapitel 26 die Dehnung der Zeit das Sicherstrecken des zeitverstehenden Geistes ist, *wie dehnt sich im Sicherstrecken des Geistes die gegenwärtig vorübergehende Zeit?* Welcher Art ist die Dehnung und Erstreckung der vorübergehenden Gegenwart, wenn diese *nicht reine* Gegenwart im Unterschied zum Nicht-mehr und Noch-nicht ist?

Weil die Überlegung des ersten Absatzes zu dem vorläufigen Ergebnis kommt, daß die ertönende Stimme nur während ihres Erklingens und Vorübergehens gemessen werden konnte, weil sie sich nur während ihres gegenwärtigen Vorübergehens zu einer meßbaren Dauer dehnte, greift Augustinus im zweiten Absatz zu einem zweiten Beispiel einer ertönenden Stimme. Diese fängt an zu ertönen und ertönt immer noch ohne Unterbrechung. Jetzt während ihres Erklingens soll sie gemessen werden, weil sie nur jetzt sich dehnt. Sobald sie aufgehört hat zu ertönen, hat sie auch aufgehört, sich zu dehnen. Haben wir sie nicht während ihres gegenwärtigen Erklingens gemessen, kann sie nach ihrem Aufhören nicht mehr gemessen werden.

Allein, messen heißt doch, ihre Dauer zwischen Anfang und Ende ausmessen. Weil die Stimme immer noch erklingt und noch nicht zu ihrem Ende gekommen ist, so kann ich, wie es scheint, die noch erklingende und noch nicht zu Ende gekommene Stimme noch nicht messen. So muß ich, wie es scheint, ihr Zuendekommen abwarten, um dann ihre Dauer zwischen Anfang und Ende messen und bestimmen zu können. Warte ich aber mit dem Messen, bis die Stimme zu Ende gekommen ist, ist sie schließlich vergangen und kann nun nicht mehr gemessen werden. Denn die Dauer der Stimme bleibt von ihrem Anfang bis zu ihrem Ende nicht stehen, so, daß ich sie nun zwischen Anfang und Ende messen könnte, wie ich eine Raumstrecke zwischen ihren gleichzeitig gegebenen Enden messe. Dennoch ist es ein *phänomenaler Befund* des *natürlichen* Zeitverständnisses, daß wir die im gegenwärtigen Vorübergehen ertönende Stimme messen. Wir messen Zeitabschnitte, Zeitspannen, Dauern, aber nicht diejenigen, die noch nicht „sind", nicht diejenigen, die nicht mehr „sind". Wir messen aber auch nicht solche Zeiten, „die sich nicht zu Dauern erstrecken (Quae nulla mora extenduntur)". Schließlich messen wir keine Zeiten, die keine Grenzen haben, weil Messen nur zwischen Grenzen, Anfang und Ende, einer innerzeitlichen Bewegung möglich ist. Die Zeiten, die sich nicht zu Dauern erstrecken, sind dehnungslose Zeiten. Die Gegenwart als solche im Unterschied zum Noch-nicht und Nicht-mehr ist eine solche dehnungslose Zeit. Deshalb kann das *philosophische* Zeitverständnis sagen: Wir messen weder künftige Zeiten noch vergangene Zeiten, noch gegenwärtige Zeiten (praesentia tempora), sofern die *bloße* Gegenwart als *Grenze* keine Ausdehnung hat; wir messen auch keine vorübergehende Zeit (praetereuntia tempora), sofern sie als vorübergehende noch nicht das Ende erreicht hat, bis zu dem gemessen wird. Im augenblicklichen Stand der Untersuchung zeigt sich noch nicht, wie es möglich ist, daß wir nach dem Anfang des Ertönens der Stimme bereits mit dem wahrnehmenden Messen beginnen, ohne daß wir dafür schon das Ende ihres Ertönens wahrgenommen haben müssen.

Um dem Rätsel näherzukommen, wie die gegenwärtig vorübergehende Zeit sich zu Dauern von Innerzeitlichem dehnen kann, wählt Augustinus im dritten Abschnitt des Kapitels 27 als Beispiel das Messen einer langen Silbe mittels einer kurzen Silbe. Zuerst

§ 18. Zeitverhaltungen des sicherstreckenden Geistes 125

lasse ich die kurze Silbe in ihrer Dauer erklingen – sie als das Zeitmaß. Darauf lasse ich die lange Silbe erklingen als diejenige, die mit der kurzen Silbe gemessen werden soll. Allein, wenn die lange Silbe ertönt, um sie in ihrer Dauer messen zu können, ist die kurze Silbe, mit der ich messen will, bereits verklungen. Offenbar muß ich für das Messen der langen Silbe die kurze Silbe während ihres Erklingens *irgendwie festhalten*, um sie als festgehaltene an die ertönende lange Silbe anlegen zu können. Daher fragt das *philosophierende* Zeitverständnis: „Wie halte ich die kurze Silbe fest (quomodo tenebo brevem) und wie bringe ich diese messend an die lange, um herauszufinden, daß diese die doppelte Dauer hat, da doch die lange Silbe erst zu erklingen anfängt, wenn die kurze Silbe zu erklingen aufgehört hat?«

Das entscheidende Wort in diesem Satz ist das *tenere*, festhalten. Dieses Wort weist auf jenen Vollzug des zeitverstehenden Geistes vor, in dem dieser sich in die sich dehnende Dauer der gegenwärtig vorübergehenden Silbe erstreckt. Während des Wahrnehmens der zuerst ertönenden kurzen Silbe muß sich ein tenere, ein „festhalten" der ablaufenden kurzen Silbe vollziehen. Und die lange Silbe, fragt das *philosophische* Zeitverständnis, messe ich sie selbst als noch gegenwärtig ertönende (Ipsamque longam num praesentem metior), da ich sie doch nur messen kann als beendete, sie aber als beendete nicht mehr „ist"? Vermutlich vollzieht sich auch im wahrnehmenden Erfassen der im Erklingen vorübergehenden langen Silbe ein *tenere*, ein Festhalten, das es möglich macht, daß ich, sobald die lange Silbe beendet ist, ihre Dauer von Anfang bis Ende umspannen und messen kann.

Daher fragt nun das *philosophierende* Zeitverständnis zu Beginn des vierten Absatzes: „Was also ist es, das ich messe? (Quid ergo est, quod metior?)". Mit dieser Frage nimmt es jene zuletzt ausgesprochene Frage aus dem dritten Absatz auf, die fragte, ob ich etwa die lange Silbe selbst als gegenwärtig ertönende messe. Jetzt im vierten Absatz fragt das philosophierende Verstehenwollen der Zeit: Ist das, was ich als lange Silbe messe, die lange Silbe selbst – oder nicht sie selbst, sondern etwas anderes von ihr? Ebenso könnte hier auch die Frage stehen: Was ist es, womit ich messe? Ist es die kurze Silbe selbst – oder etwas anderes von ihr?

Auf die Frage, was es ist, das ich messe, folgen die beiden Fragen: „Wo ist die kurze Silbe, mit der ich messe? (Ubi est qua metior brevis?)". „Wo ist die lange, die ich messe? (Ubi est longa, quam metior?)". Die *Was-Frage* – was ist das, das ich messe – wird durch die *Wo-Frage* erläutert. Ist das, was ich messe, die lange Silbe selbst, draußen, *außerhalb* meines wahrnehmend-messenden Geistes, oder etwa *drinnen*, in der Innerlichkeit meines wahrnehmend-messenden Geistes? Messe ich die lange Silbe selbst draußen, oder messe ich etwas drinnen, in mir? Wenn das *philosophische* Zeitverständnis fragt, was es sei, das wir im *natürlichen* Zeitverständnis messen, dann fragt es mit dieser Frage zugleich danach, *wo* die gemessene Silbe ist. Denn das „was" meint entweder die lange Silbe als sie selbst, oder etwas anderes von ihr. Das Wo der langen Silbe selbst ist aber nicht dasselbe Wo wie jenes, an dem das andere ist, das statt der langen Silbe selbst gemessen wird. Das eine Wo ist das *Außerhalb,* das andere das *Innerhalb* des Geistes.

Diese Wo-Frage kennen wir aus dem ersten Abschnitt der Zeit-Untersuchung. Dort wurde gefragt, wo den drei Zeiten (Zeithorizonten) eine eigene Seinsweise eignet, außerhalb oder innerhalb der zeitverstehenden Seele. Jetzt im zweiten Abschnitt wird gefragt, wo der Zeit die gesuchte Dehnung eignet, außerhalb oder innerhalb der Seele.

Wo ist die zuerst ausgesprochene Silbe, wenn ich mit ihr messen will? Wo ist die anschließend ausgesprochene Silbe, deren Dauer ich messen möchte? Die Antwort des *philosophierenden* Zeitverständnisses lautet: Die kurze und die lange Silbe sind verklungen (sonuerunt), sind verflogen (avolaverunt), sind vorübergegangen (praeterierunt), und als solche sind sie nicht mehr (iam non sunt). Sie sind nicht mehr als die, die sie außerhalb der Innerlichkeit meines wahrnehmend-messenden Geistes jeweils gegenwärtig ertönten. Dennoch messe ich mit der kurzen Silbe und ihrer Dauer die Dauer der langen Silbe. Die Angabe, daß die lange Silbe das Doppelte der Dauer nach (in spatio temporis) beträgt, ist nur möglich, weil zum Zeitpunkt des Messens sowohl die lange wie die kurze Silbe vorübergegangen und beendet sind.

§ 18. Zeitverhaltungen des sicherstreckenden Geistes

Daraus ergibt sich für das *philosophierende* Zeitverständnis die Einsicht: „Nicht die gehörten Silben selbst, die selbst nicht mehr sind, messe ich, sondern irgendetwas in meinem Gedächtnis, was darin als Eingeprägtes bleibt (Non ergo ipsas, quae iam non sunt, sed aliquid in memoria mea metior quod infixum manet)".

Hier schließt die Untersuchung der Wesensverfassung der Zeit an das Untersuchungsergebnis des ersten Abschnittes an. Dort ergab sich die Einsicht, daß das Gegenwärtige nur als in inneren Wahrnehmungsbildern Wahrgenommenes „ist", d.h. gegenwärtig ist. Außerhalb dieser inneren gegenwärtigen Wahrnehmungsbilder zerfällt die Gegenwart dehnungslos in das Nicht-mehr und Nochnicht. Der Hinweis auf die innerlich gegenwärtigen Wahrnehmungsbilder, in denen das Wahrgenommene eine meßbare Dauer hat, sollte in den Kapiteln 16 und 20 zunächst nur die *Seinsweise* der Gegenwart und des darin Gegenwärtigen sichern. Wenn aber im Kapitel 16 darauf hingewiesen wurde, daß wir gegenwärtig vorübergehende Zeit wahrnehmen und hinsichtlich der Länge ihrer Dauer messen, dann *implizierte* dieser Hinweis, daß während des Wahrnehmens und für dieses auch ein *Festhalten* des jeweils Vorübergehenden nötig ist, und daß dieses für den Wahrnehmungsvollzug, für die Bildung der inneren Wahrnehmungsbilder, konstitutive Festhalten (tenere) die *innere Dauer* des Wahrnehmungsbildes konstituiert. Doch damals im Kapitel 16 war diese Zeitverhaltung des Festhaltens noch nicht thematisch. Jetzt aber, da gefragt wird, wie der Zeit der Wesenscharakter der Dehnung zukommen kann, wird dieses für den Wahrnehmungs- und Messungsvollzug *konstitutive Festhalten* thematisiert.

Was es heißt, daß ich „in meinem Gedächtnis irgendetwas messe, was dort als Eingeprägtes bleibt", während das äußere innerzeitliche Erklingen der Silbe vergangen ist, das erläutert der fünfte Absatz des Kapitels 27. „In dir, mein Geist, messe ich die Zeiten (In te, anime meus, tempora metior)". Damit ist schon gesagt: Die Dehnung kommt der Zeit *nur innerhalb* meines zeitverstehenden Geistes zu. Als sich dehnende „sind" die Zeitabschnitte, sie „sind" aber nur in anima, wie der erste Abschnitt der Untersuchung dargetan hat. „Ich messe den Eindruck, den die vorübergehenden

Dinge in dir hervorrufen und der, wenn jene vorübergegangen sind, bleibt, diesen inneren Eindruck messe ich als gegenwärtigen, nicht aber das, was vorübergegangen ist (Affectionem, quam res praetereuntes in te faciunt et, cum illae praetierint, manet, ipsam metior praesentem, non ea quae praeterierunt)". Gleich anschließend heißt es: „Also sind entweder die Eindrücke die Zeitabschnitte, oder ich messe keine Zeiten". Wenn ich die Zeitdauer der erklingenden langen Silbe messe, dann messe ich die Zeitdauer der Eindrücke in mir. Was Augustinus *affectio* nennt, ist als Eindruck das *immanent sinnlich Empfundene,* das aber für Augustinus den Charakter eines Bildes hat, sofern es stellvertretend ist für die außerhalb der Innerlichkeit vorübergehende und vorübergegangene Silbe selbst.

Wie aber höre ich die vorübergehende Silbe? Sie selbst erklingt in einer Abfolge von Jetzt und Jetzt. Zu dem Jetzt gehört ein innerlich Empfundenes. Außerhalb der empfindenden Innerlichkeit geht jedes Jetzt in das bloße Nicht-mehr über. Aber innerlich *halte ich*, wenn auf das erste Jetzt ein zweites mit seinem Empfundenen folgt, das erste Jetzt *fest*, zwar nicht als bleibendes Jetzt, sondern *als Nicht-mehr-jetzt*. Sofern es aber im neuen Jetzt als dessen voraufgegangenes Nicht-mehr-jetzt festgehalten wird, versinkt es nicht, wie außerhalb der Innerlichkeit, in das reine Nicht-mehr, sondern erhält durch sein Festgehaltenwerden als Nicht-mehr-jetzt eine *Weise von Sein*, eine Gegenwarts- oder Anwesensweise.

Dieses *Festhalten* der sich in das Nicht-mehr-jetzt abwandelnden Jetzt ist eine *zeitverstehende Vollzugsweise* des Geistes oder der Seele. In diesem Festhalten der kontinuierlich sich abwandelnden Jetzt in das an das jeweils neue Jetzt sich anschließende *Kontinuum der Nicht-mehr-jetzt* erstreckt sich der Geist aus seinem jeweiligen Jetzt in das Kontinuum der schon abgelaufenen Dauerstrecke, die aber als schon vorübergegangene festgehalten wird. In dieser Weise höre ich zunächst die erklingende kurze Silbe, deren Dauer sich in mir über dieses Festhalten der sich abwandelnden Jetzt aufbaut. Wenn die kurze Silbe aufgehört hat zu erklingen, hat sich in der Innerlichkeit meiner zeitverstehenden Seele durch dieses tenere, durch dieses eigentümliche Festhalten der abfließenden Jetzt, die

§ 18. Zeitverhaltungen des sicherstreckenden Geistes

Dauer der Silbe gebildet. Dieses für das Wahrnehmen der Dauer konstitutive Festhalten des sich längenden Kontinuums des Nichtmehr-jetzt-Empfundenen führt dazu, daß ich die kurze und die lange Silbe *gedächtnismäßig behalte*. Deshalb kann das *philosophische* Zeitverständnis sagen, es messe die Dauer der langen Silbe mit Hilfe der kurzen Silbe in meinem Gedächtnis.

Im sechsten, dem letzten Absatz des Kapitels 27 wird schließlich gezeigt, daß zu diesem Festhalten noch *zwei weitere Zeitverhaltungen* gehören, die *alle drei zusammen im wahrnehmenden Verstehen der Dauer* eines Innerzeitlichen konstitutiv sind. Zunächst wird gesagt, daß wir außer der Dauer der ertönenden Stimme auch die Dauer der Stille, in der sie nicht erklingt, messen können. Als erstes nehmen wir die Stimme in ihrer Dauer wahr. Diese Dauer baut sich immanent in der beschriebenen Weise auf. Anschließend nehme ich die Stille in ihrer Dauer wahr, die sich in gleicher Weise immanent konstituiert. Um nun die Länge der Dauer, in der die Stimme nicht ertönte, messen zu können, „spannen wir den Geist auf das Zeitmaß der Stimme, als ob sie noch erklänge (cogitationem tendimus ad mensuram vocis, quasi sonaret)", um etwas über die Dauer der Stille aussagen zu können. Wichtig ist hier die Wendung „cogitationem tendimus". Cogitatio steht hier für animus, tendere aber gehört zu distendere und distentio.

Den Geist auf die gehörte Dauer der Stimme so erstrecken, daß die Stimme gleichsam erklingt, meint nichts anderes als die Zeitverhaltung der *Wiedererinnerung*. In ihr vergegenwärtige ich die gehörte Dauer der Stimme. Aber solches wiedererinnernde Vergegenwärtigen ist nur möglich, weil sich diese Dauer primär im Wahrnehmen über das tenere, das Festhalten der abfließenden Nichtmehr-jetzt aufgebaut hat. Die so im Festhalten konstituierte Dauer kann sich im weiteren Zurücksinken verdunkeln und zusammenziehen, um dann aber in der Wiedererinnerung in ihrer ursprünglichen Dauerlänge aufgehellt und vergegenwärtigt werden zu können. Sowohl im *primären Festhalten* der sich in das Nichtmehr-jetzt abwandelnden jeweiligen Jetzt wie auch im wiedererinnernden Vergegenwärtigen verhält sich der zeitverstehende Geist als ein *sicherstreckender*. Er erstreckt sich sowohl in der sich primär bildenden wie auch in der vergegenwärtigten Dauer.

Als ein weiterer Erweis dafür, daß sich das Dehnen der Zeit zu Dauern von Innerzeitlichem und das Messen dieser Dauern in der Innerlichkeit des zeitverstehenden Geistes vollzieht, dienen die Hinweise darauf, daß wir uns auch ohne Stimme und Lippenbewegung in Gedanken (cogitando) Gedichte und Verse aufsagen und dabei über die zeitliche Ausdehnung (de spatiis temporum) Aussagen machen, nicht anders, als ob wir es aussprächen.

Was nun im fünften Absatz noch folgt, ist der erste Hinweis auf jene *drei zusammengehörigen Zeitverhaltungen*, in denen sich der zeitverstehende Geist primär erstreckt, so, daß sich in dieser *dreifach-einigen Erstreckung* die Dauer der gesprochenen und gegenwärtig erklingenden Stimme aufbaut. Das hier zugrundegelegte Beispiel: Jemand beabsichtigt, seine Stimme über längere Zeit von sich zu geben. In seiner Überlegung (praemeditando) setzt er fest, wie lange die Stimme ertönen soll. Das geschieht dadurch, daß er schweigend einen Zeitabschnitt abmißt. Hierfür erstreckt sich der Geist auf eine Dauer, die er in seinem Sicherstrecken selbst bildet. Diese Verhaltung ist aber eine zukunftgerichtete Vergegenwärtigung, somit eine Erwartung. In dieser *vorvergegenwärtige* ich das, was ich als ein Gegenwärtiges tun und wahrnehmen werde. Sagt nun Augustinus, diese so in der Erwartung ausgemachte Dauer werde dem Gedächtnis übergeben, so heißt das, daß die in der Erwartung vorvergegenwärtigte Dauer behalten wird.

Gehe ich nun dazu über, das Vorvergegenwärtigte gegenwärtig auszuführen und die Stimme ertönen zu lassen, dann halte ich mich nicht weiter in der Vorvergegenwärtigung auf, sondern lebe nun in der jetzt beginnenden gegenwärtigen Wahrnehmung der von mir gegebenen Stimme. Wie aber verläuft die Wahrnehmung der erklingenden und im Erklingen vorübergehenden Stimme? Wie erfasse ich die vorübergehende Stimme in ihrer Dauer? Das *philosophierende* Zeitverständnis sagt hierzu: Im Wahrnehmen der erklingenden Stimme und ihrer Dauer „bringt das gegenwärtige Sichrichten auf das jeweils jetzt Empfundene das Künftige in das Vergangene hinüber (praesens intentio futurum in praeteritum traicit)". Die *praesens intentio* nennt innerhalb des Wahrnehmungs-

§ 18. Zeitverhaltungen des sicherstreckenden Geistes

verlaufes jene jeweils ausgezeichnete Phase, in der ich das *Jetzt* und das jetzt gerade Wahrgenommene bzw. Empfundene verstehe. In dieser praesens intentio hält sich mein Wahrnehmen *primär*. Insofern bin ich immer auf das jeweils Jetzige gerichtet.

Indessen verstehe ich mit diesem jeweiligen Jetzt auch schon das diesem Jetzt unmittelbar nachfolgende Noch-nicht-jetzt, das *Sogleich*. Mein Verstehen des Jetzt ist wesenhaft offen für das Sogleich, das selbst zum Jetzt werden wird. Im Verstehen des Jetzt *halte* ich mir schon das Noch-nicht-jetzt als das Sogleich *vor*. Das Verstehen des Sogleich ist aber nicht auf ein einziges Noch-nicht-jetzt beschränkt. Mit dem jeweiligen Verstehen des Jetzt halte ich mir ein Kontinuum von Noch-nicht-jetzt vor. Mein Zeitverstehen ist in einem zumal Verstehen des jeweiligen Jetzt und Verstehen des diesem Jetzt nachfolgenden Noch-nicht-jetzt. Das Sogleich ist dabei nicht völlig leer verstanden, sondern im Falle unseres Beispiels als das von der noch ausstehenden Dauer der erklingenden Stimme erfüllte.

Im Verstehen des Jetzt und des darin vorgehaltenen Noch-nichtjetzt verstehe ich aber auch das Nicht-mehr-jetzt, in das sich das jeweilige Jetzt abwandelt. Ich verstehe es in jenem uns schon bekannten Festhalten (tenere). Dieses Festhalten ist ein *Zurück*halten, während das Verstehen des Noch-nicht-jetzt ein *Vor*halten ist. Wie im *Zurückhalten* der abfließenden Nicht-mehr-jetzt diese ihre *Gegenwartsweise* (esse) erhalten, so gewinnt das im *Vorhalten* verstandene Kontinuum des Noch-nicht-jetzt seine *Gegenwartsweise* (esse).

Jetzt sehen wir deutlicher, was es heißt, daß die Dehnung der Zeit das Sicherstrecken des zeitverstehenden Geistes ist. Dieser erstreckt sich *in der Wahrnehmung* der gegenwärtig erklingenden und darin vorübergehenden Stimme *dreifach:* in das *jeweilige Jetzt*, in das *vorgehaltene Kontinuum des Noch-nicht-jetzt* und in das *festgehaltene Kontinuum des Nicht-mehr-jetzt*.

Nicht erst in der Wiedererinnerung und Erwartung erstrecke ich mich in den Vergangenheits- und Zukunftshorizont, sondern schon in der Wahrnehmung. Denn die in der Wahrnehmung erfaßte Dauer des Wahrgenommenen dehnt sich, soweit sie schon abgelaufen ist, vom jeweiligen Jetzt her in das festgehaltene Kontinuum der Nicht-mehr-jetzt. Im Verstehen der jeweiligen Gegenwartsphase und des zu ihr gehörenden Kontinuums der schon abgelaufenen Dauer verstehe ich auch das zur Gegenwartsphase gehörende Kontinuum der noch nicht erklungenen Dauer.

Deshalb kann Augustinus sagen, daß beim gegenwärtigen Wahrnehmen der erklingenden Stimme die schon erklungene Dauer um die Minderung des von der Dauer noch Ausstehenden wächst. Jetzt kann sich die künftige Dauer bzw. das von der gegenwärtigen Dauer noch als künftig Ausstehende mindern, weil die künftige Dauer schon in gewisser Weise „ist" – „ist" *als die im Vorhalten des Künftigen schon gegenwärtige*. Jetzt kann auch die schon abgelaufene Dauer zunehmen, weil sie *als abgelaufene festgehalten wird und in diesem Festgehaltenwerden eine Seinsweise als Gegenwartsweise* erhält. In *diesen drei Zeitverhaltungen* des Verstehens des Jetzt sowie des Mitverstehens des Noch-nicht-jetzt und des Nicht-mehr-jetzt *erstreckt sich* mein zeitverstehender Geist in der Weise der *distentio*.

§ 19. Attentio, primäre expectatio und primäre memoria als die ursprünglichen Zeitverhaltungen (XI, 28)

Im Kapitel 27 erfolgte der erste Hinweis auf jene *ursprüngliche dreifach-einige distentio* animi, in der sich während des wahrnehmenden Erfassens des gegenwärtig vorübergehenden Ertönens der Stimme die Dauer dieser Stimme in der Immanenz des zeitverstehenden Geistes aufbaut. Die entscheidende Wendung hierfür lautet: praesens intentio futurum in praeteritum traicit, das gegenwärtige Sichrichten auf das jeweilig Jetzige bringt das Künftige über das Jetzige in das Vergangene hinüber. Obwohl – terminologisch gesehen – in dieser sprachlichen Wendung zunächst nur die praesens intentio, nur *eine* ursprüngliche Zeitverhaltung genannt ist, schließt die Art, wie die praesens intentio beschrieben wird, die zwei anderen ursprünglichen Zeitverhaltungen ein. Diese in der praesens intentio eingeschlossenen, zu ihr wesenhaft gehörenden beiden anderen Zeitverhaltungen hoben wir in der Interpretation der praesens in-

§ 19. Die ursprünglichen Zeitverhaltungen 133

tentio heraus und nannten die eine das Vor- bzw. *Vorweghalten* des Noch-nicht-jetzt in der Bedeutung des Sogleich, die andere das *Zurück-* bzw. *Festhalten* (Behalten) des Nicht-mehr-jetzt als des Soeben.

Im Kapitel 28 erhalten auch diese beiden ursprünglichen Zeitverhaltungen je eine *eigene* terminologische Bezeichnung. Erst in diesem Kapitel der Zeit-Untersuchung wird eigentlich aufgezeigt, wie der zeitverstehende Geist in seiner Immanenz in den drei ursprünglichen Zeitverhaltungen erstreckt ist, wie in diesem *dreifacheinigen Sicherstrecken* die fließende Zeit ihre Dehnung erhält, die ihrerseits begrenzte Dauern von Innerzeitlichem ermöglicht.

Gegen Schluß des Kapitels 27 hieß es: In der Wahrnehmung der erklingenden, in der Zeit vorübergehenden Stimme lebe ich dergestalt, daß das gegenwärtige Sichrichten auf das jeweils Jetzige das Künftige als das Sogleich über das Jetzige in das Vergangene als das Soeben hinüberbringt. Während sich meine Wahrnehmung der ertönenden Stimme in dieser Weise vollzieht, vermindert sich das Künftige, wächst das Vergangene. Das Kapitel 28 wird mit der Frage eröffnet, auf welche Weise denn das Künftige, das doch noch nicht „ist", sich vermindert und aufgebraucht wird, auf welche Weise das Vergangene, das doch nicht mehr „ist", wächst und zunimmt. Sichvermindern heißt Abnehmen an Länge. Um aber lang sein zu können, muß das Künftige „sein". Entsprechendes gilt für das Anwachsen des Vergangenen. Dafür, daß es sich längt, muß es „sein". Wie also „ist" das Künftige, daß es lang sein und daß seine Länge abnehmen kann? Wie „ist" das Vergangene, daß es sich längen kann? Die Antwort hierauf lautet: „Nur deshalb, weil im Geiste, der jenes vollzieht, ein Dreifaches ist (nisi quia in animo, qui illud agit, tria sunt)". Das *agit* nimmt das *traicit* wieder auf: das Hinüberbringen ist ein *Handeln* des Geistes, das zu seinem ursprünglichen Verstehen von Zeit gehört und das wir als ein *Vollziehen* übersetzen.

Was das *Dreifache im Geiste* ist, aufgrund dessen das Künftige abnimmt und das Vergangene zunimmt, sagt der nächste Satz: „Denn der Geist erwartet und richtet sich auf ... und erinnert sich (Nam et expectat et adtendit et meminit), so daß also das, was er erwartet, durch das, worauf er sich richtet, hinübergeht in das, was er erinnert (ut id quod expectat per id quod adtendit transeat in id quod meminerit)". Das Dreifache im Geist sind also das *expectare*, das *adtendere* und das *meminisse*. Damit sind jetzt die drei *ursprünglichen* Zeitverhaltungen genannt, die in ihrer Zusammengehörigkeit den gegenwärtigen Wahrnehmungsverlauf bilden. Was Augustinus jetzt das *adtendere* nennt, meint dasselbe wie die *praesens intentio* aus dem Kapitel 27. Adtendere und intendere bedeuten das Sichrichten auf ...

Das Hinüberbringen des Sogleich in das Jetzige geschieht in der Zeitverhaltung des *expectare*. Weil hier aber das Verstehen des *Sogleich* gemeint ist, das zum Verstehen des jeweiligen Jetzt gehört, und weil beides, das Jetzt-Verstehen und das Sogleich-Verstehen, zur Einheit des gegenwärtigen *Wahrnehmungsverlaufes* gehört, hat dieses expectare einen wesenhaft *anderen Charakter* als das, was im Kapitel 20 als expectatio, als Erwartung benannt wurde.

Das Hinüberbringen des Jetzigen in das Vergangene als das Soebengewesene geschieht in der Zeitverhaltung des *meminisse*. Weil mit diesem aber das Verstehen des *Soebengewesen* gemeint ist, das wie das Verstehen des Sogleich zum Verstehen des jeweiligen Jetzt gehört, und weil es mit diesen beiden zusammen die Einheit des gegenwärtigen *Wahrnehmungsverlaufes* bildet, hat das jetzt benannte meminisse desgleichen einen wesenhaft *anderen Charakter* als die im Kapitel 20 genannte Erinnerung.

Das meminisse meint weniger ein Sicherinnern als vielmehr ein *Behalten* des soeben in das Nicht-mehr-jetzt übergegangenen Jetzt. In diesem Behalten bleibt das jeweils in das Nicht-mehr übergegangene Jetzt als das Soebengewesen verbunden mit dem jeweils neuen Jetzt. Auf diese Weise längt sich das schon vom Erklingen des Tones Abgelaufene zu einer in jenem meminisse festgehaltenen und behaltenen Dauer. Das meminisse als Behalten ist dasselbe, was im Kapitel 27 mit dem *tenere* in den Blick genommen wurde. Im *tenere als meminisse* baut sich im Erklingen der Stimme die Dauer als ein sich längendes Kontinuum der Nicht-mehr-jetzt auf. Dieses Kontinuum der schon abgelaufenen Dauerstrecke längt sich mit jedem neuen Übergang des Jetzt in das Nicht-mehr-jetzt.

§ *19. Die ursprünglichen Zeitverhaltungen* 135

Durch das tenere, das Festhalten, als meminisse, als Behalten, erhält jedes sich in das Nicht-mehr abwandelnde Jetzt, erhält somit das wachsende Dauerkontinuum eine *Seinsweise* dergestalt, daß die behaltene Dauer für mich als den Behaltenden „ist".

Das *expectare*, das wie das *meminisse* konstitutiv zur gegenwärtigen Wahrnehmung der erklingenden Stimme gehört, meint weniger ein Erwarten als vielmehr jenes *Vorweghalten* des Noch-nicht-jetzt, das in diesem Vorweghalten verstanden ist als dasjenige Noch-nicht-jetzt, das sogleich jetzt sein wird. Auch dieses im jeweiligen Jetztverstehen mitverstandene *Sogleich* hat den Charakter eines Kontinuums von Noch-nicht-jetzt. In diesem mit dem Verstehen des jeweiligen neuen Jetzt mitverstandenen Kontinuum des Noch-nicht-jetzt verstehe ich jene Dauer als künftige, die ich zuvor in einer Erwartung oder Vorvergegenwärtigung bestimmt habe. Solange ich die Dauerlänge, in der die Stimme ertönen soll, festlege, lebe ich in der Verhaltung der Vorvergegenwärtigung. Gehe ich dann dazu über, die Stimme erklingen zu lassen und sie als erklingende wahrzunehmen, lebe ich nicht mehr in der Vorvergegenwärtigung, sondern in der Wahrnehmung. Aber die Wahrnehmung ist, wie wir nun sehen, *nicht nur* ein Verstehen von Gegenwart als Jetzt, sondern *auch* vom Noch-nicht-jetzt und Nicht-mehr-jetzt, und zwar in einer bestimmten Weise. Zu Beginn der Wahrnehmung vestehe ich die zuvor in der Vorvergegenwärtigung ausgemachte Dauer der Stimme nunmehr als diejenige, die kontinuierlich aus dem vorweggehaltenen Noch-nicht-jetzt in das jeweils neue Jetzt übergeht. In diesem zum Jetzt-Verstehen gehörenden Vorweghalten ist sie als noch künftige, aber sogleich in das Jetzt übergehende verstanden. In diesem vorweghaltenden Verstehen kommt der künftigen Dauer eine *Seinsweise* zu, so, daß sie die von mir festgesetzte Länge haben und im kontinuierlichen Übergang in das jeweilige Jetzt in ihrer Länge abnehmen kann.

In meiner *wahrnehmenden Verhaltung* lebe ich primär in der praesens intentio, in dem adtendere, in meinem Michrichten auf das kontinuierlich sich erneuernde Jetzt und dessen Jetziges. Aber dieses adtendere ist eine *unselbständige* Zeitverhaltung innerhalb der Wahrnehmung. Es deckt sich nicht mit dem im Kapitel 20 genannten contuitus. Dieser nennt die Anschauung im Sinne der leibhaftigen Wahrnehmung. Das adtendere ist jedoch nur eine *Teilhandlung im Aufbau der Wahrnehmung*. Während der contuitus, die Wahrnehmung, eine *selbständige* Zeitverhaltung ist, ist die praesens intentio, ist das adtendere ein *unselbständiges* Moment innerhalb der *selbständigen* Verhaltung der Wahrnehmung.

Das *adtendere* ist eine *unselbständige* Verhaltung, weil sie sich nur vollzieht in Einheit mit dem *meminisse* und dem *expectare*. Aber auch diese beiden sind je *unselbständige* Verhaltungen, weil auch sie sich nur in Einheit mit dem adtendere vollziehen. Das meminisse deckt sich nicht mit der im Kapitel 20 genannten memoria, weil dort mit dieser die *selbständige* Verhaltung der Wiedererinnerung als Rückvergegenwärtigung behandelt war. Ebensowenig ist das expectare deckungsgleich mit der im Kapitel 20 thematischen expectatio. Mit dieser war die *selbständige* Verhaltung der Erwartung im Sinne der Vorvergegenwärtigung gemeint. Aber weder ist das zum adtendere gehörende meminisse eine Rückvergegenwärtigung, noch ist das zu ihm gehörige expectare eine Vorvergegenwärtigung. Sie sind überhaupt keine Vergegenwärtigungen, sondern gehören zum zeitlichen Aufbau der Wahrnehmung, die das Wahrgenommene *gegenwärtigt*. In den *selbständigen* Zeitverhaltungen lebe ich entweder in einer Erwartung oder in einer Wiedererinnerung oder in einer Wahrnehmung. In der gegenwärtigenden Wahrnehmung lebe ich nicht zugleich in einer vergegenwärtigenden Erwartung und vergegenwärtigenden Wiedererinnerung. Wohl aber lebe ich in ihr so, daß ich in einem zumal mit dem Gerichtetsein auf das jeweilig Jetzige das Soebengewesen *behalte* und das Sogleich-seinwerdende *vorweghalte*.

Das Dreifache im Geist, sein *dreifaches Sicherstrecken*, geschieht nicht erst in den uns aus dem ersten Abschnitt der Zeit-Untersuchung bekannten drei Zeitverhaltungen der Wahrnehmung, Wiedererinnerung und Erwartung, sondern *früher* schon in jenen *drei unselbständigen*, aber zusammengehörigen Zeitverhaltungen. Denn diese drei unselbständigen Verhaltungen bauen ihrerseits schon die Wahrnehmung auf. Schon für den Vollzug der Wahrnehmung ist der zeitverstehende Geist in die drei Zeithorizonte erstreckt. Ver-

§ 19. *Die ursprünglichen Zeitverhaltungen* 137

gangenheit versteht er nicht erst in der *selbständigen* Verhaltung der Wiedererinnerung, sondern früher schon in der *unselbständigen* Verhaltung des behaltenden Verstehens des Soebengewesenen. Zukunft versteht der Geist nicht erst in der *selbständigen* Verhaltung der Erwartung, sondern früher schon in der *unselbständigen* Verhaltung des vorweghaltenden Verstehens des Sogleich. Deshalb sind die drei *unselbständigen* Zeitverhaltungen die *ursprünglichen* Verhaltungen zu den drei Zeithorizonten.

Heißt es im Text „das, was er erwartet", dann ist hier *nicht* die *selbständige* Erwartung gemeint, sondern das *primäre Verstehen* des Künftigen als des *Sogleich-gegenwärtigen*. Heißt es im Text weiter, daß das, was der Geist erwartet, „durch das hindurchgeht, was er wahrnimmt (adtendit)", dann ist hier *nicht* an die *selbständige* Verhaltung der Wahrnehmung gedacht, sondern an die in der selbständigen Verhaltung der Wahrnehmung *ausgezeichnete Wahrnehmungsphase*, in der das jeweilige Jetzt und Jetzige verstanden wird. Heißt es schließlich, daß das, was der Geist wahrnimmt, übergeht „in das, woran er sich erinnert", dann bedeutet dieses Sicherinnern *nicht* die *selbständige* Verhaltung der Wiedererinnerung im Sinne der Rückvergegenwärtigung, sondern das im kontinuierlichen Übergang des Jetzt in das Nicht-mehr-jetzt sich vollziehende festhaltende *Behalten des Soeben-gewesenen*.

In der Blickbahn der jetzt von uns mit Augustinus vollzogenen *Unterscheidung* zwischen den *drei unselbständigen* und den *drei selbständigen Zeitverhaltungen* läßt sich der Fortgang des Kapitels 28 interpretieren: „Wer leugnet, daß das Zukünftige noch nicht ‚ist'?" Das Zukünftige meint hier das Sogleich-gegenwärtige. Dieses ist „noch nicht", d.h. ihm kommt keine Weise des Seins zu außerhalb der geistimmanenten Zeitverhaltung. Die dem Sogleich-gegenwärtigen korrespondierende Zeitverhaltung ist nicht die selbständige Erwartung, sondern das unselbständige vorweghaltende Verstehen des Kontinuums von Sogleich-gegenwärtigem. Zwar „ist" das Künftige als das Sogleich-jetzige außerhalb des zeitverstehenden Geistes noch nicht. Aber „im Geiste ist schon Erwartung von Künftigem (iam est in animo expectatio futurorum)". Gemeint ist hier das für den gegenwärtigen Wahrnehmungsablauf im *Vorweg-*

halten des Noch-nicht-jetzt verstandene Künftige, das als das Noch-nicht-wahrgenommene, aber sogleich Wahrgenommen-werdende vorweggehalten ist.

„Und wer leugnet, daß das Vergangene nicht mehr ‚ist'?" Hier bedeutet das Vergangene das Soeben-gewesene, das nicht mehr „ist", d.h. dem keine Weise von Sein außerhalb des Geistes eignet. Während dem Soeben-gewesenen außerhalb der Immanenz des zeitverstehenden Geistes keine Weise von Gegenwart zukommt, „ist dennoch bis jetzt im Geiste Erinnerung an Vergangenes (tamen est adhuc in animo memoria praeteritorum)". Auch hier zielt die *memoria* auf das im gegenwärtigen Wahrnehmungsverlauf sich vollziehende *festhaltende Behalten* des Soeben-wahrgenommen-gewesenen.

„Und wer leugnet, daß Gegenwartszeit ohne Ausdehnung ist, weil sie im Augenblick vorübergeht (quia in puncto praeterit)?" Die Gegenwart des Wahrgenommenen hat keine Ausdehnung außerhalb der Immanenz des Geistes. Hier ist das Jetzt bloße Grenze zwischen dem nichtseienden Nicht-mehr und dem nichtseienden Noch-nicht. Zwar ist die Gegenwart (praesens tempus) ohne Rückbezug auf die korrespondierende Zeitverhaltung und außerhalb der Immanenz des Geistes ohne Dehnung. „Aber dennoch dauert die Wahrnehmung, durch welche hindurch es sich fortsetzt, daß das, was anwesend sein wird, auch schon wieder abwesend ist (Sed tamen perdurat attentio, per quam pergat abesse quod aderit)". Die „andauernde Wahrnehmung" (perdurat attentio) ist nicht die Wahrnehmungsverhaltung im ganzen, sondern jene *ausgezeichnete Phase* im Wahrnehmungsverlauf, in der ich auf das jeweils gerade Jetzige gerichtet bin. Die *attentio perdurans* ist die *praesens intentio*. Diese Wahrnehmungsphase bildet das Zentrum im Wahrnehmungsverlauf. In diesem lebe ich primär. Deshalb nennt Augustinus dieses Zentrum intentio oder attentio.

Innerhalb des gegenwärtigen Wahrnehmungsverlaufes bin ich primär gerichtet auf das Jetzige des jeweiligen Jetzt, und nur von dieser intentio oder attentio aus blicke ich verstehend in das vorgehaltene Kontinuum des Sogleich-wahrgenommen-werdenden sowie in das behaltene Kontinuum des Soeben-wahrgenommen-gewesenen. Alle drei *ursprünglichen* Verhaltungen vollziehen sich für Augustinus in der von der Äußerlichkeit geschiedenen Immanenz des zeitverstehenden Geistes. Weil zur immanenten attentio perdurans die memoria als das *unselbständige Behalten* des Soeben-wahrgenommen-gewesenen gehört, dehnt sich die wahrgenommene Dauer in der Immanenz vom jeweils wahrgenommenen Jetzigen in das Kontinuum der behaltenen Nicht-mehr-jetzt. Bevor die Dauer der erklingenden Stimme wahrgenommen wird, kann sie sich in der zur attentio perdurans gehörenden *unselbständigen* Verhaltung des *Vorweghaltens* eines Kontinuums von Noch-nicht-jetzt als sogleich-wahrgenommen-werdende dehnen.

Nachdem Augustinus für die unselbständigen Zeitverhaltungen nicht nur die Verben, das expectare und meminisse, sondern nun auch die Substantive expectatio und memoria verwendet hat, müssen wir noch einmal und mit Nachdruck aussprechen, daß Augustinus im *zweiten Abschnitt seiner Zeit-Untersuchung diese Termini in einer anderen Bedeutung verwendet als im ersten Abschnitt.* Innerhalb des Fragens nach dem *esse* der Zeit standen mit den Termini expectatio und memoria die *selbständigen* Verhaltungen der Erwartung und Wiedererinnerung im Blick. Jetzt aber innerhalb seines Fragens nach dem quid, nach der *Wesensverfassung* der Zeit nennen memoria und expectatio die *unselbständigen* Zeitverhaltungen, das festhaltende Behalten des Soeben-gewesen und das Vorweghalten des Sogleich-gegenwärtigen. Diese unselbständigen Verhaltungen meinen eine ganz *andere Weise des Verstehens* von Vergangenheit und Zukunft als die selbständigen Verhaltungen. Als unselbständige, aber ursprüngliche Zeitverhaltungen bauen sie zusammen mit der intentio oder attentio, mit dem Verstehen des jeweiligen Jetzt, die selbständige Verhaltung der gegenwärtigen Wahrnehmung auf. Mehr noch, sie bauen überhaupt jede gegenwärtig verlaufende Verhaltung auf, auch die Wiedererinnerung und die Erwartung. Denn auch diese beiden verlaufen in der Gegenwart, die sich ihrerseits nur dehnt im attentionalen Jetzt-Verstehen, das das Vorweghalten des Sogleich und das Festhalten des Soeben einschließt.

Zusammenfassend kann das *philosophierende* Zeitverständnis sagen: „Lang ist also nicht künftige Zeit, die nicht ist". Sie „ist nicht" außerhalb (foris) des Geistes, nicht außerhalb ihres Vorweggehalten-werdens in der expectatio. „Eine lange Zukunft (longum futurum) ist eine lange Erwartung von Künftigem (longa expectatio futuri)". Hier meint expectatio das *unselbständige* Vorweghalten des Sogleich. Wenn wir diese Bedeutung scharf unterschieden haben von der Erwartung als *selbständiger* Vorvergegenwärtigung, dann dürfen wir die unselbständige Verhaltung des Vorweghaltens des Sogleich auch als Erwartung bezeichnen: das im gegenwärtigen Wahrnehmungsverlauf sich vollziehende Erwarten des darin erwarteten Sogleich. Das Wort „Erwartung" nennt das Erwarten und das darin Erwartete. Das gilt nicht nur für die Erwartung als unselbständige, sondern auch für die Erwartung als selbständige Verhaltung.

Wenn Augustinus sagt, eine lange Zukunft sei eine lange Erwartung von Künftigem, dann muß expectatio in der Bedeutung des Erwarteten und nicht in der des Erwartens genommen werden. Eine lange künftige Zeit ist nicht lang, weil das Erwarten sich lange erstreckt, sondern sie ist als erwartete, als vorweggehaltene eine lange künftige Dauer. Als künftiger kommt ihr nur deshalb eine gedehnte Dauer zu, weil sie in der unselbständigen Verhaltung als erwartete (vorweggehaltene) verstanden ist.

Entsprechendes gilt nun auch, wenn das *philosophierende* Zeitverständnis sagt: „Eine vergangene Zeit ist nicht lang, die nicht ist, aber eine lange Vergangenheit ist eine lange Erinnerung an Vergangenes (neque longum praeteritum tempus, quod non est, sed longum praeteritum longa memoria praeteriti est)". Vergangene Zeit „ist" nicht außerhalb ihres in der memoria Behaltenwerdens. Vergangene Zeit ist hier das Soeben-gewesen, und memoria nennt hier die unselbständige Verhaltung des Behaltens vom Soeben-gewesen. Wenn wir den Unterschied zwischen memoria als selbständiger Wiedererinnerung und memoria als unselbständigem Behalten streng beachten, kann man auch die unselbständige Verhaltung des Festhaltens des Soeben-gewesenen als Erinnerung bezeichnen: das im gegenwärtigen Wahrnehmungsverlauf sich konstitutiv vollziehende Erinnern des darin erinnerten Soeben. Damit sehen wir auch hier, daß Erinnerung sowohl das Erinnern wie das darin Erinnerte bedeutet.

§ 19. Die ursprünglichen Zeitverhaltungen 141

Sagt nun Augustinus, eine lange Vergangenheit sei eine lange Erinnerung an Vergangenes, so meint er nicht ein lang sich erstreckendes Erinnern, sondern eine erinnerte, im Abfließen festgehaltene lange vergangene Dauer. Denn das Erinnern selbst als Vollzugsweise muß nicht dieselbe Länge haben wie die erinnerte, d.h. hier festgehaltene vergangene Dauer. Desgleichen muß das erwartende Vorweghalten nicht dieselbe Länge haben wie die darin erwartete, vorweggehaltene künftige Dauer.

Das im Kapitel 28 Ausgeführte wird von Augustinus abschließend an einem Beispiel verdeutlicht. Ich will ein Lied singen. Bevor ich damit beginne, „erstreckt sich meine Erwartung auf das Ganze (in totum expectatio mea tenditur)". Hier bedeutet expectatio nicht die unselbständige Verhaltung des Vorweghaltens, sondern die selbständige Verhaltung der Erwartung. Ich vollziehe diese, wenn ich in ihr so lebe, daß ich darin das Lied im ganzen vergegenwärtige. Diese Vergegenwärtigung verläuft ihrerseits in der vorübergehenden Zeit, so, daß auch sie sich im Zusammenspiel der drei unselbständigen Zeitverhaltungen vollzieht.

Wenn ich anschließend dazu übergehe, das Lied zu singen, wechsle ich aus der vergegenwärtigenden Erwartung in die *gegenwärtigende Wahrnehmung*. Jetzt bin ich in meiner attentio aufmerkend auf das jeweils gerade Jetzige gerichtet, und nur von der attentio aus blicke ich in der Verstehensweise des Vorweghaltens in die noch nicht erklungene, aber sogleich erklingen-werdende Dauerstrecke. In der zur attentio gehörenden unselbständigen Verstehensweise des Kontinuums vom Sogleich ist für mich die noch ausstehende Lieddauer in einer anderen Weise gegeben als zuvor in der selbständigen Erwartung.

Habe ich mit dem Singen und dem Wahrnehmen des erklingenden Liedes begonnen, dann „erstreckt sich meine Erinnerung (memoria mea) auf soviel, wie ich aus jener (expectatio) in das Vergangene hinübergebracht habe". Expectatio und memoria nennen hier die zur attentio gehörenden *unselbständigen* Verhaltungen. Im attentionalen Gerichtetsein auf das je gerade Jetzige verstehe ich im Vorweghalten das Sogleich und gehe mit dem kontinuierlichen Übergang des verstandenen Sogleich-jetzt in das Jetzt verstehend mit.

Im selben attentionalen Gerichtetsein auf das je gerade Jetzige gehe ich mit dem kontinuierlichen Übergang des jeweilig Jetzigen in das Soeben-gewesene mit und halte dieses im unselbständigen Behalten fest. Wichtig ist zu beachten, daß ich im verstehenden Mitgehen mit dem Übergang des Jetzt in das Soeben nicht auf das Soeben-gewesene in derselben Weise gerichtet bin wie auf das attentional verstandene Jetzige. Das gleiche gilt für das im attentionalen Jetzt-Verstehen mitverstandene Sogleich, auf das ich nicht in der gleichen Weise wie auf das Jetzt blicke.

Mit Blick auf die *Einheit dieser drei unselbständigen Zeitverhaltungen* sagt das *philosophierende* Zeitverständnis: atque distenditur vita huius actionis – „und erstreckt ist das Leben meines Tuns". Zuvor hatte Augustinus zweimal das Verb tendere gebraucht, das Sicherstrecken in der Weise des Vorweghaltens des Sogleich und das Sicherstrecken in der Weise des Fest- und Behaltens des Soeben. Beide Weisen des Sicherstreckens gehören zur attentio, zum Gerichtetsein auf das Jetzt. Mit Blick auf dieses *dreifache Sicherstrecken* spricht Augustinus von der *distentio*. Der Geist erstreckt sich in seinem ursprünglichen Zeitverstehen in die drei Zeithorizonte der Gegenwart des Jetzt, der Vergangenheit des Soeben-gewesen und der Zukunft des Sogleich-seins. Das Leben meines Tuns, das hier das Singen und Wahrnehmen des erklingenden Liedes ist, ist in die memoria erstreckt, soweit ich schon gesungen habe, es ist in die expectatio erstreckt, soweit ich noch singen werde. Memoria und expectatio, Festhalten des Soeben und Vorweghalten des Sogleich, gehören zu meiner attentio, zu meinem Hingerichtetsein auf das jeweilige Jetzt. Von dieser attentio heißt es noch einmal, daß sie das, was im Vorweghalten des Künftigen als das Sogleich verstanden ist, hinüberbringt über das Jetzt in das im Festhalten als das Soeben verstandene Vergangene.

Etienne Gilson schreibt in „Der Heilige Augustin. Eine Einführung in seine Lehre"[1] mit Bezugnahme auf den Terminus distentio folgendes: „Um die Beziehung zwischen dem Beharrenden und

---

[1] E. Gilson, Der Heilige Augustin. Eine Einführung in seine Lehre. Hellerau 1930.

dem Fließenden möglichst genau zu erfassen [...], greift Augustin zu einem Bilde; er schlägt vor, die Zeit als eine Art Spannung, Aus-Dehnung der Seele, *dis-tentio animi,* anzusehn, welche die gleichzeitige Existenz des Zukünftigen und Vergangenen im Gegenwärtigen ermöglicht und so die Dauer wahrnehmen und messen läßt.« (S. 342) Dazu ist aber zu sagen: Die distentio animi ist *kein Bild,* um darin einen Gedanken zu veranschaulichen. Die distentio animi ist vielmehr ein Begriff, der innerhalb der Grenzen des Augustinischen Frageansatzes in der Auseinandersetzung mit den *Sachen selbst* aus dem Sichzeigenden, aus den *Phänomenen* geschöpft ist. Die Sache selbst, aus der dieser Begriff geschöpft ist, ist das menschliche Zeitverständnis, das durch Augustinus philosophierend ausgelegt wird. Was sich ihm dabei als Grundstruktur des menschlichen Zeitverstehens zeigt, faßt er in dem Begriff der distentio animi. Die distentio animi ist nicht ein mehr oder weniger treffendes literarisches Bild, das als solches irgendwoher aufgegriffen und für die Beschreibung des zeitverstehenden Geistes verwendet wird. Das *Zeitverständnis selbst* hat eine Struktur, die als *distentio,* als ein *dreifaches Sicherstrecken* gefaßt werden muß. Das Sicherstrecken und -ausspannen ist kein Bild für das Zeitverständnis, sondern das Zeitverständnis selbst.

ZWEITER ABSCHNITT
DIE BEDEUTUNG DER PHÄNOMENOLOGISCHEN ZEIT-UNTERSUCHUNG AUGUSTINS FÜR HUSSERL UND HEIDEGGER

Erstes Kapitel
Husserls phänomenologische Frage nach der Zeit als phänomenologische Analyse des Zeitbewußtseins

§ 20. *Augustins Rückgang in die Immanenz des zeitverstehenden Geistes und Husserls Ausgang vom subjektiven Zeitbewußtsein*

Husserls erste Veröffentlichung aus seinen phänomenologischen Untersuchungen der Zeit, die weitgehend auf ein Göttinger Vorlesungsmanuskript von 1905 zurückgehen und 1928, von Heidegger herausgegeben, erschienen sind, trägt den Titel „Vorlesungen zur Phänomenologie des inneren Zeitbewußtseins"[1]. Daß Husserl diese Untersuchungen mit einem Hinweis auf die Zeit-Untersuchung des Augustinus beginnen läßt, daß er jeden, der sich mit dem Zeitproblem beschäftigt, auffordert, die Kapitel 14 bis 28 aus dem XI. Buch der „Confessiones" gründlich zu studieren, zeigt deutlich genug, welche Bedeutung er gerade dieser Zeit-Untersuchung beimaß. Durch diese Anknüpfung an Augustinus spricht er dessen Zeit-Untersuchung eine herausragende Stellung innerhalb der Geschichte des philosophischen Zeitbegriffs zu.
Wie unser Durchgang durch die Kapitel 14 bis 28 des XI. Buches der „Confessiones" gezeigt hat, führt das Augustinische Fragen nach der Zeit auf zwei Wegen – auf dem Weg der Frage nach dem Sein sowie auf dem Weg der Frage nach dem Wesen der Zeit – in die Innerlichkeit des zeitverstehenden Geistes bzw. der zeitverstehen-

---

[1] E. Husserl, Vorlesungen zur Phänomenologie des inneren Zeitbewußtseins, a.a.O. (fortan zitiert unter Hua X).

den Seele. Sein (esse) und Wesen (quid) der Zeit werden von Augustinus in der Innerlichkeit von Seele oder Geist festgemacht, so, daß diese Innerlichkeit als der Bereich für Sein und Wesen der Zeit entdeckt wird. Während Aristoteles die Zeit als Naturzeit untersucht, in der die Bewegungen der Dinge verlaufen und die als solche von der zeitverstehenden Seele gezählt und gemessen wird, führt Augustinus die Zeit der Bewegungen in der Natur zurück in die Innerlichkeit des zeitverstehenden Geistes, um sie aus dieser Innerlichkeit heraus hinsichtlich ihres Seins und ihres Wesens begrifflich zu bestimmen. Diese in der Geschichte des philosophischen Fragens nach der Zeit erstmalige ausschließliche Ortung des Zeitproblems in der Immanenz des zeitverstehenden Geistes ist für Husserl das Bedeutsame an der Augustinischen Fragestellung. Denn für ihn ist es selbstverständlich, daß das philosophische Zeitproblem als *Analyse des Zeitbewußtseins* entfaltet werden muß. Was für Augustinus die Innerlichkeit des zeitverstehenden Geistes ist, das wird bei Husserl zum *inneren Zeitbewußtsein*. Husserl faßt die Innerlichkeit des Geistes als die *Immanenz* des Bewußtseins. Darin aber erweist er sich als Erbe des von Descartes gestifteten neuzeitlichen Ansatzes aller philosophischen Fragen auf dem Boden des als Selbstbewußtsein sich setzenden Bewußtseins.

Wenn Husserls philosophische Frage nach der Zeit sich als phänomenologische Analyse des Zeitbewußtseins[2] gestaltet, ist der Ausgang vom *subjektiven* Zeitbewußtsein allererst methodisch zu gewinnen. Denn die zunächst immer schon verstandene Zeit, die Zeit unseres natürlichen Zeitverständnisses, ist die „objektive Zeit", die Husserl auch die „reale Zeit" oder die „Weltzeit" nennt und die wir mit Blick auf Aristoteles die Naturzeit nannten (Hua

---

[2] Zu Husserls phänomenologischen Analysen des inneren Zeitbewußtseins vgl.: G. Eigler, Metaphysische Voraussetzungen in Husserls Zeitanalysen, a.a.O., insbesondere S. 49-115. –K. Held, Lebendige Gegenwart. Die Frage nach der Seinsweise des transzendentalen Ich bei Edmund Husserl, entwickelt am Leitfaden der Zeitproblematik. Phaenomenologica 23. Den Haag 1966. – Ders., Einleitung zu: E. Husserl, Phänomenologie der Lebenswelt. Ausgewählte Texte II. Stuttgart 1986, S. 5-53, hier S. 23 ff. – F.-W. v. Herrmann, Bewußtsein, Zeit und Weltverständnis. Frankfurt a.M. 1971, §§ 14-16. – E. Ströker, Husserls transzendentale Phänomenologie. Frankfurt a.M. 1987.

Bd. X, S. 4). Die objektive Zeit ist diejenige, in der alle weltliche Realität als innerzeitliche gesetzt ist. Von der objektiven Zeit ist nicht nur alles real-dingliche Seiende umfaßt, das zum Objekt des erkennenden Subjekts werden kann, sondern auch das innerweltlich gesetzte Subjekt mit seinem erkennenden und erlebenden Bewußtsein. In dieser einen, alles Objektive und Subjektive umfassenden realen Zeit hat auch jedes Bewußtseinserlebnis, wie Wahrnehmung oder Vergegenwärtigung, seine objektive innerzeitliche Dauer und seine objektive Zeitstelle.

Diese objektive Zeit ist nicht das Thema der phänomenologischen Zeit-Analyse. Denn die Weltzeit ist im ursprünglichen subjektiven Zeitbewußtsein konstituiert und als objektive, reale Zeit bewußtseinsmäßig gesetzt. Das die objektive Zeit konstituierende subjektive Zeitbewußtsein hält sich jedoch in der natürlichen Einstellung, die nur die objektive Zeit kennt, *verhüllt*. Im konstituierenden Setzen der realen, objektiven Zeit verhüllt sich das ursprüngliche zeitkonstituierende subjektive Zeitbewußtsein selbst. In dieser Selbstverhüllung *vergißt* es *sich* als die Ursprungsstätte der objektiv verstandenen Zeit.

Um das *subjektive Zeitbewußtsein* in seinem *ursprünglichen zeitkonstituierenden Wesen* zum Thema phänomenologischer Analyse machen zu können, muß als erstes die Setzung der objektiven Zeit „ausgeschaltet" werden. Die „Ausschaltung der objektiven Zeit" (a.a.O., S. 5) bedeutet, daß die phänomenologische Analyse von der verstandenen objektiven Zeit keinen Gebrauch macht. Das *Außer-Geltung-setzen* der objektiven Zeit führt dazu, daß das zeitverstehende Bewußtsein, das innerhalb der natürlichen Bewußtseinseinstellung selbst in der objektiven Zeit gesetzt ist, von dieser Setzung *befreit* wird. Das so aus der Setzung der realen Weltzeit herausgelöste Bewußtsein ist sich in seiner *reinen* subjektiven Immanenz gegeben. „Rein" heißt hier „gereinigt" von der Gesetztheit in der objektiven Weltzeit.

Auf dem Boden des so durch Ausschaltung der objektiven Zeit gewonnenen reinen subjektiven Zeitbewußtseins kann nunmehr phänomenologisch gefragt werden, wie sich „zeitliche Objektivität" im subjektiven Zeitbewußtsein konstituieren kann (a.a.O.,

S. 3). Das reine subjektive Zeitbewußtsein sind die *reinen subjektiven Zeiterlebnisse*. Die phänomenologische Analyse fragt nach diesen Zeiterlebnissen und ihrem phänomenologisch beschreibbaren Gehalt. Mit der methodischen Ausschaltung der objektiven Zeit verlasse ich als Philosophierender die *natürliche Einstellung* und begebe mich in die philosophische, d.h. aber *phänomenologische Einstellung*.

Man sieht unschwer, wie sich hier in der Methode der Ausschaltung der als real gesetzten objektiven Zeit jene *Fundamentalmethode* vorbereitet, die Husserl später mit der sich vollziehenden transzendentalen Wende als *phänomenologische Epoché und Reduktion* bezeichnet (vgl. Ideen I. §§ 32 u. 33)[3]. Die „Epoché" ist das Außergeltungsetzen der natürlich-naiven Seinssetzung, der Setzung des Ansichvorhandenseins, von der auch die objektive Zeit betroffen ist. Die „Reduktion" nennt den Rückgang von dem in der natürlichen Generalthesis gesetzten realen Bewußtsein auf das von der natürlichen Seinssetzung gereinigte, reine oder transzendentale Bewußtseinsleben.

Was sich in der phänomenologischen Einstellung mit Blick auf das reine subjektive Zeitbewußtsein als Zeit zeigt, ist nicht „die Zeit der Erfahrungswelt", die ausgeschaltet ist, sondern die *„immanente Zeit* des Bewußtseinsverlaufes" (Hua X, S. 5). Die philosophische Frage nach dem *Wesen* der Zeit gestaltet sich für Husserl als Frage nach dem *phänomenologischen „Ursprung' der Zeit"* (a.a.O., S. 9). Die phänomenologische Ursprungsfrage fragt danach, wie im reinen subjektiven Zeitbewußtsein das Entspringen von Zeit erlebt wird, *in welchen ursprünglichen Zeiterlebnissen* das Jetzt, Nicht-mehr-jetzt und Noch-nicht-jetzt ursprünglich erlebt werden, wie sich in diesen ursprünglichen Zeiterlebnissen zeitliche Dauer von Geschehnissen und Gegenständen konstituiert.

Den Ausgang dieser phänomenologischen Zeitanalysen bildet die „Wahrnehmung eines zeitlichen Objektes" (a.a.O., S. 22). Das

---

[3] E. Husserl, Ideen zu einer reinen Phänomenologie und phänomenologischen Philosophie. Erstes Buch: Allgemeine Einführung in die reine Phänomenologie. Husserliana Bd. III. Hrsg. W. Biemel, Haag 1950.

§ 20. Augustinus und Husserl

zeitliche Objekt oder „Zeitobjekt" (ebd.) ist das in der Wahrnehmung wahrgenommene Objekt, das als zeitliches bezeichnet wird, weil es im Zuge der phänomenologischen Analyse des subjektiven Zeitbewußtseins um die phänomenologische Beschreibung dessen geht, wie sich im Wahrnehmungsverlauf die *zeitliche Dauer* des wahrgenommenen Objekts aufbaut. Die Wahrnehmung selbst ist ein wahrnehmendes Sichrichten auf das darin wahrgenommene Objekt. Der wahrgenommene Gegenstand ist das, was im Wahrnehmen intendiert ist. Das Wahrnehmen ist als dieses *Intendieren* von etwas als einem Wahrgenommenen eine *Intentio;* es ist somit *intentional* verfaßt. Was in der wahrnehmenden Intentio intendiert ist, heißt intendierter oder *intentionaler Gegenstand.* Derselbe Gegenstand kann auch in anderen intentional verfaßten Erlebnissen intendiert sein, z.B. in der Wiedererinnerung. In der erinnernden Intention ist er in einer anderen Weise bewußtseinsmäßig gegeben als in der Wahrnehmung. Die jeweilige *Gegebenheitsweise* des in den intentionalen Erlebnissen intendierten, d.h. gemeinten Gegenstandes hängt von der Wesensartung der erlebenden Intentionen ab. Gibt die wahrnehmende Intention den von ihr gemeinten Gegenstand in der spezifischen *Gegebenheitsweise* des *Leibhaft-da,* so ist die spezifische *Gegebenheitsweise* desselben Gegenstandes in der Wiedererinnerung durch das *Ausbleiben* des Leibhaft-daseins bestimmt.

Die phänomenologische Analyse des inneren Zeitbewußtseins fragt nicht nur nach der *Zeitlichkeit des intentionalen Gegenstandes* der Wahrnehmung, sondern auch nach der *Zeitlichkeit des intentional verfaßten Wahrnehmens* selbst. Die Wahrnehmung der Dauer des wahrgenommenen Gegenstandes schließt die Dauer des Wahrnehmungsverlaufes ein. In der immanenten Zeit des inneren Zeitbewußtseins bildet sich sowohl die *Dauer* des *Wahrnehmens* wie auch die *Dauer* des *Wahrgenommenen.*

Hinsichtlich der Zeitobjekte unterscheidet Husserl zwischen den „transzendenten" und den „immanenten" Zeitobjekten (ebd.). Dieser Unterschied deckt sich jedoch nicht mit demjenigen, den wir bei Augustinus kennengelernt haben, der zwischen dem äußeren Gegenstand und dessen geistimmanentem Abbild unterscheidet. Diese Scheidung, dergemäß der Gegenstand der Erkenntnis gewissermaßen ein doppelter ist, das unmittelbare innere Erkenntnisbild und der in diesem abgebildete und eigentlich gemeinte, wird für Husserl aus seiner sachgemäßen Einsicht in das Wesen der Intentionalität aller objekterfassenden Erlebnisse hinfällig.

Transzendente Zeitobjekte sind alle Raumdinge. Als solche sind sie die intentionalen Gegenstände der Wahrnehmung, also das, worauf wir in der Wahrnehmung *direkt, ohne Vermittlung* von irgendwelchen inneren Vorstellungsbildern, gerichtet und bezogen sind. *Immanente Zeitobjekte* sind Objekte ohne räumlich ausgebreitete Materie, sind also keine Dinge im engeren Sinne, sondern Objekte, deren Sein sich im Nacheinander der Zeit erstreckt. Zu ihnen gehören alle akustisch wahrnehmbaren Objekte wie Ton und Melodie. Auch der Ton als immanentes Zeitobjekt ist wie das Haus als transzendentes Zeitobjekt das in der Wahrnehmung direkt gemeinte intentionale Objekt. Die *Ton-Wahrnehmung*, d.h. die Wahrnehmung der Dauer eines erklingenden Tones, dient Husserl als bevorzugtes Beispiel in seinen Analysen des inneren Zeitbewußtseins. Auch diese Bevorzugung zeigt seine *Nähe* zur Augustinischen Zeit-Untersuchung. Die phänomenologische Frage lautet: Wie konstituiert sich in der bewußtseinsimmanent entspringenden Zeit die zeitliche Dauer meines Wahrnehmens sowie die zeitliche Dauer des im zeitlichen Wahrnehmungsverlauf wahrgenommenen erklingenden Tones?

Bevor wir dieser Frage nach der immanent-zeitlichen Konstitution nachgehen, müssen wir *zwei unübersehbare Unterschiede* zwischen dem *Husserlschen* und dem *Augustinischen* Frageansatz herausheben. Husserls Einsatz mit der Ausschaltung der zur natürlichen Einstellung gehörenden objektiven Weltzeit scheint auf dasselbe hinauszulaufen, was wir bei Augustinus als den Rückgang aus der Geradehingerichtetheit des natürlichen Zeitverständnisses auf die Zeitverhaltungen gekennzeichnet haben. Dieser Rückgang besagte, daß die Zeit als Gegenwart, Vergangenheit und Zukunft aus der Blickbahn der thematisierten Zeitverhaltungen zu befragen und zu bestimmen sei: als wahrgenommene Gegenwart, erinnerte Vergangenheit, erwartete Zukunft; daß gegenwärtig vorübergehende Zeit hinsichtlich dessen, was an ihr jeweils das Jetzt, das Sogleich und das Soeben ist, aus der Blickbahn der thematisierten Verstehensweisen dieser Zeitmodi zu betrachten und zu fassen sei.

Was wir im Hinblick auf Augustinus als Rückgang auf die Zeitverhaltungen bezeichnet haben, das wäre bei Husserl der Rückgang von der objektiven Zeit auf das reine subjektive Zeitbewußtsein und dessen subjektive Zeiterlebnisse. Zwar ist nicht zu bestreiten, daß der Augustinische Rückgang auf die Zeitverhaltungen des zeitverstehenden Geistes seiner *Tendenz* nach in die Richtung des Husserlschen Rückganges auf das subjektive Zeitbewußtsein weist. Diese *Tendenz* ist es denn auch, die Husserl in seinem Augustinus-Studium erkannt hat und die für sein eigenes Philosophieren von so großer Bedeutung ist.

Doch über diese Tendenz hinaus ist Augustinus nicht gelangt. Was er nicht gesehen hat, ist der *Unterschied* zwischen der *objektiven Zeit* und der *immanenten Zeit* mit den *reinen subjektiven Zeiterlebnissen,* die von ihrer innerzeitlichen Gesetztheit in der objektiven Zeit gereinigt sind. Was dagegen Augustinus als Zeitfluß in der Innerlichkeit des zeitverstehenden Geistes in den Blick nimmt, ist die objektive Zeit, und zwar so, wie sie innerlich verstanden wird. Die innerlich verstandene fließende Zeit ist auch die Zeit der äußeren dinglichen Welt. Außerhalb der Innerlichkeit ist für Augustinus die fließende Zeit ohne Sein (Gegenwart von Gegenwärtigem, Vergangenem und Künftigem) und ohne Wesen (Dehnung). Nur weil die alles geschöpfliche Seiende umfassende Zeit in der Innerlichkeit der Seele und ihrer Zeitverhaltungen verstanden wird, gewinnen Gegenwart, Vergangenheit und Zukunft eine *eigene Weise von Sein* und ihre *Dehnung*. Augustinus setzt den objektiven Zeitverlauf voraus, für den er im Rückgang auf die seelischen Zeitverhaltungen die subjektiven Bedingungen der Möglichkeit einer Anschauung von seiender und gedehnter Zeit aufsucht. Die Zeit, in der die Zeitverhaltungen wie Wahrnehmung oder Wiedererinnerung verlaufen, ist die innerlich verstandene objektive Zeit. Augustinus ist somit nicht so radikal, daß er die objektive Zeit ausschaltet, dergestalt, daß er die seelischen Zeitverhaltungen von ihrem Gesetztsein in der objektiven Zeit reinigt.

Indem Husserl diese radikal verstandene Ausschaltung methodisch durchführt, eröffnet er das *reine subjektive Zeitbewußtsein* und die in ihm entspringende und verlaufende *immanente Zeit*. Das ist die eine Richtung, in der *Husserl den Augustinischen Frageansatz radikalisiert*. Eine solche Radikalisierung ist auch erst *nach* Descartes und dem von ihm gestifteten Ausgang alles Philosophierens von dem seiner selbst gewissen Bewußtsein möglich geworden.

Der zweite wesentliche Unterschied im Frageansatz Husserls und Augustins wurde schon berührt, als wir einen ersten Blick auf die intentionale Verfaßtheit der Wahrnehmung und aller anderen Objekt-erfassenden Erlebnisse warfen. Augustinus zufolge bin ich in der Wahrnehmung auf geistimmanente Wahrnehmungsbilder gerichtet, die in ihrer Funktion als Abbilder auf die geistäußeren und in diesem Sinne transzendenten Dinge selbst (res ipsae) verweisen. Erst recht bin ich Augustinus zufolge in den verschiedenen Weisen der Vergegenwärtigung auf innere Vorstellungsbilder bezogen. In der gegenwartsbezogenen Vergegenwärtigung sind es solche Vorstellungsbilder, die mir jene Dinge vergegenwärtigen, die ich als gleichzeitig gegenwärtig mit jenen vermeine, die innerhalb meines Wahrnehmungsfeldes als leibhaftig gegenwärtig wahrgenommen werden können. In der vergangenheitsbezogenen Vergegenwärtigung bin ich nach Augustinus auf Erinnerungsbilder gerichtet, die die wahrgenommen-gewesenen Dinge als das Vergangene vergegenwärtigen. In der zukunftsbezogenen Vergegenwärtigung sind es die Erwartungsbilder, die in ihrer abbildenden Funktion auf die künftig wahrgenommen-werdenden Dinge verweisen.

Eine solche Deutung der Ding-Erfassung orientiert sich an einer bestimmten Vorstellungsart, die man die bildliche Vorstellung oder die Bildwahrnehmung nennt, ohne daß für diese Orientierung die Bildwahrnehmung als solche in ihrem unverfälschten intentionalen Wesen zur Auslegung gelangt. Geschieht letzteres, dann stellt sich auch die Einsicht ein, daß weder die Wahrnehmung noch die verschiedenen Vergegenwärtigungen am Leitfaden der Bildwahrnehmung ausgelegt werden können. Die Theorie, die glaubt, die Objektbeziehung der Objekt-erfassenden Erlebnisse mit Hilfe von inneren Erkenntnisbildern deuten zu müssen, nennt Husserl die

„Bildertheorie" (vgl. V. L.U. Hua Bd. XIX/1, S. 436 ff.)[4]. Wie ein wahrgenommenes Bild auf den in ihm abgebildeten, nicht leibhaftig gegenwärtigen Gegenstand verweist, so sollen analog die inneren Erkenntnisbilder auf die äußeren Gegenstände selbst, auf das äußere Gegenwärtige, Vergangene und Künftige, verweisen. Diese bildertheoretische Deutung der Objektbeziehung in den Objektauffassenden Erlebnissen nennt Husserl „*widersinnig*" (a.a.O., S. 439). Sie ist widersinnig, weil sie dem Sinn der wahrnehmenden, erinnernden und erwartenden Beziehung auf den wahrgenommenen, erinnerten und erwarteten Gegenstand entgegen ist. Diese Objekt-erfassenden Erlebnisse müssen vielmehr aus ihnen selbst heraus zur Auslegung gelangen.

Phänomenologische Analyse stellt sich unter die Maxime „Zu den Sachen selbst", d.h. weg von solchen Theorien, die nicht aus der primären Auslegung der Sachen selbst geschöpft sind. Die Bildertheorie ist keine aus den Sachen selbst, d.h. hier aus den Erlebnissen selbst geschöpfte, sondern eine von außen an die Sachen herangetragene, die Sachen selbst, die Erlebnisse, in ihrem Eigenwesen verfälschende Theorie. Zu den Erlebnissen selbst gelangen, damit sie sich so zeigen können, wie sie an ihnen selbst verfaßt sind, heißt ihrem eigenen Richtungssinn auslegend folgen. In der Wahrnehmung, in der Erinnerung und in der Erwartung bin ich auf je eigene Weise auf das wahrgenommene Gegenwärtige, auf das erinnerte Vergangene und auf das erwartete Künftige gerichtet. Wenn ich phänomenologisch schauend nur ihrem Richtungssinn folge, zeigt sich mir nichts von inneren Vorstellungsbildern. Vielmehr gibt mir der intentionale Richtungssinn dieser Erlebnisse oder Akte zu verstehen, daß ich in ihnen den wahrnehmend, erinnernd und erwartend gemeinten Gegenstand direkt und unmittelbar erfasse. Die transzendenten Gegenstände, wie die Raumdinge, sind selbst die *unmittelbaren intentionalen Gegenstände* jener intentionalen Erlebnisse. Sie sind transzendent nicht in dem Sinne, daß

---

[4] E. Husserl, Logische Untersuchungen. Zweiter Band, Erster Teil: Untersuchungen zur Phänomenologie und Theorie der Erkenntnis. Husserliana Bd. XIX/1. Hrsg. U. Panzer. The Hague 1984.

sie – wie bei Augustinus – außerhalb des Bewußtseins und der Immanenz des Geistes sind, dergestalt, daß zwischen der Immanenz des Objekt-erfassenden Geistes und der Transzendenz der zu erfassenden Gegenstände eine Kluft klafft, die durch immanente Erkenntnisbilder und deren abbildende Verweisung überbrückt werden müßte. Die äußeren, raum-zeitlich-materiellen Gegenstände sind in den Bewußtseinsintentionen unmittelbar gemeint und erfaßt. Als solche sind sie allein die intentionalen Gegenstände jener Erlebnisse. Als intentionale Gegenstände sind sie transzendent gegenüber der *reellen Immanenz* der Erlebnisse oder Akte. Sie sind nicht selbst ein Inhalt der Akte, sondern von diesen unterschieden, aber als so unterschiedene dennoch von den Akten direkt gemeint und erfaßt. Als in den Aktintentionen gemeinte Gegenstände haben sie ihre eigene Seinsart der weltlichen Realität. Sie behalten ihre Seinsart, wenn sie in den Bewußtseinsakten intendiert werden. Auch als von den Bewußtseinserlebnissen erfaßte nehmen sie nicht die Seinsart des Bewußtseins an, sondern bleiben in ihrer Seinsart der Realität unterschieden von der Seinsart des Bewußtseins. Die phänomenologische Einsicht in die wahre, *unverfälschte Intentionalität* aller Erlebnisse, aller Verhaltungen, führt zugleich die Einsicht in die Unhaltbarkeit der Unterscheidung zwischen einem Innerhalb und einem Außerhalb des Bewußtseins (des Geistes, der Seele) mit sich.

Das reine subjektive Zeitbewußtsein, das Husserl mit der methodischen Ausschaltung der objektiven Zeit gewinnt, ist daher nicht dasselbe wie die Immanenz des zeitverstehenden Geistes bei Augustinus. Weil dieser trotz seines Rückganges auf die verschiedenen Zeitverhaltungen die wahre intentionale Verfaßtheit dieser Zeitverhaltungen verfehlt, ist die Immanenz des Geistes von dem, was für Husserl die wahren intentionalen Gegenstände sind, abgeschnitten. Wenn die Wahrnehmungs-, Erinnerungs- und Erwartungsbilder eine an den Erlebnissen nicht ausweisbare Substruktion sind, bedeutet das, daß dem wahrgenommenen Gegenwärtigen, dem erinnerten Vergangenen und dem erwarteten Künftigen *Sein* und *Dehnung* nicht nur aufgrund der Bildung innerer Vorstellungsbilder zukommt. Wahrnehmung, Erinnerung und Erwartung sind aufgrund ihres intentionalen Wesens unmittelbar anschauende Akte, in denen der intendierte Gegenstand mit seiner zeitlichen Dauer als *selbstgegeben* angeschaut wird.

In der *gegenwärtigenden Wahrnehmung* ist der wahrgenommene Gegenstand nicht nur überhaupt, sondern in einer ausgezeichneten Weise selbstgegeben. Denn seine *Selbstgegebenheit* hat den Charakter der leibhaftigen Gegenwart. *Leibhaftigkeit* ist für Husserl der ausgezeichnete Modus von Selbstgegebenheit. Das Kriterium für diese Auszeichnung ist die größtmögliche Anschauungsfülle, die als solche an die leibhaftige Gegebenheit geknüpft ist. Diejenige Anschauungsfülle, in der der wahrgenommene Gegenstand selbst gegeben ist, kann eine Vergegenwärtigung ihrem vergegenwärtigten Gegenstand niemals geben.

Wenn wir nun beachten, daß wir in der Wahrnehmung nicht nur überhaupt leibhaftig Gegebenes anschauen, sondern daß dieses leibhaftig Gegebene in zeitlicher Hinsicht Gegenwärtiges in seiner Dauer ist, dann bedeutet das, daß wir in der Wahrnehmung die *Gegenwart* und *gegenwärtige Dauer* des wahrgenommenen Gegenstandes *unmittelbar anschauen* – und nicht, wie bei Augustinus, nur in den immanenten Wahrnehmungsbildern. In der Wahrnehmung schauen wir nicht nur das leibhaftig Gegebene selbst ohne vermittelnde Bilder an, sondern auch die Zeitlichkeit des Wahrgenommenen, seine zeitliche Dauer. Zeitverständnis als Gegenwartsverständnis ist für Husserl kein Verstehen von Gegenwart in immanenten Bildern, sondern ein Verstehen der wahrgenommenen gegenständlichen Dauer selbst. In meinem Zeiterlebnis als Erlebnis von Gegenwart verbleibe ich nicht in der in sich verschlossenen Innerlichkeit meines auf Vorstellungsbilder bezogenen Geistes. In meinem Gegenwart-verstehenden Zeiterleben bin ich intentional auf den wahrgenommenen Gegenstand in seiner gegenständlichen Dauer bezogen.

Das gleiche gilt auch für die *Erinnerung von Vergangenem* und für die *Erwartung von Künftigem*. Die Wiedererinnerung ist eine Art von Vergegenwärtigung. Auch in ihr bin ich unmittelbar, also ohne innere Bilder, auf den wahrgenommen-gewesenen Gegenstand gerichtet. Auch die erinnernde Vergegenwärtigung ist ein *un-*

mittelbar anschauender Akt. In ihm ist der in der näheren oder ferneren Vergangenheit wahrgenommene Gegenstand vergegenwärtigt und als *wahrgenommen-gewesener selbst gegeben,* selbst und nicht vermittelt durch ein inneres Bild. Allerdings ist die Selbstgegebenheit von Wahrgenommen-gewesenem, von Erinnertem, durch das *Ausbleiben der Leibhaftigkeit* charakterisiert. Leibhaftige Gegebenheit und Selbstgegebenheit sind nicht dasselbe. Zwar ist die leibhaftige Gegebenheit von Etwas auch Selbstgegebenheit. Umgekehrt aber schließt nicht jede Selbstgegebenheit auch leibhaftige Gegebenheit ein. Ein Gegenstand ist nicht nur dann selbstgegeben, wenn er auch leibhaftig gegeben ist. Das Ausbleiben der Leibhaftigkeit in allen Arten der Vergegenwärtigung verführt leicht zu der Annahme von inneren Vorstellungsbildern. In solchen Fällen wird übersehen, daß der Richtungssinn z.B. der erinnernden Vergegenwärtigung zu verstehen gibt, daß ich auch in der Vergegenwärtigung von Gewesenem dieses selbst als das Vergangene anschaue. In der Wiedererinnerung schaue ich Zeit als Vergangenheit unmittelbar an. In ihr erfasse ich die gewesene Dauer des wahrgenommen-gewesenen Gegenstandes unmittelbar und nicht, wie bei Augustinus, nur in den immanenten Erinnerungsbildern.

Auch die *Erwartung* ist als zukunftsbezogene Vergegenwärtigung ein *unmittelbar anschauender Akt,* in dem das Erwartete, der wahrgenommen-werdende Gegenstand, in dieser Weise seines Intendiertseins selbstgegeben ist. Der Gegenstand als erwarteter, als künftig wahrzunehmender, ist in der Erwartung selbst und nicht durch ein inneres Erwartungsbild gegeben. Auch die *Selbstgegebenheit des Erwarteten* ist gekennzeichnet durch das Noch-Ausbleiben der Leibhaftigkeit. Doch der Mangel der Leibhaftigkeit ist nicht auch ein Mangel der Selbstgegebenheit. In der Erwartung schaue ich nicht nur den als künftig wahrzunehmenden Gegenstand selbst an, sondern ich schaue auch seine Zeitlichkeit, seine Künftigkeit, seine künftige Dauer, selbst an. In der Erwartung schaue ich die Zeitlichkeit des erwarteten Gegenstandes selbst an und nicht, wie bei Augustinus, nur in einem immanenten Erwartungsbild, das von dem wahrgenommen-werdenden Gegenstand geschieden ist.

Soviel zur *wahren Intentionalität* der *selbständigen Akte* der Wahrnehmung, Wiedererinnerung und Erwartung. Wir haben aber bei Augustinus auch die unselbständigen, aber ursprünglichen Zeitverhaltungen kennengelernt, die ihrerseits die selbständigen Zeitverhaltungen in ihrer Zeitlichkeit aufbauen: das attentionale Verstehen des jeweiligen Jetzt in Einheit mit dem vorweghaltenden Verstehen des Sogleich-jetzt und dem festhaltenden Verstehen des Soeben-gewesen. Wir werden sehen, daß Husserl gerade dieser Entdeckung Augustins, der Entdeckung der ursprünglichen zeitkonstituierenden Bewußtseinsweisen, wie Husserl sie nennen wird, die größte Bedeutung beimißt. Augustinus deutet diese ursprünglichen Zeitverhaltungen ebenso wie die selbständigen Verhaltungen mit Hilfe der inneren Bilder. Durch die *phänomenologische Klärung* der Intentionalität wird Husserl auch diese ursprünglichen zeitkonstituierenden Bewußtseinsweisen von ihrer bildertheoretischen Deutung befreien und ihr unverfälschtes intentionales Wesen freilegen.

§ 21. *Die im immanenten Zeitfluß des reinen subjektiven Zeitbewußtseins sich konstituierende Dauer der Zeitobjekte und das Bewußtsein von den zeitlichen Erscheinungsweisen der identischen Zeitobjekte.*
 Urimpression und Retention (primäre Erinnerung)

Die Ausschaltung der objektiven Zeit führt zur Gewinnung der *Immanenz des reinen intentional verfaßten Zeitbewußtseins* (Hua X, § 8). Dieses bildet nun den Boden, auf dem die phänomenologische Beschreibung der *Zeitlichkeit der Wahrnehmung eines Tones* als eines immanenten Zeitobjektes einsetzt.

Zwei verschiedene Beschreibungsrichtungen tun sich hier auf: 1. das Wahrnehmungsbewußtsein vom dauernden Ton schlechthin, 2. das Wahrnehmungsbewußtsein von den unterschiedlichen zeitlichen Erscheinungsweisen der identischen Tondauer.

In der ersten Beschreibungsrichtung beschreibe ich das, was für mich in der Ton-Wahrnehmung gegeben ist: daß der Ton jetzt anfängt, daß er jetzt immer noch dauert, daß ein Teil seiner Dauer schon verflossen ist, daß jede Jetztphase des dauernden Tones kontinuierlich in das Nicht-mehr-jetzt, in das Vergangen zurücksinkt, daß mit jedem Abfließen der aktuellen Jetztphase eine neue aktuelle Jetztphase auftaucht, daß die Tondauer jetzt endet, daß die abgelaufene Dauer sich vom neuen aktuellen Jetzt, das nicht mehr zur Tondauer gehört, entfernt, daß diese Entfernung zunimmt mit dem kontinuierlichen Abfließen der immer neuen Jetztphasen, die alle nicht mehr mit dem Toninhalt, sondern mit anderem von mir Wahrgenommenen gefüllt sind, daß die empfundene Tondauer schließlich in das Dunkel der Vergangenheit versinkt.

Die zweite Beschreibungsrichtung sieht auf die Bewußtseinsweisen, in denen die in der ersten Beschreibungsrichtung genannten Unterschiede des Erscheinens des Tones und seiner Dauer bewußt sind. Dann blicke ich in der phänomenologischen Beschreibung nicht nur auf das, was als Ton und Tondauer gegeben ist, sondern wie er für mich bewußtseinsmäßig gegeben ist. Dieselbe Tondauer ist in einem kontinuierlichen Fluß von verschiedenen Erscheinungsweisen bewußt.

Im Bewußtsein vom anfangenden Ton ist der erste Zeitpunkt der Tondauer in der Weise des Jetzt bewußt, das Jetzt-Bewußtsein, das Jetzt-Erlebnis vom jetzt beginnenden Ton. Das Jetzt-Bewußtsein vom Ton bleibt jedoch nicht auf das Jetzt seines Anfangens beschränkt. Der Ton ist solange als jetzt-gegeben bewußt, wie irgendeine seiner Phasen als jetzt bewußt ist. Mein Jetzt-Bewußtsein von ihm ist das Bewußtsein vom immer neuen aktuellen Ton-Jetzt. Solange eine Jetztphase der Tondauer aktuelles Jetzt ist, d.h. solange sich die Tondauer immer noch aktuell von Jetzt zu Jetzt aufbaut, ist ein Kontinuum von Tondauer-Phasen als „vorhin" bewußt. Die bisher gehörte Tondauer vom Jetzt des Anfangs bis zum jeweils aktuellen Jetzt ist als abgelaufene Dauer bewußt. Die vom Ton noch ausstehende Strecke seiner ist entweder noch nicht bewußt oder aber als noch ausstehende, als sogleich eintretende, schon bewußt.

Nachdem sich das letzte Jetzt der Tondauer in das Nicht-mehr-jetzt abgewandelt hat, ist die ganze Dauer als abgelaufen bewußt. In diesem Bewußtsein von der abgelaufenen Tondauer ist diese

§ 21. Urimpression und Retention

eine Zeitlang als gewesene Tondauer noch bewußt. Dieses Nochbewußthaben des nicht mehr aktuell Empfundenen bzw. Wahrgenommenen ist ein bewußtseinsmäßiges Festhalten, ein Zurückhalten vor dem sofortigen Versinken in das Dunkel der Vergangenheit. Dieses festhaltende Zurückhalten dessen, was aus dem aktuellen Jetzt in das Nicht-mehr-jetzt übergegangen ist und das wir bei Augustinus als das *tenere* kennenlernten, nennt Husserl die *Retention*. Zu jedem Bewußtsein vom aktuellen Jetzt gehört auch das retentionale Bewußtsein vom Soeben-gewesen. Wenn der Ton seine Dauer beendet hat, ist er in der Retention gleichsam als ein „Totes" bewußt. Solange immer noch eine Jetztphase seiner Dauer aktuelle Jetztphase ist, zeigt sich die Tondauer als ein lebendig sich Erzeugendes und Aufbauendes. Das jeweils neue aktuelle Jetzt der Tondauer ist ihr Erzeugungspunkt, von dem her sie sich kontinuierlich aufbaut. Als sich nicht weiter erzeugende Tondauer ist sie nur noch retentional bewußt, dergestalt, daß sie sich im kontinuierlichen Zurücksinken in das Dunkel der Vergangenheit stetig modifiziert. Diese Modifikation betrifft die Weise, wie die abgelaufene Tondauer durch ihren immer größer werdenden Abstand vom je neuen Jetzt für mich bewußtseinsmäßig erscheint. Der Ton selbst mit seiner abgeschlossenen Dauer bleibt derselbe. Aber die Weise, in der er mir auch jetzt noch im retentionalen Bewußtsein erscheint und gegeben ist, ist eine immer andere.

Solange der Ton dauert, sprechen wir von der Wahrnehmung des Tones (Hua X, § 9). Die Tondauer ist solange wahrgenommen, wie eine Dauerphase in das jeweils aktuelle Jetzt hineinreicht. Im strengen Sinne von Wahrnehmung ist jedoch immer nur die jeweils aktuelle Dauerphase des Tones, die im aktuellen Jetzt gegeben ist, wahrgenommen. Aufgrund dessen, daß je eine Phase der Tondauer jetzt aktuell wahrgenommen ist, können wir in bezug auf die Tondauer im ganzen sagen, sie werde wahrgenommen, obwohl die schon abgelaufene Strecke der Tondauer im strengen Sinne nicht mehr wahrgenommen wird. Was Husserl als Wahrnehmung im strengen und engen Sinne, d.h. als Wahrnehmung des je gerade aktuell jetzt Gegebenen bezeichnet, das faßt Augustinus in den Begriffen der *praesens intentio* oder der *attentio*.

Nun ist aber nicht nur die abgelaufene Tondauer eine Zeitlang noch retentional bewußt, sondern während ihres Ablaufens ist das je schon Abgelaufene in Retentionen bewußt. Diejenigen Phasen der Tondauer, die dem aktuellen Tondauer-Jetzt am nächsten sind, sind klarer bewußt als die ferneren, weiter zurückliegenden Dauerphasen. Die größere oder geringere Klarheit betrifft die Unterschiede in der Anschauungsfülle. Je weiter die Phasen der Tondauer bzw. die abgelaufene Tondauer im ganzen in die immanente Vergangenheit zurücksinkt, desto anschauungsärmer wird das retentionale Bewußtsein vom Gewesenen. Bevor das retentionale Bewußtsein von der abgelaufenen Dauer ganz erlischt, ist es ein leeres, anschauungsloses retentionales Bewußtsein.

Zu den Unterschieden im retentionalen Bewußtsein vom Soeben-gewesen gehört auch, daß innerhalb der klaren Sphäre das retentionale Bewußtsein noch weitgehend auseinandergehalten ist, während es mit dem Zunehmen des zeitlichen Abstandes vom aktuellen Jetzt verfließt und zusammenrückt. Dieses Phänomen innerhalb des retentionalen Vergangenheitsbewußtseins nennt Husserl die *zeitliche Perspektivität*. Im retentionalen Vergangenheitsbewußtsein modifiziert sich kontinuierlich die zeitliche Perspektive, in der das retentional bewußte Vergangene gegeben ist bzw. erscheint.

Die unterschiedlichen Weisen, in denen ein Zeitobjekt wie der Ton in meinem Wahrnehmungsbewußtsein von ihm erscheint, diese zeitlichen Erscheinungsweisen nennt Husserl auch *Ablaufsmodi* (Hua X, § 10). Jedes zeitliche Sein, jedes Zeitobjekt, erscheint je in einem Ablaufsmodus, der sich im Fließen der immanenten Zeit kontinuierlich wandelt. Zwar ist der Ton in seiner Dauer ein und derselbe, aber die Tondauer in ihrem jeweiligen Ablaufsmodus ist immer wieder eine andere. Mein Wahrnehmungsbewußtsein bezieht sich vermittels des jeweiligen Ablaufsmodus, worin der Ton in seinem zeitlichen Wie gegeben ist, auf den Ton selbst. Die Tondauer läuft ab. In jeder Jetztphase der ablaufenden Tondauer ist diese in einer anderen Weise, in einem anderen Modus, gegeben. Jeder neue Ablaufsmodus ist selbst eine *Kontinuität*, und zwar insofern, als durch jedes neue Tonjetzt nicht nur das unmittelbar vorangegangene Tonjetzt sich in das Nicht-mehr abwandelt, sondern mit diesem sich auch das ganze Kontinuum der schon abgelaufenen Tondauer-Strecke modifiziert, *retentional abwandelt*. Weil mit jedem neuen Tonjetzt die bisher abgelaufene Tondauer sich im ganzen und so, wie sie retentional bewußt ist, abwandelt, ist in jedem neuen Tonjetzt die Tondauer im ganzen in einem neuen Ablaufsmodus bewußtseinsmäßig gegeben.

Das Bewußtsein vom aktuellen Jetzt bezeichnet Husserl auch als *Urimpression* (Hua X, § 11), der bei Augustinus die praesens intentio bzw. die attentio entspricht. Er erläutert sie als *Quellpunkt*, in dem das jeweilige aktuelle Jetzt mit seinem Inhalt, dem aktuell Jetzigen, entspringt. Das urimpressionale Bewußtsein vom aktuellen Tonjetzt ist in beständiger Wandlung begriffen. Denn das urimpressional bewußte *leibhafte Tonjetzt*, wie Husserl auch das aktuelle Tonjetzt nennt, wandelt sich stetig in das retentional bewußte Nicht-mehr-jetzt als das Soeben-gewesen. Auf das retentional abgewandelte urimpressionale Bewußtsein folgt stetig neues urimpressionales Bewußtsein.

Wichtig ist, recht zu verstehen, was Husserl meint, wenn er sagt, daß, wenn das Bewußtsein vom Tonjetzt, die Urimpression, in Retention übergeht, diese Retention selbst wieder ein Jetzt sei. An der Retention ist zu unterscheiden sie selbst als retentionales Bewußtsein von ... und ihr retentional Bewußtes. Das ist ihre Intentionalität, ihr Unterschied zwischen intentio und intentum. Als Retention von ... ist sie aktuell und gehört zum Jetzt der Urimpression. Im aktuellen Jetzt-Bewußtsein ist in einem zumal urimpressionales und retentionales Bewußtsein. Während im urimpressionalen Bewußtsein das jeweils Jetzige der Tondauer bewußt ist, ist im aktuellen retentionalen Bewußtsein der soeben-gewesene Ton bewußt. Das urimpressionale Bewußtsein ist Bewußtsein vom leibhaften Tonjetzt. Das zum selben Jetzt-Bewußtsein gehörende retentionale Bewußtsein ist Retention vom soeben-gewesenen Ton. Das, was retentional bewußt ist, ist vergangen, aber die Retention selbst ist im jeweiligen Jetzt. Die Retention gehört zum aktuellen Jetzt des Bewußtseins. Weil sich jedes aktuelle Jetzt in das Nicht-mehr-jetzt wandelt, kommt es im Übergang des Jetzt der aktuellen

Retention in das Nicht-mehr-jetzt zur *Retention von der vorangegangenen Retention*. Die Retention, die jetzt Retention von der vorangegangenen Retention ist, ist wieder aktuelle Retention. Mit ihr geschieht das gleiche wie mit der ihr vorangegangenen. Die Retention bildet daher ein Kontinuum. Jeder neue aktuelle Jetztpunkt ist Retention nicht nur für die unmittelbar vorangegangene Retention, sondern für das ganze *Kontinuum der Retentionen*. Das urimpressionale Bewußtsein von der ablaufenden Dauer geht kontinuierlich über in immer neues retentionales Bewußtsein und wird durch immer neues urimpressionales Bewußtsein abgelöst. Jedes neue retentionale Bewußtsein, das aus dem Übergang der Urimpression in die Retention hervorgeht, ist nicht nur Modifikation der Urimpression, sondern modifiziert alle früheren retentionalen Modifikationen, soweit sie zum Einsatzpunkt der Tondauer gehören.

Wir führten bereits aus, daß nach Beendigung der aktuell sich erzeugenden Tondauer das retentionale Bewußtsein vom vergangenen Ton noch eine Zeitlang und mit abnehmender Anschauungsfülle wach ist. Die sich an das abgeschlossene Wahrnehmungsbewußtsein kontinuierlich anschließende Retention nennt Husserl auch *primäre Erinnerung*. Das retentionale Bewußthaben des aus dem Übergang des Jetzt sich bildenden Vergangen ist als dieses Wachhalten primäre Erinnerung *im Unterschied* zur sekundären Erinnerung, als welche Husserl den selbständigen Akt der Wiedererinnerung oder Rückvergegenwärtigung bezeichnet. Wenn Augustinus in den Kapiteln 27 und 28 des XI. Buches der „Confessiones" vom meminisse und von der memoria im Sinne der Erinnerung spricht, dann handelt es sich um die primäre, nicht aber um die sekundäre Erinnerung. Solange die Tondauer noch in einer aktuellen Jetztphase abläuft, bildet diese aktuelle Jetztphase, wie Husserl sagt, den *Kern zu einem Kometenschweif* von Retentionen, die auf die vergangenen Jetztphasen der Tondauer bezogen sind. An die letzte Wahrnehmungsphase der Tondauer schließt sich eine erste Phase primärer Erinnerung oder Retention von der abgelaufenen Dauer an, an diese wieder eine usf. Jede neue Phase primärer oder, wie Husserl auch sagt, *frischer Erinnerung* schiebt die retentional bewußte vergangene Dauer immer tiefer in die Vergangenheit zurück. Mit jedem weiteren Zurückschieben erfolgt erneute retentionale Modifikation, bis das retentionale Bewußtsein erlischt.

In diesem Zusammenhang bemerkt Husserl, daß das *originäre Zeitfeld* stets begrenzt sei. Das originäre Zeitfeld ist die urimpressional bewußte Gegenwart mit ihrem Übergang in die retentional bewußte Vergangenheit. Begrenztheit des Zeitfeldes heißt, daß dieses stets dieselbe Extension hat, daß die retentional bewußte Vergangenheit die gleiche begrenzte Erstreckung hat.

Die Urimpression, das Bewußtsein vom jeweilig aktuellen Jetzt, erläutert Husserl als den *absoluten Anfang* (Hua X, Beilage I, S. 99 ff.), als den *Urquell,* aus dem die retentionalen Modifikationen sich erzeugen. Diese Modifikationen, die retentionalen Abwandlungen, sind als Bewußtseinsleistungen *bewußtseinsmäßige Erzeugungen.* Demgegenüber wird die Urimpression nicht vom Bewußtsein erzeugt. Das urimpressionale Bewußtsein vom aktuellen Jetzt entsteht nicht wie die Retention als ein bewußtseinsmäßig Erzeugtes. Sie entsteht vielmehr durch *genesis spontanea,* wie Husserl formuliert. Sie ist *Urzeugung, Urschöpfung,* die nicht aus einem Keim erwächst wie die Retention, die aus der Urimpression hervorgeht. Die Erzeugung des Bewußtseins ist nur die jeweilige retentionale Abwandlung. Das jeweilig urimpressional quellende Jetzt ist nichts Bewußtseinserzeugtes, sondern das Urgezeugte, das jeweilig Neue, das bewußtseinsfremd Gewordene, das im urimpressionalen Bewußtsein Empfangene. Dagegen ist alle retentionale Modifikation etwas, was durch Bewußtseinsspontaneität erzeugt ist. Die Bewußtseinsspontaneität ist endlich. Denn sie vermag nur Urgezeugtes durch die retentionale Abwandlung zur Entfaltung zu bringen. Sie vermag aber nicht Neues, wie das urimpressionale Jetzt, zu schaffen. Die retentionale Modifikation ist als Spontaneität des Bewußtseins eine *Urspontaneität.*

Für Husserl ist es eine apriorische Gesetzmäßigkeit (Hua X, § 13), daß primäre Erinnerung, also Retention, nur möglich ist als kontinuierliche Anknüpfung an vorangehende Empfindung bzw. Urimpression. Es kommt hinzu, daß jede urimpressional bewußte Jetztphase nur denkbar ist als Phase, d.h. als Grenze eines Kontinuums von Retentionen. Da mit jedem neuen Jetzt, das immer nur als Jetztphase zu denken ist, eine neue Retention gegeben ist, ist auch diese nur als Phase ohne die Möglichkeit einer Extension denkbar. Da jede neue Retention das bisher schon konstituierte Kontinuum von Retentionen durchgreifend modifiziert, ist auch die zu einem aktuellen Jetzt gehörende Reihe von Retentionen immer nur als eine Phase bewußt, die sich kontinuierlich mit jeder neuen retentionalen Modifikation abwandelt.

Im § 13 seiner „Vorlesungen zur Phänomenologie des inneren Zeitbewußtseins" weist Husserl die *bildertheoretische Deutung* der primären Erinnerung, wie wir sie bei Augustinus kennengelernt haben, ausdrücklich zurück. Es sei grundverkehrt zu meinen, zum Wesen der primären Erinnerung gehöre, daß ein im Jetzt vorhandenes Bild für eine andere ihm ähnliche Sache, die selbst nicht mehr ist, supponiert werde. *Retention* ist von ihrem intentionalen Wesen her etwas total anderes als das *Bildbewußtsein*. In der Wahrnehmung und deren Urimpression *erschaue ich das Jetztsein*. In der extendierten Wahrnehmung, wie in der Ton-Wahrnehmung, erschaue ich das von Jetzt zu Jetzt dauernde Objekt, und auch in der primären Erinnerung, in der Retention, *erschaue ich das Vergangene*. Das Vergangene als das Soeben-gewesene ist im retentionalen Bewußtsein selbst gegeben. Primäre Erinnerung ist daher *Selbstgegebenheit von Vergangenem*.

§ 22. *Die Zeitlichkeit der sekundären Erinnerung, der Wahrnehmung und der sekundären Erwartung. Die primäre Erwartung als Protention*

Unter der *sekundären Erinnerung* (Hua X, § 14) versteht Husserl das, was wir sonst die Erinnerung, die *Wiedererinnerung* nennen. Den Wesensunterschied zwischen sekundärer und primärer Erinnerung (Retention) sieht man unschwer, wenn man beachtet, daß primäre Erinnerung an das Vergangene im Sinne des Soeben-abgelaufenen als Kometenschweif zur urimpressional ablaufenden bzw. abgelaufenen Wahrnehmung der gegenwärtig sich aufbauenden

§ 22. *Erinnerung, Wahrnehmung, Erwartung, Protention* 165

Ton-Dauer gehört, während die Wiedererinnerung ihrerseits nicht den Wahrnehmungsablauf mit aufbaut. Die primäre Erinnerung ist ein *unselbständiges*, aber *ursprüngliches zeitkonstituierendes Bewußtsein*, dahingegen die sekundäre Erinnerung ein *selbständiger Bewußtseinsakt* ist. Die Wiedererinnerung heißt sekundäre Erinnerung, weil sie selbst nur möglich wird auf dem Grunde der primären Erinnerung. Denn die im Phasenkontinuum der primären Erinnerung ursprünglich konstituierte Vergangenheit, die im Dunkel der zeitlichen Bewußtseinsferne versinkt, kann durch einen selbständigen Wiedererinnerungsakt aufgehellt und vergegenwärtigt werden. Die Selbständigkeit des Wiedererinnerungsaktes zeigt sich darin, daß er in analoger Weise wie die Wahrnehmung aufgebaut ist.

Als Beispiel wählen wir die Vergegenwärtigung einer wahrgenommenen, d.h. gehörten Melodie. Der zeitliche Ablauf der Wiedererinnerung zeigt wie der Ablauf der Wahrnehmung einen *bevorzugten Punkt*, die jeweilig aktuelle Jetztphase. Wie die Wahrnehmung in einem aktuellen Jetzt beginnt, das sich kontinuierlich erneuert, so setzt auch die Wiedererinnerung in einem aktuellen, stetig sich erneuernden Jetzt ein. Im Ablauf der sekundären Erinnerung von Jetzt zu Jetzt vergegenwärtige ich die wahrgenommengewesene Melodie Phase für Phase. Ich höre jetzt *gleichsam* den ersten, dann den zweiten Ton der Melodie. In jedem aktuellen Jetzt der Wiedererinnerung ist das früher wahrgenommene Ton-jetzt (das zum Vergangenen gehört) als ein gleichsam Jetzt vergegenwärtigt. Wie die ins Nicht-mehr abfließenden Jetzt der Wahrnehmung retentional modifiziert und bewußt bleiben, so schließt sich auch in der zeitlichen Konstitution des Wiedererinnerungsablaufes an das jeweilige aktuelle Jetzt die Retention an. In der Wiedererinnerung lebend, werden die gleichsam jetzt gehörten (also vergegenwärtigten) Töne retentional modifiziert und behalten. Wir haben dann innerhalb der Wiedererinnerung die primäre Erinnerung an die soeben gleichsam gehörten Töne.

Zum aktuellen Jetzt der Wiedererinnerung gehört nun aber außer dem retentional behaltenen Kontinuum auch die *primäre Erwartung*, das protentionale Bewußtsein von den noch ausstehenden

Tönen der Melodie, die ich sogleich gleichsam hören werde. Die *Protention* ist jenes *unselbständige*, aber *ursprüngliche zeitkonstituierende Bewußtsein*, in dem ich vorblicke auf das Noch-nicht-jetzt als das Sogleich. In unserer Augustinus-Interpretation stießen wir im 27. und 28. Kapitel auf dieses Phänomen, das Augustinus ebenso wie den selbständigen Erwartungsakt als *expectatio* bezeichnet. Wie der selbständige Akt sekundärer Erinnerung nur möglich ist auf dem Boden des retentionalen Vergangenheitsbewußtseins, so ist auch der selbständige Akt der Erwartung nur möglich auf dem Grunde des protentionalen Zukunftsbewußtseins. Deshalb nennt Husserl letzteres auch *primäre Erwartung* (Hua X, S. 39) im Unterschied zur *sekundären Erwartung*.

Auch der Jetztpunkt oder die jeweils aktuelle Jetztphase der ablaufenden Wiedererinnerung hat einen *Zeithof*, der sich einerseits in das *retentional bewußte Vergangenheitskontinuum* der gleichsam gehörten Töne der Melodie und andererseits in das *protentional bewußte Zukunftskontinuum* der gleichsam sogleich zu hörenden Töne erstreckt. In diesem Erstrecktsein des ursprünglichen zeitkonstituierenden Bewußtseins in das *Zeitfeld* bzw. in den Zeithof zeigt sich erneut Husserls Nähe zu dem, was Augustinus die *distentio* animi nennt.

Zum parallelen Aufbau der Wiedererinnerung gehört auch, daß sich nach Beendigung des vergegenwärtigenden Hörens der früher wahrgenommenen Melodie an das Gleichsamhören ein retentionales Kontinuum anschließt.

Die Gleichheit in der Konstitution von Wiedererinnerung und Wahrnehmung darf jedoch nicht über Wesensunterschiede hinwegtäuschen. In der Wahrnehmung ist die Tondauer leibhaftig wahrgenommen, das darin jeweils aktuell Gegenwärtige ist leibhaftig wahrgenommen, die sich in der retentionalen Modifikation des Jetzt in das Soeben-gewesen konstituierende Vergangenheit ist leibhaftig gegeben.

In der sekundären Erinnerung ist dagegen die Gegenwart der früher wahrgenommenen Melodie nicht leibhaftig, sondern als *vergegenwärtigt* gegeben. Ebenso ist in der sekundären Erinnerung die retentional bewußte Vergangenheit des gleichsam Gehörten nicht mehr wie in der Wahrnehmung leibhaftig gegeben, sondern als *vergegenwärtigte* Vergangenheit gegeben. Sie ist nicht mehr primär gegebene und primär angeschaute retentional bewußte Vergangenheit, sondern sekundär gegebene und angeschaute, also vergegenwärtigte Vergangenheit.

Von der in der Wiedererinnerung vergegenwärtigten früheren Gegenwart und früheren primären Vergangenheit müssen wir andererseits die *aktuelle Zeitlichkeit des Wiedererinnerns* selbst abheben. Hier handelt es sich um eine leibhaftig gegebene Gegenwart, um das leibhaftig gegebene Jetzt, und um die leibhaftig gegebene retentional bewußte Vergangenheit, das Kontinuum der Nichtmehr-jetzt meines gegenwärtig abfließenden Erinnerns.

Der Wahrnehmungsakt heißt bei Husserl *Gegenwärtigung* (Hua X, § 16), weil in ihm das wahrnehmend Intendierte leibhaftig gegenwärtig ist. Ein solcher Wahrnehmungsakt ist aus urimpressionalem, retentionalem und protentionalem Bewußtsein konstituiert. Das wahrgenommene Zeitobjekt ist als wahrgenommenes im *weiten Sinne* von Wahrnehmung nicht nur Gegenwärtiges im strengen Sinne des Jetzigen, sondern schließt auch zeitliche Unterschiede ein, die retentional bewußte Vergangenheit als das Soebengewesen und die protentional bewußte Zukunft als das Sogleich. Die zeitlichen Unterschiede in der Gegebenheit des wahrgenommenen Zeitobjekts konstituieren sich in den unselbständigen zeitkonstituierenden Aktmomenten der Urimpression, der Retention und der Protention.

Doch der Wahrnehmungsakt ist nicht nur Wahrnehmung in bezug auf das je gerade Jetzige, sondern er kann auch so heißen, weil wir in ihm die *retentional bewußte Vergangenheit wahrnehmen,* zwar nicht wie ein Jetziges, wohl aber als ein *sich konstituierendes Vergangenes* (Hua X, §§ 16 u. 17). Wir nehmen, sagt Husserl, das Vergehen des urimpressionalen Jetzt in das retentionale Nicht-mehr-jetzt wahr. Im retentionalen Bewußtsein sind wir direkt beim leibhaft gegebenen Soeben-gewesen, Soeben-vergangen.

Urimpression, Retention und Protention sind deshalb zeitkonstituierende Aktmomente, weil sie immanente Zeit als urimpressionale Gegenwart, retentionale Vergangenheit und protentionale Zukunft konstituieren. Nur in der primären Erinnerung konstituiert sich Vergangenheit, sehen wir Vergangenes. Die primäre Erinnerung *konstituiert Vergangenheit präsentativ,* so, wie die Urimpression Gegenwart präsentativ gibt. Nur in der primären Erinnerung erschauen wir direkt die sich konstituierende Vergangenheit als das Vorher und Soeben-gewesen im Unterschied zum Jetzt. Wie die Jetzt-Wahrnehmung das Jetzt zur leibhaften Anschauung bringt, so bringt die primäre Erinnerung das Vergangen zur leibhaften Anschauung.

Dagegen ist die *sekundäre Erinnerung* nur Vergegenwärtigung. Zwar vergegenwärtigt sie Vergangenes so, daß dieses *selbst gegeben* ist und nicht nur ein Erinnerungsbild von ihm. Aber als Ver-gegenwärtigung präsentiert sie nicht das Vergangen wie die primäre Erinnerung, sondern *re-präsentiert* es. Die sekundäre Erinnerung bringt die Vergangenheit nicht zur leibhaftigen Anschauung, weil sie die in der früheren Retention schon zur leibhaftigen Anschauung gebrachte Vergangenheit nur ver-gegenwärtigt oder re-präsentiert.

Vom selbständigen Akt der Erwartung, der *sekundären Erwartung* (Hua X, § 26), gilt Entsprechendes wie von der sekundären Erinnerung. Auch er baut sich grundsätzlich in der gleichen Weise auf wie eine Wahrnehmung. So wie sekundäre Erinnerung das Bewußtsein vom Wahrgenommen-gewesensein ist, so ist sekundäre Erwartung gleichsam *umgestülpte Erinnerung,* Bewußtsein vom *Wahrgenommen-sein-werdenden.* In der sekundären Erwartung vergegenwärtige ich eine künftige Wahrnehmung. Wie das retentionale, das primäre Erinnerungsbewußtsein den Vergangenheitshorizont offenhält für die vergegenwärtigende sekundäre Erinnerung, so hält auch das protentionale, das primäre Erwartungsbewußtsein den Zukunftshorizont offen für eine mögliche vergegenwärtigende sekundäre Erwartung.

Die Intentionalität eines solchen Erwartungsaktes läßt sich nur dann sachgemäß auslegen, wenn ich mich in einen solchen Vorvergegenwärtigungsakt versetze und mein intentionales Leben in ihm beschreibe. In jedem aktuellen Jetzt meines gegenwärtig ablaufenden Erwartungsaktes vergegenwärtige ich ein Noch-nicht-jetzt des

§ 22. Erinnerung, Wahrnehmung, Erwartung, Protention

künftig wahrzunehmenden Zeitobjektes. Jedes vorvergegenwärtigte Jetzt wird retentional modifiziert zum vorvergegenwärtigten Soeben-gewesen. Wenn die erwartete Melodie in der Vorvergegenwärtigung abgelaufen ist, schließt sich in der Erwartung ein retentionales Bewußtsein von der gleichsam schon gehörten Melodie an. Es handelt sich dann um sekundär erwartete retentional bewußte Vergangenheit.

Der Durchblick durch Husserls phänomenologische Analysen des subjektiven oder inneren Zeitbewußtseins, den wir hiermit beenden, verlief innerhalb *der Grenzen*, die durch die *Augustinische Zeit-Untersuchung* gezogen sind. Er sollte uns zeigen, wie Husserl die von Augustinus erstmals im Ansatz gesehenen Phänomene des Zeitverständnisses, vor allem den Wesensunterschied zwischen den selbständigen und den unselbständigen Zeitverhaltungen, aufgreift und in methodischer sowie sachlicher Hinsicht radikaler und differenzierter ausarbeitet. Grundsätzlich, so läßt sich sagen, bewegen sich Husserls phänomenologische Analysen des inneren Zeitbewußtseins auf jenem Boden, den Augustinus erstmals in der Geschichte des philosophischen Zeitproblems freigelegt und für das philosophische Fragen nach der Zeit fruchtbar gemacht hat.

Zweites Kapitel
Heideggers phänomenologische Frage nach der Zeit als Frage nach der ursprünglichen Zeit und der aus ihr entspringenden vulgären Zeit

§ 23. *Die distentio animi als Widerschein des Sicherstreckens des Daseins in seiner ekstatisch-horizontalen Zeitlichkeit*

Der vorstehende Überblick über Grundzüge der Husserlschen phänomenologischen Analysen des inneren Zeitbewußtseins hat gezeigt, daß das, was Augustinus als die distentio animi erstmals philosophisch gesehen und entfaltet hat, für Husserls eigene Frage nach der Zeit von großer Bedeutung ist. Denn Husserl sieht in der distentio animi des Augustinus eine Vorgestalt dessen, was er selbst in radikalisierender Weise als die Zusammengehörigkeit der drei ursprünglichen zeitkonstituierenden Bewußtseinsweisen im reinen subjektiven Zeitbewußtsein phänomenologisch aufgewiesen hat.

Auch für *Heidegger* ist Augustins Bestimmung des Wesens der Zeit als *distentio animi* das Entscheidende in der Zeit-Untersuchung der „Confessiones". Während aber die distentio animi für Husserl in die Richtung des urimpressionalen Bewußtseins vom Jetzt, des retentionalen Bewußtseins vom Soeben und des protentionalen Bewußtseins vom Sogleich weist, deutet für Heidegger die distentio animi in eine wesentlich andere Richtung. In der distentio animi sieht Heidegger einen *Widerschein* dessen, was er als die ursprüngliche Zeit phänomenologisch-hermeneutisch zum Aufweis bringt. Die ursprüngliche Zeit ist aber für ihn nicht wie für Husserl die subjektive Zeit des inneren Zeitbewußtseins in der Abhebung gegen die objektive, reale Zeit, sondern das *dreifach-einige Sicherstrecken der ekstatisch-horizontalen Zeitlichkeit*. Deshalb übersetzt Heidegger auch die distentio animi als die Erstrecktheit bzw. das Sicherstrecken des Geistes. Was er in dieser Weise terminologisch kennzeichnet, ist die *ursprüngliche Seinsverfassung des Menschen*.

§ 23. distentio animi und Zeitlichkeit des Daseins

Den Menschen aber faßt er aufgrund dieser Seinsverfassung nicht als Subjekt, Bewußtsein und Selbstbewußtsein, sondern als *Dasein*. Das Sicherstrecken des Daseins in der Weise der ekstatisch-horizontalen Zeitlichkeit wird von Heidegger deshalb als die *ursprüngliche Zeit* bezeichnet, weil sie der *Ursprungsbereich* ist, dem jenes Zeitverständnis *entspringt*, das wir bei Augustinus und bei Husserl kennengelernt haben. Bei diesen beiden Denkern handelt es sich um die aus dem Noch-nicht-jetzt in das Jetzt und aus diesem in das Nicht-mehr-jetzt übergehende Zeit, um die am Jetzt orientierte Zeit. Es ist zugleich die Zeit, die wir auch ohne philosophische Besinnung im alltäglichen Lebensvollzug verstehen, wenn wir etwa sagen: jetzt erledige ich dieses, zuvor ging ich jener Sache nach, hernach werde ich mich jenem anderen zuwenden.

Die philosophische Besinnung auf die Zeit, wie wir sie bei Augustinus und bei Husserl verfolgt haben, knüpft, grundsätzlich gesehen, an jenes Zeitverständnis an, in dem wir uns auch schon vor der philosophischen Besinnung bewegen. Die vorphilosophisch immer schon verstandene und philosophisch begriffene Zeit ist die am Jetzt orientierte Zeit. Das vorphilosophische und das überlieferte philosophische Zeitverständnis haben ihr Gemeinsames darin, daß sie die Gegenwart als Jetzt, die Vergangenheit als Nichtmehr-jetzt, die Zukunft als Noch-nicht-jetzt vestehen. Heidegger nennt daher die so verstandene Zeit die *Jetzt-Zeit*. Diese ist die gewöhnliche, die *vulgäre Zeit*. Doch das Wesen der Zeit erschöpft sich für Heidegger nicht in der vom Jetzt her verstandenen Zeit. Die Jetzt-Zeit ist für ihn nicht das volle Zeitphänomen. Nicht nur das vorphilosophische, sondern ebenso auch das philosophisch reflektierte Verständnis der am Jetzt orientierten Zeit *verdeckt* das Wesen, die ursprüngliche Zeit. Zwar ist die als Jetzt, Noch-nichtjetzt und Nicht-mehr-jetzt *ausgelegte* Zeit ein *echtes* Zeitphänomen. Aber sie kann nicht den Anspruch stellen, das Zeitphänomen im ganzen zu erschöpfen. Vielmehr ist die Jetzt-Zeit ein *entsprungenes* Zeitphänomen, entsprungen der *ursprünglichen Zeit*. Im § 81 von „Sein und Zeit"[1], der von der *Genesis des vulgären Zeitbegriffs*

---
[1] M. Heidegger, Sein und Zeit, a.a.O.

handelt, heißt es, daß die vulgäre Charakteristik der Zeit als einer endlosen, vergehenden, nichtumkehrbaren Jetztfolge der Zeitlichkeit des Daseins entspringe (S. 426). Aufgrund dieses Ursprunges hat die vulgäre Zeitvorstellung ihr *natürliches Recht*. Sie kann aber nicht mit dem Anspruch auftreten, den einzigen und erschöpfenden Begriff der Zeit zu bilden. Doch mit diesem Anspruch ist die Vorstellung von der Jetzt-Zeit stets aufgetreten, und zwar deshalb, weil sie ihren eigenen Ursprung, die dreifach sicherstreckende Zeitlichkeit des Daseins, verdeckt und nicht um diesen weiß.

Auf allen Stationen im Geschichtsgang des philosophischen Zeit-Begriffes steht stets nur die Zeit als Jetzt-Zeit im Blick. Aristoteles ist der erste, der – wie Heidegger wiederholt betont – die Jetzt-Zeit am eindringlichsten begrifflich ausgearbeitet hat, so, daß alle nachfolgende Behandlung der Zeit an den von ihm ausgearbeiteten Grundstrukturen der Jetzt-Zeit festhält.

Zu der Aristoteles verpflichteten Grundauffassung von der Zeit gehört auch Husserls phänomenologisches Verständnis von der immanenten Zeit des subjektiven Zeitbewußtseins.[2] Auch in Husserls Phänomenologie der bewußtseinsimmanent sich konstituierenden Zeit und Zeitlichkeit aller Zeitobjekte bleibt die ursprüngliche Zeit, wie Heidegger sie phänomenologisch-hermeneutisch zum Aufweis bringt, bleibt der Ursprung der Jetzt-Zeit, sowohl der objektiven wie der subjektiven Zeit, verdeckt.[3] Husserls Auffassung von der Zeit kommt mit der Augustinischen darin überein, daß beide Denker grundsätzlich die Jetzt-Zeit thematisieren. Während Husserl in Augustins distentio animi eine erste philosophierende Einblicknahme in die zeitkonstituierenden Bewußtseinsweisen sieht, in denen sich die immanent entspringende Zeit als immanente Jetzt-Zeit konstituiert, deutet die distentio animi für Heidegger in die Richtung der ursprünglichen Zeit, ohne daß Augustinus etwas von dieser ursprünglichen Zeit ausdrücklich thematisiert hätte.

---

[2] G. Eigler, Metaphysische Voraussetzungen in Husserls Zeitanalysen, a.a.O.
[3] R. Bernet, Die Frage nach dem Ursprung der Zeit bei Husserl und Heidegger. In: Heidegger Studies 3/4 (1987/88), S. 89-104.

§ 23. *distentio animi* und *Zeitlichkeit des Daseins* 173

In der distentio animi einen Widerschein der ursprünglichen Zeit als dem Ursprung der Jetzt-Zeit zu sehen ist nur demjenigen möglich, der selbst bereits ein ausgebildetes Verständnis von dieser ursprünglichen Zeit hat. Husserl knüpft an die von Augustinus erstmals gesehenen Zeit-Phänomene an und radikalisiert sie unter den Voraussetzungen, die seine eigene philosophische Grundstellung bestimmen. Doch verbleibt diese Radikalisierung, grundsätzlich betrachtet, innerhalb des Verständnisses der Zeit als der Jetzt-Zeit. Wenn demgegenüber Heidegger in der *distentio animi* einen entscheidenden *Wink* in die ursprüngliche Zeit als der ekstatisch-horizontalen Zeitlichkeit des Daseins sieht, hat er bereits die an der Jetzt-Zeit vorgenommene Orientierung Augustins und Husserls verlassen. Das bedeutet aber nicht, daß Heidegger die am Jetzt orientierte Zeit als eine falsche Zeitvorstellung verwirft. Was er philosophisch in Frage stellt, ist allein die scheinbar unantastbare Meinung, die Zeit finde ihr Eigenes allein im Jetzt, Nicht-mehr-jetzt und Noch-nicht-jetzt. Wie schon angedeutet, geht es Heidegger gerade darum, die Jetzt-Zeit als ein echtes Zeit-Phänomen aus ihrem Ursprung, der ursprünglichen Zeit, nachzuweisen.

Obwohl für Heidegger die Aristotelische Zeit-Untersuchung die Jetzt-Zeit am eindringlichsten zur begrifflichen Bestimmtheit gebracht hat, sieht er in der Augustinischen Zeit-Untersuchung z.T. eine radikalere Fragestellung. Doch inwiefern kann diese als radikaler bezeichnet werden, wenn auch sie im Gefolge der Aristotelischen Ausarbeitung der Jetzt-Zeit steht und letztlich die Grenzen des vulgären Zeitverständnisses nicht überschreitet? *Radikaler* ist sie insofern, als der Rückgang des Fragens von der Zeit auf den zeitverstehenden Geist und dessen distentio eine *erste Anzeige* dessen ist, daß das Fragen nach dem Wesen der Zeit in die *Seinsverfassung* des zeitverstehenden Geistes zurückfragen muß. Wäre dieser Rückgang durch Augustinus radikaler vollzogen worden, hätte er in die ursprüngliche Zeit, in das Sicherstrecken der ekstatisch-horizontalen Zeitlichkeit des Daseins, hineinführen können.

Ein solcher radikaler Rückgang, als ihn Augustinus vollzogen hat, wäre jedoch nur möglich gewesen, wenn sich Augustinus unter die Führung der *radikaler gestellten Seinsfrage* begeben hätte. Die

Seinsfrage radikaler stellen, als sie Parmenides, Platon und Aristoteles gestellt haben, heißt, nicht nur fragen nach dem Seienden als dem Seienden, d.h. sofern es nicht dieses oder jenes, sondern überhaupt ein Seiendes ist, sondern nach dem *Sein als solchem*, nach dem *Sein selbst* und der *ihm eigenen Enthülltheit* fragen. So nach dem Sein fragen heißt, danach fragen, wie Sein als Sein enthüllt und *als enthülltes verstanden* sein muß, damit wir im Offenen des so verstandenen Seins (Seinsverständnis) das Seiende, zu dem wir uns so oder so verhalten, *als* das Seiende seiner Seinsverfassung verstehen. Die Seinsfrage in dieser Weise ansetzen und ausarbeiten, das bedeutet, erst einmal nach dem *Verstehen* von Sein als Sein in seiner Enthülltheit fragen. Die Frage nach dem, wie dieses Verstehen an ihm selbst ist, führt das Philosophieren vor die einzigartige *Weise*, in der der Mensch als der seinsverstehende *ist*. Die Frage nach dem Verstehen von Sein als Sein in der ihm eigenen Enthülltheit wird zur Frage nach der nur dem Menschen eigenen, daher eigensten *Seinsweise*, die Heidegger *Existenz* nennt.[4]

Existenz bedeutet im Umkreis der radikaler gestellten Seinsfrage nicht existentia, Wirklichsein, Vorhandensein, sondern jene Seinsweise, von deren Struktur wir sagen müssen, daß es mir in meinem Sein *um* mein Sein *geht*, daß ich mich in meinem Sein zu diesem verhalte. Existenz als Seinsweise des Menschen hat *Vollzugscharakter*. Ich verhalte mich in meinem Sein zu meinem Sein so, daß es mir darin um mein Sein geht. In dieser vollzugshaften Weise verstehe ich mein eigenes Sein, ist dieses für mich vollzugshaft enthüllt. In der vollzugshaften Enthülltheit meines Seins ist zumal das Sein, sind die Seinsweisen und Seinscharaktere des Seienden, zu dem ich mich existierend verhalte, mitenthüllt. Mit dem Existenzvollzug ist *Sein überhaupt*, nicht nur Sein als Existenz, ist das *Sein im Ganzen* enthüllt. Für „enthüllt" sagt Heidegger in „Sein und Zeit" „erschlossen", „aufgeschlossen" und für „Enthülltheit"

---

[4] Zum sachlichen Zusammenhang zwischen der radikaler gestellten Seinsfrage und der existenzial-ontologischen Analytik des Daseins vgl. F.-W. v. Herrmann, Hermeneutische Phänomenologie des Daseins. Eine Erläuterung von „Sein und Zeit". Bd. 1: „Einleitung: Die Exposition der Frage nach dem Sinn von Sein". Frankfurt a.M. 1987.

§ 23. *distentio animi* und Zeitlichkeit des Daseins

„Erschlossenheit", „Aufgeschlossenheit", „Lichtung" und „Gelichtetheit". Geht es mir in der Seinsweise der Existenz in meinem Sein um mein Sein, dann heißt das in bezug auf die Frage nach dem Sein im Ganzen, daß es mir in meinem Existenzvollzug um die Erschlossenheit oder Lichtung des Seins im Ganzen, des Seins überhaupt geht. Nur in der Erschlossenheit oder Lichtung (Enthülltheit) von Sein überhaupt bin ich mir selbst als das sich zu anderem Seienden verhaltende Seiende eröffnet und ist mir dieses Seiende, zu dem ich mich verhalte, als das, wie und was es ist, verständlich.

Die Seinsfrage radikaler stellen, als sie von den Vorgängern Augustins gestellt worden ist, hieße, sie am *Leitfaden* des Menschen als *Dasein* und als *Existenz* ausarbeiten. Doch der Leitfaden, an dem entlang Parmenides, Platon oder Aristoteles nach dem Sein des Seienden gefragt haben, war das Wesen des Menschen nicht als Dasein und Existenz, sondern als das *vernünftige Sinnenwesen*. Die in der Antike gewonnene Wesensbestimmung, wonach der Mensch mit seinem Gattungswesen ein Sinnenwesen wie das Tier ist und sich nur durch sein Artwesen, die Vernunft, vom Tier unterscheidet, hält sich ontologisch in der Unterscheidung zwischen Sein als Wesen (essentia) und Sein als Wirklichsein (existentia). Gemäß dieser Wesensauffassung vom Menschen teilt er mit allem Seienden die eine, gleichförmige Seinsweise des Wirklichseins (existentia). Die Unterschiede im Seienden sind zufolge der überlieferten Ontologie keine solche der Seinsweisen, sondern nur solche des Wesens, des Gattungs- und des Artwesens. Die *eigenste* Seinsweise des Menschen, die niemals die bloße existentia ist, bleibt in der überlieferten Wesensbestimmung des Menschen grundsätzlich verhüllt. Solange sie aber ungesehen und unthematisiert bleibt, kann auch die Seinsfrage nicht radikal als Frage nach dem Sein als solchem gestellt werden. Denn das Sein als solches thematisieren heißt, es in seiner ihm eigenen Erschlossenheit bzw. Wahrheit untersuchen. Die dem Sein im Ganzen eigene Wahrheit zeigt sich aber nur, wenn das Wesen des Menschen nicht im vernünftigen Sinnenwesen, sondern in der Existenz gesehen wird. Denn nur mit dem Existenzvollzug ist die Erschlossenheit von Sein als solchem und überhaupt aufgeschlossen. Nur wenn die *eigenste Seinsweise als Existenz* Thema wird, gelingt dem Philosophieren der Einblick in die ursprüngliche Zeit, in die *existenzial-horizontale Zeitlichkeit* des Daseins.

Obwohl Augustinus mit dem Einblick in die distentio animi an die eigenste Seinsverfassung des Menschen, das Sicherstrecken des Daseins in der Weise der existenzialen Zeitlichkeit, rührt, stößt er nicht in diese, d.h. in die ursprüngliche Zeit, vor, weil auch er wie seine Vorgänger am Leitfaden des vernünftigen Sinnenwesens entlang fragt.

Der Existenzvollzug zeigt eine dreigliedrige Seinsstruktur, die Heidegger nicht anthropologisch, sondern rein ontologisch als *Sorge* faßt. Werden diese drei, die Ganzheit der Sorge-Verfassung bildenden existenzialen Strukturen auf ihren *ontologischen Seinssinn* hin befragt und ausgelegt, dann zeigen sich diese als die dreigliedrige ekstatisch-horizontale Zeitlichkeit des Daseins. Im Existenzvollzug als Sorgevollzug *zeitigt sich* das Dasein in seiner *Zeitlichkeit*. In seinem zeitigenden Vollzug der Zeitlichkeit ist die Erschlossenheit des Seins als solchen und im Ganzen zeithaft (temporal) aufgeschlossen. Die im Sorgevollzug sich existenzial-horizontal zeitigende Zeitlichkeit des Daseins ist die ursprüngliche Zeit.

Weil Augustinus seine Frage nach der Zeit nicht im Zusammenhang der radikaleren Frage nach dem Sein als solchem und das heißt zugleich nicht am Leitfaden des seinsverstehenden Daseins entfaltet, weil er vielmehr in seinem Fragen von einem Seinsbegriff geleitet ist, wonach Sein soviel heißt wie Vorhandensein und Anwesendsein, und von diesem Seinsbegriff her auch den zeitverstehenden Geist faßt, bleibt ihm *trotz der Einsicht in die distentio animi* der Zugang zur eigensten Seinsweise des Geistes und zur ursprünglichen Zeit verschlossen. Nur wenn die distentio als das *zeitigende Sicherstrecken der Existenz* des Daseins als Grundphänomen gesehen wird, kommt es zu der Einsicht, daß die in das Jetzt, Noch-nicht-jetzt und Nichtmehr-jetzt auseinandergelegte Zeit das *Entsprungene eines Ursprungs* ist, der als die existenzial-horizontale Zeitlichkeit des Daseins die ursprüngliche Zeit ist. Die Jetzt-Zeit ist erst dann in ihrem *Wesen* verstanden, wenn sie aus der ekstatisch-horizontalen Zeitlichkeit als ihrem *Ursprung* begriffen wird.

§ 23. distentio animi und Zeitlichkeit des Daseins 177

Diesen Nachweis der Abkünftigkeit der Jetzt-Zeit aus einem ursprünglichen Zeitphänomen, das selbst nicht vom Jetzt, Noch-nicht-jetzt und Nicht-mehr-jetzt faßbar ist, führt Heidegger in „Sein und Zeit". Die Grund- oder Fundamentalfrage seines Denkens ist die im Verhältnis zur Überlieferung ursprünglicher wiederholte Frage nach dem Sinn von Sein überhaupt. „Sinn" nennt hier den Gesichtskreis oder *Horizont*, von dem her alle Weisen und Charaktere des Seins verstanden werden. Die universell, weil nach dem Sein überhaupt, d.h. im Ganzen seiner inneren Mannigfaltigkeit fragende Seinsfrage muß, soll sie ursprünglicher als in der Tradition gefragt werden, am *Leitfaden des Daseins* als eine *Analytik der seinsverstehenden Existenz* ausgearbeitet werden. Zu dem mit der Existenz im Vollzug stehenden Seinsverständnis gehört der Horizont des Verstehens von Sein, der nur Horizont ist für das Verstehen. Weil der Horizont rückbezogen ist auf das existierende Verstehen von Sein, kann er nur auf dem Wege einer Analytik der Existenz freigelegt werden. In dieser geht es darum, die Existenz des Daseins ontologisch hinsichtlich der sie bildenden existenzialen Strukturen (Existenzialien) zu untersuchen. Deshalb spricht Heidegger von der existenzial-ontologischen Analytik des Daseins. Ihre Hauptaufgabe ist es, das *Dasein* als den *ursprünglicheren Leitfaden* für die *Seinsfrage* auszuarbeiten.

In methodischer Hinsicht verfährt die Daseinsanalytik *phänomenologisch-hermeneutisch*.[5] Als *phänomenologische* Analyse versteht sie sich als ein aufweisendes, enthüllendes Sehenlassen dessen, was sich in solchem enthüllenden Aufweisen und Freilegen an ihm selbst und von ihm selbst her zeigt. Das so Sichzeigende, nämlich an ihm selbst und von ihm selbst her, sind die Phänomene. Sofern das aufweisende Sehenlassen des Daseins in seiner Existenz den Grundzug des Auslegens hat, ist die phänomenologische Analyse zugleich *hermeneutische* Phänomenologie. Was hier aber Auslegung

---

[5] Zur phänomenologischen Methode Heideggers und Husserls vgl.: O. Pöggeler, Heideggers Neubestimmung des Phänomenbegriffs. In: Neuere Entwicklungen des Phänomenbegriffs. Phänomenologische Forschungen 9. Freiburg/München 1980, S. 124-162. – F.-W. v. Herrmann, Der Begriff der Phänomenologie bei Heidegger und Husserl. 2. Auflage, Frankfurt a.M. 1988.

heißt, das bestimmt sich selbst aus dem, was ausgelegt wird, aus der Existenz des Daseins. Das phänomenologische Auslegen des Daseins hinsichtlich seiner seinsverstehenden Existenz ist selbst eine Vollzugsweise der auszulegenden Existenz. Im Umkreis der radikaler gestellten Seinsfrage und der zu ihr gehörenden Daseinsanalytik bestimmt sich das *philosophierende Denken* nicht mehr aus den Vermögen von Verstand und Vernunft, die zum vernünftigen Lebewesen als dem Leitfaden der überlieferten Seinsfrage gehören, sondern aus dem Dasein und den existenzialen Strukturen der Existenz. Durch die Kennzeichnung der Phänomenologie als einer hermeneutischen hebt sie sich deutlich ab von der nicht- oder *vor--hermeneutischen* Phänomenologie Husserls, die nicht Phänomenologie des Daseins, sondern des *Bewußtseins* ist. Dieser Bewußtseinsbegriff gehört aber grundsätzlich zum überlieferten Wesensverständnis des Menschen als des animal rationale. Trotz dieses Wesensunterschiedes zwischen der vorhermeneutischen und der hermeneutischen Phänomenologie bleibt ein Gemeinsames im Phänomenologie-Verständnis gewahrt: das Sichleitenlassen des Philosophierens von „den Sachen selbst".

Die existenzial-ontologische Analytik des Daseins vollzieht sich in „Sein und Zeit" in zwei deutlich voneinander abgehobenen Schritten. Der erste Schritt, ausgeführt im Ersten Abschnitt, ist eine „vorbereitende Fundamentalanalyse des Daseins". In dieser werden die Fundamentalstrukturen der Existenz in Einzelanalysen phänomenologisch-hermeneutisch freigelegt. Vorbereitend ist die Fundamentalanalyse, weil in ihr die Existenzialstrukturen zunächst noch ohne Mitthematisierung ihres ursprünglichsten ontologischen Sinnes aufgewiesen werden.

Die ontologische Auslegung der im Ersten Abschnitt gehobenen wesenhaften Existenzialien auf ihren Seinssinn hin erfolgt dann als der zweite Schritt in der Ausführung der Daseinsanalytik im Zweiten Abschnitt „Dasein und Zeitlichkeit". Dieser zweite Schritt zeigt in phänomenologisch-hermeneutischer Analyse, wie die existenzial-ontologische Strukturmannigfaltigkeit ihren ursprünglichsten Seinssinn in der Zeitlichkeit des Daseins hat. Dem Wort *Zeitlichkeit* begegneten wir schon in unserer Darstellung einiger

§ 23. distentio animi und Zeitlichkeit des Daseins

Grundzüge der Husserlschen Phänomenologie des inneren Zeitbewußtseins. Dort war von der Zeitlichkeit der Wahrnehmung oder Erinnerung die Rede. Indessen bedeutete dort „Zeitlichkeit" den zeitlichen Ablauf des Wahrnehmens oder Erinnerns in der bewußtseinsimmanent sich konstituierenden Zeit sowie den zeitlichen Aufbau der Dauer der wahrgenommenen Zeitobjekte. Was dort von Husserl selbst als Zeitlichkeit bezeichnet wurde, gehört zur Jetzt-Zeit. Heidegger verwendet dagegen den Terminus „Zeitlichkeit" nicht für seine Beschreibung der vulgären Zeit, sondern für deren Ursprung, für die ursprüngliche Zeit des existenzial-horizontalen Sichzeitigens des Daseins.

Nachdem Heidegger im Zweiten Abschnitt von „Sein und Zeit" zuerst in den Kapiteln drei, vier und fünf die ursprüngliche Zeit, die ekstatisch-horizontale Zeitlichkeit des Daseins, nach verschiedenen Auslegungsrichtungen hin phänomenologisch-hermeneutisch freigelegt hat, geht er im sechsten, dem letzten Kapitel dazu über, das *Entspringen des vulgären Zeitverständnisses*, der Jetzt-Zeit und Jetzt-Folge, aus der ursprünglichen Zeit schrittweise phänomenologisch aufzuzeigen. Ein schrittweiser phänomenologischer Aufweis ist es deshalb, weil gezeigt wird, wie einem bestimmten Modus der sichzeitigenden Zeitlichkeit des Daseins das *Besorgen von Zeit* und die in solchem Besorgen *besorgte Zeit* entspringt. Die „besorgte Zeit" nennt er auch *Weltzeit*, ohne damit dasselbe zu meinen, was Husserl mit diesem Terminus faßt. Die besorgte Weltzeit ist vielmehr jenes Zeitphänomen, dem dann auf dem Wege einer *Nivellierung* und *Verdeckung* ihres Weltcharakters die vulgär verstandene Zeit als Abfolge der Jetzt entspringt.

Um diese Genesis in ihren Grundzügen verstehen zu können, bedarf es als erstes der Nachzeichnung einiger Hauptschritte aus der existenzial-ontologischen Daseinsanalytik bis hin zur Enthüllung der existenzialen Zeitlichkeit des Daseins.

Jene Seinsweise, deren Vollzugssinn darin besteht, daß es mir in meinem Sein um mein Sein geht, die Existenz als Seinsweise des Daseins, zeigt eine Grundverfassung, die Heidegger das *In-der-Welt-sein* nennt. Daher geht es mir in meinem In-der-Welt-sein um dieses In-der-Welt-sein.

Welt nennt selbst ein Seinsphänomen, nicht das Weltall als das Ganze des Seienden, sondern eine Ganzheit von Sinnbezügen, die Heidegger *Bedeutsamkeit* nennt (SuZ, § 18). Als solche gehört die Welt zu den *Existenz-Möglichkeiten*, in denen das Dasein je und je existiert. Existenz-Möglichkeiten sind solche, in denen ich mich in der aufgeschlossenen Welt zum innerweltlichen Seienden verhalte. Die Existenz-Möglichkeiten, in denen ich als Dasein der bin, der ich jeweils bin, sind somit mögliche Weisen meines In-der-Welt-seins, Weisen, wie ich Welt als Bedeutsamkeitszusammenhang verstehe und wie ich aus diesem vorgängigen Weltverständnis her mich zu dem aus dem Weltverständnis her begegnenden innerweltlichen Seienden verhalte. Die *Innerweltlichkeit* dieses Seienden, zu dem ich mich existierend verhalte, ist seine jeweilige bedeutungsmäßige Verständlichkeit, in der es für mich offenbar ist. Das der bedeutungsmäßigen Offenbarkeit des innerweltlichen Seienden vorgreifende und ermöglichende Weltverständnis gehört zum weitgefaßten Seinsverständnis, das in und mit meinem Existieren im Vollzuge steht.

Im Existenzvollzug ist die Seinsweise der Existenz für sich selbst erschlossen; in dieser *Selbsterschlossenheit* der Existenz ist zumal Welt als Bedeutsamkeitshorizont sowie die Seinsverfassung des innerweltlichen Seienden enthüllt. Die für sich selbst erschlossene Existenz ist in dieser ihrer Selbsterschlossenheit *entrückt in die Erschlossenheit von Welt und der Seinsverfassung* des innerweltlichen Seienden. Das existierende je schon Entrücktsein des Daseins nennt Heidegger das *Ekstatische* der Existenz. Das Entrücktsein kann auch als das *Sicherstrecken* bzw. als das Erstrecktsein des Daseins bezeichnet werden. Wenn Heidegger die *distentio animi* als Sicherstrecken und Erstrecktsein des Geistes übersetzt und d.h. interpretiert, dann will er damit sagen, daß in dieser von Augustinus erfahrenen distentio die *Tendenz* zur ekstatischen Existenz liegt. Das aber, *wohin* die für sich selbst enthüllte Existenz entrückt ist, ist der *Horizont*, der *Welt- und der Seinshorizont*. Die Existenz ist deshalb *ekstatisch-horizontal erschlossen*. Anders gewendet, die Erschlossenheit von Existenz, Welt und den Seinsweisen des nichtdaseinsmäßigen Seienden, zu dem sich das Dasein aber existierend verhält, ist ekstatisch-horizontal verfaßt. In diesem Sinne sprechen wir dann von der mit dem Existenzvollzug aufgeschlossenen *Erschlossenheit des Seins im Ganzen*.

Das alles entscheidende Grundphänomen, das die existenzialontologische Daseinsanalytik erstmals phänomenologisch-hermeneutisch enthüllt hat, ist die Erschlossenheit. Von ihr her muß alles gesehen und begriffen werden, was von der Existenz und ihren Existenzialien, von der Welt des In-der-Welt-seins und von den Seinsweisen des nichtdaseinsmäßigen Seienden ausgeführt wird. Von der Erschlossenheit als der *Enthülltheit des Seins als solchen und überhaupt* erfährt die überlieferte Metaphysik und Ontologie eine grundstürzende und grundlegende Verwandlung.

Die im und mit dem Existenzvollzug ekstatisch-horizontal aufgeschlossene Erschlossenheit ist der *ontologische Sinn* dessen, was Heidegger das Dasein des Menschen nennt. Denn die Silbe „Da-" nennt die Erschlossenheit im Ganzen, während die Silbe „-sein" nur die Seinsweise des Menschen, die Existenz meint. Da-sein heißt, daß im und mit dem Vollzug der Existenz (-sein) die Erschlossenheit im Ganzen (Da-) aufgeschlossen ist. Die Erschlossenheit im Ganzen ist in sich strukturiert als *ekstatische* Erschlossenheit und als *horizontale* Erschlossenheit. In der ekstatischen Erschlossenheit ist die Seinsweise der Existenz (-sein) mit ihren Existenzialien aufgeschlossen. In der horizontalen Erschlossenheit als dem, wohinein die Existenz ekstatisch aufgeschlossen ist, sind die Bedeutsamkeitsbezüge der Welt und die Seinsweisen und Seinscharaktere des nichtdaseinsmäßigen Seienden aufgeschlossen.

Wie aber *ist* der Mensch sein Da, die Erschlossenheit im Ganzen als die Erschlossenheit seines jeweiligen In-der-Welt-seins *und* des Seins im Ganzen? In dieser Frage halten wir Ausschau nach jenen existenzialen Charakteren, die den eigentümlichen Vollzug der Existenz bilden, so, daß wir sagen: dem Dasein *geht* es in seinem Sein *um* sein Sein. Als erstes ist hier jene existenziale Struktur zu nennen, die Heidegger die *Geworfenheit* nennt (SuZ, § 29). Das Dasein findet sich in seiner Existenz aus einer *unverfügbaren Wurfbewegung* in die Erschlossenheit seines In-der-Welt-seins und des Seins im Ganzen geworfen. Die Erschlossenheit (das Da) erschließt sich in der Existenz je und je *faktisch*. Diese faktische Erschließungsweise bekundet sich in den *Gestimmtheiten* des Daseins, in seiner jeweiligen *Befindlichkeit*. Die faktisch sich erschließende Erschlossenheit ist eine solche von Existenzmöglichkeiten, von Möglichkeiten meines In-der-Welt-seins. *Mit diesen* sind auch die anderen Seinsweisen, die nicht das daseinsmäßige Seiende bestimmen, faktisch aufgeschlossen. Die Geworfenheit ist eine der *fundamentalen* existenzialen Weisen der Existenz des Daseins. Der *Vollzugscharakter* des Daseinsvollzugs bestimmt sich zum einen aus diesem existenzialen Seinscharakter.

Die zweite, *gleichursprüngliche fundamentale* existenziale Weise, in der das Dasein existiert, ist der *Entwurf* (SuZ, § 31). Als in die Erschlossenheit von Möglichkeiten meines In-der-Welt-seins geworfen, existiert das Dasein in einem zumal als ein *Sichentwerfen auf* je eine in der Geworfenheit vorgegebene, faktisch erschlossene Möglichkeit. So, wie das Geworfenwerden ein *faktisches* Erschlossenwerden ist, so ist das Entwerfen ein *vollzugshaftes* Aufschließen und Erschließen. Das Dasein existiert je nur aus einer Möglichkeit des In-der-Welt-seins, sofern es eine aus der faktischen Erschlossenheit *wählbare* Möglichkeit im Entwerfen für sein Existieren *übernehmend* aufschließt als diejenige, in der es als dieses so gewählte In-der-Welt-sein existiert.

Schon an diesen beiden gleichursprünglichen fundamentalen Existenzialien können wir verstehen, was es heißt, daß es mir in meinem Sein *um* mein Sein *geht*. Ich verhalte mich in meinem Sein zu meinem Sein, wenn ich mich auf die in der existenzialen Geworfenheit vorgegebenen Möglichkeiten meines In-der-Welt-seinkönnens entwerfe. Dieses Entwerfen nennt Heidegger auch das *Verstehen*, das *Sichverstehen auf* das je eigene *Seinkönnen* in und aus einer Seinsmöglichkeit.

Im Existenzvollzug des geworfenen Entwurfs erschließt sich faktisch und vollzugshaft die Erschlossenheit des jeweilig-konkreten In-der-Welt-seins und *mit diesem* die Erschlossenheit von Sein überhaupt oder im Ganzen.

Zum Existenzvollzug gehört nun aber vor allem auch noch eine *dritte* existenziale Seinsstruktur, die sehen läßt, wie die geworfen-

§ 23. *distentio animi und Zeitlichkeit des Daseins* 183

entworfene Erschlossenheit der weltlichen Bedeutsamkeitsbezüge jenes Seiende, zu dem sich das Dasein existierend verhält, *als innerweltlich bestimmtes* offenbarwerden läßt. Diese dritte existenziale Struktur ist das existierende *Sein-beim-innerweltlich-begegnenden-Seienden*. Als existenziale Struktur ist das Sein-bei wie alle Existenzialien *ekstatisch-horizontal* verfaßt. Denn im Sein-bei existiere ich *entrückt in* die geworfen-entworfene, d.h. faktisch und vollzugshaft aufgeschlossene Erschlossenheit von Welt. Ich *halte* in ihm die geworfen-entworfene Welt-Erschlossenheit meines In-der-Weltseins *offen für das Offenbarwerden des Seienden,* das mir aus der ekstatisch-horizontalen Welt-Erschlossenheit *als innerweltliches* Seiendes begegnet. Nur sofern ich im existierenden Sein-bei die geworfen-entworfene Erschlossenheit der Weltbezüge offenhalte, die die Weltbezüge für das innerweltlich begegnende Seiende sind, *verhalte ich mich im Sein-bei zum Seienden* dieser Weltbezüge. Das *ekstatisch-horizontale Sein-bei* ist der existenziale Ort für die *Intentionalität,* die, sofern sie *von der Seinsweise der Existenz bestimmt* wird, *nicht mehr* eine Wesensverfassung von *Erlebnissen oder Akten des Bewußtseins, sondern eine Struktur des Daseins* ist. Im existierenden Sein-bei läßt das Dasein nichtdaseinsmäßiges Seiendes aus der geworfen-entworfenen Welt-Erschlossenheit als innerweltliches Seiendes begegnen, oder, wie Heidegger sagt, es *entdeckt* dieses Seiende als das innerweltliche, es läßt dieses in seine innerweltliche Entdecktheit (Verständlichkeit, Offenbarkeit) einrücken. Als geworfenes Entwerfen existiert das Dasein erschließend, d.h. die je schon faktische Erschlossenheit von Existenz, Welt und Sein überhaupt in endlicher Weise aufschließend, und nur so existiert es als Sein-bei das Seiende entdeckend.

In dieses *entdeckende* oder *offenbarmachende Begegnenlassen* des Seienden aus der horizontalen geworfen-entworfenen Welt-Erschlossenheit spielt ein weiteres Existenzial hinein, das im Verstehen als dem Entwerfen fundiert ist. Es ist die *existenziale Seinsweise der Auslegung* (SuZ, § 32). Dieses Existenzial können wir in unserer *auswählenden* Darstellung nicht übergehen, weil es in dem von uns noch zu behandelnden *Entspringen der besorgten Weltzeit* und *Jetzt-Zeit* aus der existenzialen Zeitlichkeit eine entscheidende Funktion übernimmt. Auslegung als existenziale Seinsweise des Daseins heißt *Zueignung* und *Auseinanderlegung* dessen, was im geworfenen Entwurf aufgeschlossen und verstanden ist. *Als entdeckendes Sein-bei* existiert das Dasein *auslegend*, indem es z.B. die geworfen-entworfene Welt-Erschlossenheit hinsichtlich der in ihr beschlossenen, eingehüllten Bedeutsamkeitsbezüge enthüllend auseinanderlegt. Diese weltmäßigen Bezüge nennt Heidegger *Um-zu-Bezüge*, weil sie das Seiende, zu dem wir uns verhalten, bestimmen als Seiendes, um zu..., d.h. um mit ihm so oder so umzugehen. Die Um-zu-Bezüge bilden je eine Ganzheit von Welt, einen Welthorizont. Sofern das Seiende aus dem für die ekstatische Existenz erschlossenen Welthorizont als innerweltliches Seiendes begegnet, ist es in seiner Innerweltlichkeit durch solche weltlichen Um-zu-Bezüge ontologisch bestimmt. Heidegger nennt die Um-zu-Bezüge auch *Bewandtnis-Bezüge*. Denn mit jedem innerweltlichen Seienden hat es seine Bewandtnis bei etwas. Im Vollzug des existierenden Auslegens legt das Dasein die in der geworfen-entworfenen Welt-Erschlossenheit beschlossenen Weltbezüge heraus und auseinander, um im Offenen der so herausgelegten Weltbezüge das Seiende in seiner Innerweltlichkeit zu entdecken. Das existierende Auslegen des Geworfen-entworfenen vollzieht sich gleichursprünglich mit dem Entdecken oder Begegnenlassen des Seienden.

Im sechsten, dem letzten Kapitel der vorbereitenden Fundamentalanalyse kommt es zur phänomenologisch-hermeneutischen Freilegung jener Ganzheit von Entwurf, Geworfenheit und Sein-bei, die Heidegger in rein ontologischer Abzielung als *Sorge* bezeichnet (SuZ, § 41). Die in ihrer Ganzheit *dreigegliederte Sorge-Struktur* lautet: *Sich-vorweg-im-schon-sein-in-einer-Welt-als-Sein-bei-innerweltlich-begegnendem-Seienden*. Das Sich-vorweg-sein ist die Struktur des Entwurfs. Denn im Michentwerfen auf eine jeweilige faktisch erschlossene Möglichkeit des In-der-Welt-seins bin ich mir selbst vorweg als derjenige, als welcher ich existiere. Doch solches Mir-selbst-vorweg-sein ist nur möglich im Schon-sein-in-einer-Welt, d.h. im schon Geworfensein in die faktische Erschlossenheit der zur Existenzmöglichkeit gehörenden Welt. Indessen bleibt das entwerfende Sich-vorweg-sein im geworfenen Schon-sein-in-einer-faktisch-erschlossenen-Welt nicht freischwebend, sondern vollzieht sich umwillen des Existierens beim innerweltlich zu entdeckenden Seienden. Daß ich mich zu Seiendem verhalten kann und in diesem Verhalten das Seiende, als das, *wie* und *was* es für mein intentionales Verhalten zu ihm *ist*, verstehen kann, hat seine existenzial-ontologische Ermöglichung in meinem Sein als Existenz und deren Sorgevollzug.

Existenzvollzug ist *sorgender Vollzug*, worin das Dasein *Sorge trägt für* die Erschlossenheit seines In-der-Welt-seins *und* des Seins im Ganzen *und* für die Entdecktheit (Offenbarkeit) des Seienden, zu dem es sich existierend wesenhaft verhält. Weil das existierende Verhalten zu Seiendem existenzial-ontologisch durch die dreigliedrige *Sorge* ermöglicht wird, erhält die *existenziale Seinsweise* des existierenden Verhaltens die terminologische Bezeichnung des *Besorgens*.

Erst jetzt haben wir uns in den Stand gesetzt nachzuzeichnen, wie die dreigliedrige Sorgestruktur ihren *ursprünglichsten Seinssinn* in der *dreigliedrigen ekstatisch-horizontalen Zeitlichkeit* hat, der ursprünglichen, aus der Erschlossenheit sich bestimmenden Zeit, die der Ursprung für die besorgte Weltzeit und die nivellierte Jetzt-Zeit ist.

§ 24. Die ekstatisch-horizontale Zeitlichkeit des Daseins, die besorgte Weltzeit und die vulgäre Jetzt-Zeit

Im § 65 von „Sein und Zeit", der zum dritten Kapitel des Zweiten Abschnittes „Dasein und Zeitlichkeit" gehört, wird der *Seinssinn der Sorge* als der dreifach strukturierten Seinsverfassung des Daseins enthüllt. Die Frage nach dem ontologischen Sinn der Sorge fragt danach, was die Ganzheit des dreifach gegliederten Strukturganzen der Sorge „*in der Einheit ihrer ausgefalteten Gliederung*" ermöglicht (SuZ, S. 324).

Doch bevor wir uns dieser Thematik zuwenden können, müssen wir noch einen existenzial-ontologischen Sachverhalt aus der vorbereitenden Fundamentalanalyse des Ersten Abschnittes kennzeichnen, der für das Verständnis der existenzialen Zeitlichkeit unverzichtbar ist. Es handelt sich um jenen Sachverhalt, den Heidegger mit dem existenzial-ontologischen Begriffspaar *Eigentlichkeit-Uneigentlichkeit* begrifflich faßt. Mit diesen Begriffen soll angezeigt werden, daß der Existenz- als Sorgevollzug *nicht gleichförmig* ist, sondern daß sich das Sorgetragen der Existenz in *zwei möglichen Grundmodi* vollziehen kann. Denn das Sein, um das es mir in meinem Sein geht, ist je meines, d.h. es ist durch die *Jemeinigkeit* bestimmt. Zu dem in der Jemeinigkeit erschlossenen Sein kann ich mich so verhalten, daß ich mich in meinem Sein *selbst wähle*, oder aber so, daß ich mich in meinem Sein *verliere*. Geht es mir so in meinem Sein um mein Sein, daß ich mich selbst wähle, dann existiere ich als *eigentliches Selbstsein*. „Eigentlich" heißt hier, daß ich mir in dieser Weise meines Seins *zueigen* bin. Verhalte ich mich aber in meinem Sein so zu diesem, daß ich mich darin verliere, dann existiere ich als *uneigentliches Selbstsein*, das sich nicht zueigen ist. Diesen Modus des Selbstseins nennt Heidegger das *Man-Selbst*, jenes Selbstsein, das sich aus dem anonymen Jedermann bestimmt.

Die Sorge vollzieht sich dann im Grundmodus der Eigentlichkeit, wenn das Dasein *primär* aus dem in selbsteigener Weise vollzogenen geworfenen Entwurf existiert und sich aus dem so vollzogenen geworfenen Entwurf *in sein besorgendes Sein beim innerweltlichen Seienden bringt*. Das Sorgen vollzieht sich dagegen im Grundmodus der Uneigentlichkeit, wenn es sich von der Möglichkeit des selbsteigenen geworfenen Entwurfs abkehrt und *primär* aus der Welt und den Weisen des besorgenden Seins beim innerweltlichen Seienden existiert, ohne die Erschlossenheit der Welt und der Möglichkeiten des Besorgens aus dem in selbsteigener Weise vollzogenen geworfenen Entwurf ursprünglich aufgeschlossen zu haben. Auch im Existenzmodus der Uneigentlichkeit existiert das Dasein geworfen-entwerfend, aber mit dem *Unterschied*, daß der geworfene Entwurf sich in seiner Vollzugsweise modifiziert hat gegenüber dem geworfenen Entwurf im Modus der Eigentlichkeit. Zur *Alltäglichkeit* des Daseinsvollzuges gehört es, daß das Dasein „zunächst und zumeist" im Modus der Uneigentlichkeit oder auch der *modalen Indifferenz* existiert. Nur aus diesem heraus gewinnt es seine ihm mögliche Eigentlichkeit.

Weil das Dasein im Existenzmodus der Uneigentlichkeit sich primär in die Möglichkeiten des besorgenden Seins beim innerweltlichen Seienden verlegt, ohne daß es diese Möglichkeiten aus dem Vollzug des selbsteigenen Entwurfs aufschließt, ist es in der Existenzweise der Uneigentlichkeit von seinem eigentlichen Selbstseinkönnen *abgefallen* und an die Welt und das besorgbare Seiende *verfallen.* Die existenziale Struktur der Uneigentlichkeit heißt das *Verfallen* (SuZ, § 38). Als Vollzugsweise der Sorge hat das Verfallen innerhalb der Erschlossenheit des In-der-Welt-seins einen *verschließenden* Charakter. Im Existenzmodus der Uneigentlichkeit ist die mit dem Sorgevollzug aufgeschlossene Erschlossenheit des In-der-Welt-seins in einer *nichtursprünglichen* Weise aufgeschlossen. Das ist der ontologische Sinn der verfallenden Verschließung. Die Nichtursprünglichkeit modifiziert sich in der Existenzweise der Eigentlichkeit zur ursprünglich aufgeschlossenen Erschlossenheit.

Weil das Dasein *zunächst* immer und auch *zumeist,* d.h. *alltäglich,* sich selbst in der Weise des existierenden Verfallens an die Welt und an das innerweltliche Seiende erschlossen ist, geht die existenzial-ontologische Analytik in der vorbereitenden Fundamentalanalyse aus von der Selbstgegebenheit des je eigenen Daseins in diesem alltäglich-uneigentlichen Erschlossenheitsmodus. Im Hinblick auf das so für die Analytik in die *Vorhabe* der phänomenologisch-existenzialen Auslegung genommene Dasein werden jedoch solche fundamentalen Seinsstrukturen freigelegt, die das Dasein nicht nur im Modus der Uneigentlichkeit, sondern auch in der Existenzweise der Eigentlichkeit verfassen. In diesem Sinne sind die drei existenzialen Strukturen des Entwurfs, der Geworfenheit und des besorgenden Seins beim innerweltlichen Seienden zu nehmen. Die Sorge im Ganzen ihrer drei existenzialen Strukturen kann sich in der Weise der Uneigentlichkeit, des Verfallens, oder in der Weise der Eigentlichkeit vollziehen. Darüberhinaus werden in der vorbereitenden Fundamentalanalyse jene besonderen existenzialen Strukturen gewonnen, in denen die Existenzweise der Uneigentlichkeit verfaßt ist.

Bevor dann im Zweiten Abschnitt der Seinssinn der Sorge als existenziale Zeitlichkeit enthüllt wird, erfolgt noch die *existenziale Analyse* dessen, was Heidegger das *Ganzseinkönnen des Daseins* nennt (erstes Kapitel), und im Anschluß daran die existenziale Analyse des *eigentlichen Seinkönnens*, der *Eigentlichkeit* (zweites Kapitel). Auch in diesen Analysen wird die Analytik der existenzialen Zeitlichkeit des Daseins *vorbereitet*. Mit der Frage nach dem Ganzseinkönnen des Daseins ist gefragt, wie das Dasein in seinem Existieren immer auch schon seinen Tod versteht, so, daß das verstehende Sichverhalten zu seinem eigenen Tod wesenhaft den Existenzvollzug bestimmt. Das existierende Sichverhalten zum eigenen Tod, der als solcher in die Existenz hereinsteht, faßt Heidegger terminologisch als das *Sein zum Tod*. Das Dasein existiert offen für den Tod, der im Existenzvollzug verstanden ist als die *äußerste Möglichkeit der schlechthinnigen Unmöglichkeit* des Daseins. Die schlechthinnige Unmöglichkeit muß aus der Erschlossenheit des Daseins als deren *schlechthinnige Nichtung und Verschließung* begriffen werden.

Im Existenzmodus der Uneigentlichkeit verhält sich das Dasein so zu seinem Tod, daß es vor diesem flieht und in dieser existierenden Fluchtbewegung die als Möglichkeit in das Dasein hereinstehende schlechthinnige Unmöglichkeit sich verschließt. Anders im Modus der Eigentlichkeit, in dem es seinen geworfenen Entwurf in der Weise des nicht-verschließenden *Vorlaufens in den Tod*, in die schlechthinnige Unmöglichkeit des Existierens, vollzieht.

Die existenziale Struktur der Eigentlichkeit, des eigentlichen Seinkönnens, wird im zweiten Kapitel auf dem Wege einer existenzialen Analytik der Existenzphänomene des *Gewissens* und des *Schuldigseins* erarbeitet. Der im Modus der Eigentlichkeit sich vollziehende geworfene Entwurf schließt die Erschlossenheit des In-der-Welt-seins in ursprünglicher Weise auf. Die darin sich erschließende Erschlossenheit nennt Heidegger die *Entschlossenheit*, die keinen Willensentschluß meint, sondern die Erschlossenheit des In-der-Welt-seins im *Modus der unverstellten Ursprünglichkeit*. Weil die Entschlossenheit nur in jenem existierenden Vorlaufen in den Tod ersteht, spricht Heidegger von der *vorlaufenden Entschlossenheit*.

§ 24. Zeitlichkeit, besorgte Weltzeit, vulgäre Jetzt-Zeit

Wenn nun im *dritten Kapitel* (§ 65, S. 325 ff.) der phänomenologisch-hermeneutische Aufweis des ontologischen Sinnes der Sorge erfolgt, dann ist für diese Analyse die *Sorge im Modus der zuvor enthüllten Eigentlichkeit* in die hermeneutische Vorhabe genommen. Die Analytik der existenzialen Zeitlichkeit des Daseins nimmt, im Vergleich zur Fundamentalanalyse des Ersten Abschnittes, den *umgekehrten Weg:* Sie bringt zuerst die *Zeitlichkeit* im *Modus ihrer Eigentlichkeit* und anschließend im *Modus ihrer Uneigentlichkeit* zur Abhebung. Dennoch ist auch jetzt zu beachten, daß mit der Freilegung der Zeitlichkeit im Modus der Eigentlichkeit zugleich die *formal-indifferente* Zeitlichkeitsstruktur enthüllt wird, die als solche auch die uneigentliche Zeitlichkeit kennzeichnet.

Inwiefern ist nun die existenziale Zeitlichkeit[1] die Ermöglichung der Sorge? Die erste der drei Strukturen der Sorge ist das Sich-vorweg-sein. Eigentlich ist das Dasein sich vorweg, wenn es sich auf die Möglichkeit seines In-der-Welt-seins als eigentliches Ganzseinkönnen, d.h. aber als vorlaufende Entschlossenheit entwirft. In einem solchen entwerfend-aufschließenden Sich-vorweg-sein *läßt* das Dasein *sich auf sich zukommen*. Das Entwerfen als Sich-vorwegsein hat seinen ursprünglichsten Seinssinn in diesem *Auf-sich-zukommen*. Dieses im Sein des Daseins geschehende Auf-sich-zukommen ist das ursprüngliche Phänomen der Zukunft. Als *ursprüngliche Zukunft* meint es nicht das vulgär verstandene Nochnicht-jetzt, sondern die *existenziale* Zukunft, die zur *ursprünglichen Zeit*, zur existenzialen Zeitlichkeit gehört und aus der Erschlossenheit erfahren werden muß.

Das zweite Strukturmoment der Sorge ist das Schon-sein-in-einer-Welt, das Geworfensein in die faktische Erschlossenheit des In-der-Welt-seins. In eigentlicher Weise existiert das Dasein als

---

[1] Zu Heideggers hermeneutisch-phänomenologischen Analysen der existenzialen Zeitlichkeit vgl. auch: W. Biemel, Heidegger. Reinbek 1973, S. 55 ff. – F.-W. v. Herrmann, Der Zeitbegriff Heideggers. In: Mesotes. Zeitschrift für philosophischen Ost-West-Dialog. Supplementband: Martin Heidegger. Wien 1991, S. 22-34. – Ders., Zeitlichkeit des Daseins und Zeit des Seins. In: Subjekt und Dasein. Interpretationen zu „Sein und Zeit". 2., stark erweiterte Auflage, Frankfurt a.M. 1985, S. 76-91.

Schon-sein-in-der-Welt, wenn es in seinem Sorgevollzug sein Geworfensein unverstellt übernimmt. Sein Geworfensein eigentlich übernehmen heißt, sein „wie es je schon war", sein *Gewesen,* das je schon *Erschlossen-gewesen,* in den Existenzvollzug hereinschlagen lassen. Dasein kommt nur so auf sich zu, daß es zumal *auf sein Gewesen zurückkommt.* Im eigentlichen, im vorlaufenden Auf-sich-zukommen, in diesem existenzialen Zukünftigsein, kommt das Dasein auf sein eigenstes Gewesen zurück. Das *Zurückkommen auf sein Gewesen* ist der ursprünglichste Seinssinn des Geworfenseins bzw. des Schon-seins-in-der-Welt. Dieser Seinssinn ist ein existenzial-zeitlicher, das *existenziale Phänomen der Gewesenheit,* das mit der existenzialen Zukunft zur ursprünglichen Zeit, zur existenzialen Zeitlichkeit gehört. Als existenziale Gewesenheit ist sie nicht die vulgär verstandene Vergangenheit als das Nicht-mehr-jetzt, sondern ist ein *Zeitcharakter der ekstatischen Erschlossenheit.*

Das dritte Strukturmoment der Sorge ist das begegnenlassende (entdeckende) Sein beim innerweltlichen Seienden. Dieses existierende Sein-bei vollzieht sich dann als ein eigentliches, wenn es die im eigentlich vollzogenen geworfenen Entwurf aufgeschlossene *Situation* der Erschlossenheit eines möglichen In-der-Welt-seins aufgeschlossenhält für ein *unverstelltes handelndes Begegnenlassen* des innerweltlichen Seienden. Solches besorgende Begegnenlassen hat seine ursprüngliche existenzial-zeitliche Ermöglichung in dem, was Heidegger das *Gegenwärtigen* des besorgten Seienden nennt. Der Terminus „Gegenwärtigen" begegnete uns in unserer Übersicht über Grundzüge des Husserlschen Zeit-Denkens. Für Husserl ist Gegenwärtigung eine Charakterisierung der Wahrnehmung im Unterschied etwa zur Vergegenwärtigung der Wiedererinnerung. Wenn Husserl die Zeitlichkeit der gegenwärtigenden Wahrnehmung bedenkt, dann bestimmt er diese mit Blick auf die immanente Zeit, die grundsätzlich zur Jetzt-Zeit gehört. Wenn dagegen Heidegger vom Gegenwärtigen handelt, dann hat er ein Zeitphänomen nicht der Jetzt-Zeit, sondern der ursprünglichen Zeit, der existenzialen Zeitlichkeit im Blick. Im Umkreis des Heideggerschen Zeit-Denkens nennt das Gegenwärtigen das existenziale Zeitphänomen der Gegenwart, nicht die Gegenwart als Jetzt, son-

§ 24. Zeitlichkeit, besorgte Weltzeit, vulgäre Jetzt-Zeit 191

dern das *existenziale Gegenwärtigen*, das wie alle existenzialen Zeitphänomene *aus der ekstatischen Erschlossenheit* erfahren werden muß. Im gegenwärtigenden Aufgeschlossenhalten dessen, was sich im Auf-sich-zukommen und Auf-sich-zurückkommen, im Vollzug der existenzialen Zukunft und Gewesenheit, erschließt, läßt dieses Gegenwärtigen das Seiende als innerweltliches Gegenwärtiges in seine Entdecktheit einrücken.

Das einheitliche Phänomen der existenzialen Zukunft (Auf-sich-zukommen), der existenzialen Gewesenheit (Auf-sich-zurückkommen) und der existenzialen Gegenwart (Gegenwärtigen) nennt Heidegger die *existenziale Zeitlichkeit*. Sie ist der zeitliche Seinssinn der Sorgeverfassung des Daseins. Das Dasein ist in seinem Sein als Sorgevollzug nur möglich, weil es in seinem Sein als existenziale Zeitlichkeit verfaßt ist. Der *Vollzugscharakter* der Zeitlichkeit wird terminologisch dadurch zum Ausdruck gebracht, daß das Dasein *sich* in seiner Zeitlichkeit *zeitigt*. Die Zeitigung der Zeitlichkeit – das Auf-sich-zukommen, Auf-sich-zurückkommen, Gegenwärtigen – ist das ursprünglichste Geschehen im Sein des Daseins.

In dem *Auf-sich-zu* der existenzialen Zu-kunft, im *Zurück-auf* der existenzialen Gewesenheit und im entdeckenden *Begegnenlassen von* der existenzialen Gegenwart existiert das Dasein in der Weise des *Außer-sich-seins*, griechisch ἐκστατικόν. Die drei existenzialen Zeitphänomene werden deshalb *Ekstasen* der Zeitlichkeit genannt. Das Dasein existiert als Sorgevollzug, indem es sich in der Einheit der drei Ekstasen seiner Zeitlichkeit zeitigt. In diesen drei Zeitlichkeitsekstasen ist es *nicht* in sich selbst in der Weise einer *Immanenz*, sondern wesenhaft außer sich in der Erschlossenheit. Die drei Zeitlichkeitsekstasen sind drei zeitliche Weisen, in denen das Dasein ekstatisch erschlossen ist, drei *zeitliche ekstatische Erschlossenheitsweisen*. Das aber, wohin das Dasein in diesen drei zeitlichen ekstatischen Erschlossenheitsweisen entrückt ist, ist jeweils ein *Horizont*. Die Einheit dieser drei Horizonte bilden zusammen die *horizontale Erschlossenheit*. Die existenziale Zeitlichkeit ist *ekstatisch-horizontal* verfaßt.

Nachdem im § 65 die existenziale Zeitlichkeit mit Blick auf die eigentliche Sorge phänomenologisch-hermeneutisch gehoben ist, erfolgt im anschließenden *vierten Kapitel* die Freilegung der *uneigentlichen Zeitlichkeit* des Daseins, aber so, daß *zugleich* auch die *eigentliche Zeitlichkeit* zur schärferen Bestimmung gelangt. Von besonderer Wichtigkeit ist der Abschnitt a) des § 68. Denn hier wird die Zeitlichkeit des Verstehens (Entwurfs), und zwar sowohl des eigentlichen wie des uneigentlichen Verstehens, in ihrer dreigliedrigen Struktur sachlich und terminologisch gefaßt. Wie innerhalb der eigentlichen Zeitlichkeit jede der drei Ekstasen sich im Modus der Eigentlichkeit zeitigt, so zeitigt sich auch innerhalb der uneigentlichen Zeitlichkeit jede ihrer Ekstasen im Modus der Uneigentlichkeit. Daher bedarf es nun auch für jede Zeitlichkeitsekstase *zweier unterschiedlicher terminologischer Bezeichnungen*. Von jetzt ab wird das Auf-sich-zukommen zum *formal-indifferenten* Terminus für das existenziale Zukunftsphänomen überhaupt. Denn sowohl in der eigentlichen wie in der uneigentlichen Zeitlichkeit kommt das Dasein auf sich zu, aber jeweils in einem unterschiedlichen Modus. Von jetzt ab nennt Heidegger das *eigentliche* Auf-sich-zukommen das *Vorlaufen*. Wie aber kommt das Dasein im uneigentlichen Sorgevollzug auf sich zu? In diesem vollzieht es seinen geworfenen Entwurf nicht aus der ihm möglichen selbsteigenen Weise, sondern verlegt sein Existieren in die Welt und in die möglichen Weisen des besorgenden Umgangs mit dem besorgbaren innerweltlichen Seienden. In diesem Vollzugsmodus der Sorge kommt das Dasein dergestalt auf sich zu, daß es seiner aus den Möglichkeiten des Besorgbaren *gewärtig* ist. Das *Gewärtigen* ist jetzt der existenzial-ontologische Terminus für das *uneigentliche* Zukunftsphänomen.

Das eigentliche Auf-sich-zurückkommen, das *eigentliche* existenziale Gewesensein des Daseins, erhält jetzt die besondere Bezeichnung der *Wieder-holung*, so daß das Auf-sich-zurückkommen zum *formal-indifferenten* Terminus für die existenziale Gewesenheit überhaupt wird. Wieder-holung heißt das eigentliche Gewesensein, weil sich das Dasein im eigentlichen Sorgevollzug in sein geworfenes Erschlossen-gewesen *wieder vor holt*, vor aus der Verschließung der uneigentlichen Zeitlichkeit. Im uneigentlichen Sorgevollzug, im gewärtigenden Auf-sich-zukommen, hält das Dasein

§ 24. Zeitlichkeit, besorgte Weltzeit, vulgäre Jetzt-Zeit 193

mit dem eigentlichen Sichentwerfen auch sein eigentliches Geworfensein, sein Erschlossen-gewesen, *verschlossen*. Es verhält sich in seinem Existieren zu seiner eigentlichen Gewesenheit verschließend. Dieses Verschließen nennt Heidegger *Vergessenheit*. Sie ist der existenzial-ontologische Name für die *uneigentliche* existenziale Gewesenheit.

Die *eigentliche* Gegenwart wird jetzt von Heidegger der *Augen--blick* genannt. Gemeint ist aber nicht der Augenblick im Sinne des Jetzt oder der Jetztphase, sondern die eigentliche Gegenwartsekstase. In dieser ist das Dasein an das entrückt, was in der durch die vorlaufende Wieder-holung aufgeschlossenen Situation des In-der-Welt-seins an besorgbaren Möglichkeiten sich zeigt. Die *uneigentliche* Gegenwart aber erhält als Eigenbezeichnung den Terminus des *Gegenwärtigens*. Zwar ist jede existenziale Gegenwart, jede existenziale Gegenwartsekstase, gegenwärtigend; aber die uneigentliche Gegenwart hat nicht den Charakter des Augen-blicks. Der Ausdruck „Gegenwärtigen" fungiert also einmal als *formal-indifferenter* Terminus für das existenziale Gegenwartsphänomen überhaupt und ferner auch als Eigenname für die *uneigentliche* Gegenwart im Unterschied zum Augen-blick als der eigentlichen Gegenwart.

Zusammenfassend läßt sich sagen: Die eigentliche Zeitlichkeit des Verstehens in Einheit mit der Geworfenheit und dem besorgenden Sein-bei ist die ekstatische Einheit des *vorlaufend-wiederholenden Augen-blicks*, während sich die uneigentliche Zeitlichkeit desselben Verstehens als das *gewärtigend-vergessende Gegenwärtigen* zeitigt. Diese beiden existenzialen Modi der ursprünglichen Zeit sind Weisen, in denen die ekstatisch-horizontale Erschlossenheit des Daseins *zeithaft aufgeschlossen* ist.

Im *gewärtigend-vergessenden Gegenwärtigen* entwirft sich das Dasein auf eine mögliche Welt als Bedeutsamkeit und auf die zu ihr gehörenden möglichen Weisen besorgender Verhaltung zum besorgbaren innerweltlichen Seienden. Die uneigentliche Zeitlichkeit des Verstehens *entfaltet sich* daher in die *spezifische Zeitlichkeit* des besorgenden Umgangs mit dem innerweltlichen Seienden. Von dieser existenzialen Zeitlichkeit handelt der § 69 a). Als wir den existenzial-ontologischen Welt-Begriff kennzeichneten, erläuterten wir die Bedeutsamkeit als eine erschlossene Ganzheit von Um-zu- oder Bewandtnis-Bezügen. Jedes umweltliche Seiende, von Heidegger ontologisch als zuhandenes Zeug im Unterschied zum vorhandenen Ding bezeichnet, ist in seinem *primären Was-sein* durch einen weltmäßigen, zur Welt als Bedeutsamkeit gehörenden Bewandtnis-Bezug ontologisch bestimmt. Aufgrund dieses Bezuges gehört das Zeug genannte Seiende je in einen seinsmäßig verklammerten Zusammenhang von Zeug, in einen *Zeugzusammenhang* (Zeugganzes). Aus seinem Wassein als Bewandtnis ist das Zeug solches, *mit* dem es sein Bewenden *bei* anderem Seienden desselben Zeugzusammenhanges hat. Im besorgenden Umgang mit dem innerweltlichen Seienden verstehe ich seine Dienlichkeit oder Verwendbarkeit, sofern mein Umgang mit ihm vorgängig geführt ist durch den aus der geworfen-entworfenen Bedeutsamkeit herausgelegten Bewandtnis-Bezug. Diesen Bezug im *Seinsverständnis* verstehen heißt *verstehen, wobei* es *mit* jenem Seienden sein Bewenden hat. Dieses vorgängige Seinsverstehen des jeweiligen Wobei der Bewandtnis hat auch die *existenzial-zeitliche Struktur* des *Gewärtigens*. Im *Gewärtigen* des Wobei der Bewandtnis *komme* ich *auf* das Womit der Bewandtnis *zurück*. Dieses *existenzial-zeitliche Zurückkommen* auf das jeweilige Womit nennt Heidegger das *Behalten*. So kann er sagen: „Das *Gewärtigen* des Wobei in eins mit dem *Behalten* des Womit der Bewandtnis ermöglicht in seiner ekstatischen Einheit das spezifisch hantierende Gegenwärtigen des Zeugs" (SuZ, S. 353). Das *gewärtigend-behaltende Gegenwärtigen* ist die *existenziale Zeitlichkeit* des *besorgenden Umgangs mit dem umweltlichen Seienden*. Sie entfaltet sich aus der uneigentlichen Zeitlichkeit des Verstehens, aus dem gewärtigend-vergessenden Gegenwärtigen.

Diese ekstatisch-horizontale Zeitlichkeit des Besorgens erweist sich nun als der *unmittelbare Ursprung* jenes Zeitverständnisses, das die Zeit als Jetzt, Jetzt-noch-nicht und Jetzt-nicht-mehr versteht, ohne daß die so entspringende Zeit schon als reine Mannigfaltigkeit der abfolgenden Jetzt vorgestellt wird. Dieses Entspringen zeigt innerhalb des sechsten Kapitels der bedeutsame § 79 auf unter dem Titel „Die Zeitlichkeit des Daseins und das Besorgen von Zeit". Wir erwähnten bereits die im entwerfenden Verstehen fun-

§ 24. Zeitlichkeit, besorgte Weltzeit, vulgäre Jetzt-Zeit

dierte existenziale Seinsweise der *Auslegung*. Diese übernimmt jetzt *im Entspringen der besorgten Zeit aus der ekstatisch-horizontalen Zeitlichkeit des Besorgens* eine entscheidende Funktion. Die dreigliedrige existenziale Zeitlichkeit des Besorgens, die als existenziale zur ursprünglichen Zeit gehört, *legt sich und spricht sich aus* im Vollzug des besorgenden Michverhaltens zum besorgbaren Seienden. Das ekstatische Gewärtigen legt sich aus im *„dann"*. Wir sagen lautlich vernehmbar oder ohne Verlautbarung „dann soll das und das geschehen". Das ekstatische Behalten legt sich aus im *„zuvor"* oder *„damals"*. Wir sagen mit oder ohne Verlautbarung „zuvor muß noch jenes andere erledigt werden". Das ekstatische Gegenwärtigen schließlich legt sich ebenfalls aus im *„jetzt"*, wenn wir lautlich vernehmbar oder nicht sagen „jetzt tue ich dieses oder jenes".

Im Verstehen des „dann" liegt das *„jetzt-noch-nicht"*, im Verstehen des „damals" das *„jetzt-nicht-mehr"*. Das „dann" und das „damals" sind mit Blick auf das „jetzt" verstanden. Im *„jetzt"* aber legt sich das existenziale Gegenwärtigen aus. In der uneigentlichen Zeitlichkeit des Verstehens und in der Zeitlichkeit des besorgenden Umgangs zeigt das Gegenwärtigen einen gewissen Vorrang, während in der eigentlichen Zeitlichkeit die existenziale Zukunft die Führung übernimmt. Weil in der uneigentlichen Zeitlichkeit das Gegenwärtigen einen Vorrang hat, bildet in der *ausgelegten Zeit*, die sich im „dann", „damals" und „jetzt" ausspricht, das Jetzt das *zeitliche Orientierungszentrum*.

Das nächste „dann" ist im *„sogleich"*, das nächste „damals" im *„soeben"* verstanden. Die Zeitlichkeit des besorgenden Verhaltens legt sich so aus, daß zu den ausgelegten „dann", „damals" und „jetzt" je ein eigentümlicher *Horizont* gehört. Der zum „dann" gehörende Horizont ist das *„Späterhin"*, in welchem alle möglichen „dann" verstanden werden. Das *„Früher"* ist der zum „damals" gehörende Horizont, das alle „damals" umfaßt, und das *„Heute"* ist der Horizont, der zum Jetzt gehört und in dem alle möglichen Jetzt beschlossen sind.

Das Sichverhalten zu den aus der existenzialen Zeitlichkeit ausgelegten „dann", „damals" und „jetzt" nennt Heidegger das *Besorgen der „Zeit"*, nämlich der ausgelegten „Zeit", die deshalb die besorgte „Zeit" heißt. Die besorgte „Zeit", also die „dann", „damals" und „jetzt", zu denen wir uns im besorgenden Umgang mit dem innerweltlichen Seienden verhalten, sind aber *nicht als bloße* Noch-nicht-jetzt, Nicht-mehr-jetzt und Jetzt verstanden, *sondern verstanden* als „dann, wenn ich das und das tuen werde", als „damals, als ich das und das tat" und als „jetzt, da ich das und das tue". Diese *Bezugsstruktur* der ausgelegten und besorgten Zeit, der gemäß sie die *Zeit meines jeweiligen Tuns und Lassens und dessen Begebenheiten* ist, nennt Heidegger ihre primäre, d.h. vorkalendarische *Datierbarkeit*.

Zu dieser Struktur der Datierbarkeit gehört der *Weltcharakter* der besorgten Zeit, aufgrund dessen Heidegger die besorgte Zeit die *Weltzeit* nennt (vgl. SuZ, § 80, S. 414). Die im besorgenden Umgang mit dem umweltlichen Seienden aus der ekstatisch-horizontalen Zeitlichkeit des Besorgens *ausgelegte Zeit* ist je schon verstanden als *Zeit-zu*, d.h. zu diesem und jenem besorgenden Umgang mit dem besorgbaren Seienden. Wir verhalten uns zu jedem ausgelegten „jetzt, da dies und jenes geschieht" so, daß ich es verstehe als „geeignet für dieses Besorgen" oder als „ungeeignet für jenes Besorgen". Die ausgelegte, besorgte Zeit zeigt an ihr selbst die *Struktur der Geeignetheit* oder *Ungeeignetheit für ...* Im besorgenden Verhalten zur ausgelegten Zeit verhalten wir uns so zu ihr, daß wir sie als *Zeit-zu* oder als *Unzeit-für* nehmen. Die besorgte Zeit ist somit durch den Um-zu-Bezug bestimmt. Sie ist die Zeit, um das und das zu tun, um in ihr mich besorgend zu diesem oder jenem gemäß seinem weltmäßigen Um-zu-Bezug zu verhalten. Der Um-zu-Bezug, der auch die ausgelegte und besorgte Zeit strukturiert, gehört zur Welt als der existenzial aufgeschlossenen Bedeutsamkeit. Die besorgte Zeit hat als Zeit-zu Weltcharakter und kann daher als *Weltzeit* terminologisch gefaßt werden.

Während für Husserl die „Weltzeit" die objektive, reale Zeit ist im Unterschied zur subjektiven und immanenten Zeit, in der sich die objektive Weltzeit konstituiert, denkt Heidegger im Begriff „Weltzeit" die besorgte Zeit unseres besorgenden Umgangs mit dem innerweltlichen Seienden, die als solche ihren *Ursprung* in der *existenzialen Zeitlichkeit* hat. Auch das „Weltmäßige" der Weltzeit

§ 24. Zeitlichkeit, besorgte Weltzeit, vulgäre Jetzt-Zeit

meint bei Husserl etwas anderes als bei Heidegger. Für Husserl ist die in der Weltzeit genannte Welt das Ganze des subjektiv und objektiv Seienden, das in der Zeit vorhanden ist. Demgegenüber gehört in Heideggers terminologischem Gebrauch des Titels Weltzeit Welt zur existenzialen Welt im Sinne der Bedeutsamkeit.

Die *besorgte Weltzeit* ist nun ihrerseits der *unmittelbare Ursprung* für das, was Heidegger das *vulgäre Zeitverständnis* nennt, worin die Zeit als reine *Jetzt-Folge* verstanden wird. Die Zeit als bloße Jetzt-Folge verstehen heißt, sie als eine *Folge von ständig vorhandenen, schon wieder vergehenden und ankommenden Jetzt* nehmen. Das vulgäre Zeitverständnis nimmt die Zeit als das *reine Nacheinander* der Jetzt, als den *Fluß* und als den *Lauf* der Jetzt. Wie aber modifiziert sich die besorgte Weltzeit zur bloßen Jetzt-Zeit? Die Antwort auf diese Frage gibt Heidegger im § 81, der von der *Genesis des vulgären Zeitbegriffes* handelt. Das vulgäre Zeitverständnis bildet sich in der zählenden Zeitmessung aus. Im Achten auf die gezählten Jetzt hat das zählende Zeitverstehen die gezählten Jetzt hinsichtlich der Strukturen der Datierbarkeit und der weltmäßigen Bedeutsamkeit verdeckt, ohne um diese Verdeckung zu wissen. Wird die Zeit als pures Nacheinander der Jetzt ausgelegt, dann kommt die Zeit als Weltzeit nicht mehr in die Sicht. Mit der Verdeckung der Datierbarkeit und weltmäßigen Bedeutsamkeit der besorgten Zeit wird die ekstatisch-horizontale Zeitlichkeit des besorgenden Umgangs, deren Ausgelegtheit die besorgte Weltzeit ist, völlig verdeckt und nivelliert. Jedes seiner Weltmäßigkeit beraubte Jetzt gleicht nun dem anderen. So entsteht die Vorstellung von der Zeit als der *reinen Jetztfolge*.

Schlußbetrachtung

§ 25. Augustinus im Zeit-Denken Husserls und Heideggers

Richtet ein Denker seinen Blick auf die Geschichte des Denkens, so ist dieser Blick stets durch seinen eigenen Frageansatz geführt. Daß *Husserls* Blick auf die Geschichte des philosophischen Zeit-Begriffs der *Augustinischen* Zeit-Untersuchung einen besonderen Rang einräumt, ergibt sich aus seiner eigenen Frageweise nach der Zeit. Die große Bedeutung der Zeit-Untersuchung *Augustins* zeigt sich für ihn vor allem darin, daß diese sich erstmals in der Geschichte des Fragens nach der Zeit zu einer eindringlichen Untersuchung des zeitverstehenden Geistes, der zeitverstehenden Seele und ihrer Zeitverhaltungen gestaltet. Mit gutem Recht konnte *Husserl* in der Art, wie *Augustinus* die Fragen nach Sein und Wesen der Zeit beantwortet, eine *Vorgestalt* seiner eigenen *Phänomenologie des inneren Zeitbewußtseins* sehen. Zwar wird er wahrgenommen haben, daß *Augustinus* in seiner Aufklärung des Erkenntnisphänomens an der Bildertheorie orientiert ist, die er selbst durch seine phänomenologische Wesensklärung der wahren Intentionalität auch des inneren Zeitbewußtseins als unhaltbar zurückgewiesen hat. Daß aber *Augustinus* nicht nur die selbständigen Zeitverhaltungen (Erlebnisse oder Akte in der Sprache Husserls) wie Wahrnehmung, Erinnerung und Erwartung gesehen und thematisiert hat, sondern daß er bis zu den *ursprünglichen unselbständigen Zeitverhaltungen* der *distentio animi* vorgedrungen ist, die als solche für den Vollzug der selbständigen Zeitverhaltungen konstitutiv sind, mußte *Husserls* höchstes Interesse für *Augustinus* wecken. Was *Augustinus* als intentio oder attentio, als expectatio und als memoria der distentio animi analytisch freigelegt hat, erhält in *Husserls* Analysen des inneren Zeitbewußtseins die Bezeichnungen Urimpression, Retention und Protention. Damit ist aber *Augustinus* der erste, der in den primären Bereich der ursprünglichen zeitkonstituierenden Bewußtseinsweisen vorgestoßen war. Weil *Augustinus* sich, grundsätzlich gesprochen, in jenen Fragebereich des Zeit-Denkens hineinbewegt hat, der auch für *Husserl* zum Untersuchungsfeld seines Zeit-Denkens wird, bietet sich auch für eine *immanente* Interpretation der Augustinischen Zeit-Untersuchung der *Rückgriff auf Husserlsche Auslegungskategorien* aus seiner Phänomenologie des inneren Zeitbewußtseins an.

Daß *Heidegger* mit Blick auf die abendländische Philosophie die *Augustinische* Zeit-Untersuchung zu den drei bahnbrechenden Besinnungen auf das Wesen der Zeit zählt, ergibt sich ebenfalls aus seinem eigenen Frageansatz. Die Aristotelische Zeit-Abhandlung ist für ihn deshalb bahnbrechend, weil in ihr erstmals und zugleich maßgeblich für die folgende Geschichte des philosophischen Zeit-Begriffs die wesentlichen Strukturen des vulgären Zeitverständnisses in begrifflicher Strenge herausgearbeitet wurden. Das Bahnbrechende der Kantischen Besinnung auf die Zeit sieht er darin, daß Kant erstmals im Problem des Schematismus der reinen Verstandesbegriffe den sachlichen Zusammenhang von Sein (Kategorien) und Zeit (transzendentale Schemata) gesehen hat, auch wenn Kants Thematisierung der Verzeitlichung der Kategorien innerhalb der Jetzt-Zeit verbleibt, während Heidegger selbst den temporalen Sinn von Sein aus der ekstatisch-horizontalen Zeitlichkeit des Daseins zum Aufweis bringt. Die *Augustinische* Zeit-Untersuchung aber ist für *Heidegger* insofern bahnbrechend, als in ihr erstmals der Zusammenhang von Zeit und Seele in eindringlichen Analysen herausgearbeitet wird, nachdem Aristoteles lediglich auf den Bezug der Zeit zur Seele hingewiesen hat. Innerhalb der *Augustinischen* Untersuchung ist es ein *Zweifaches*, was aus Heideggers eigenem Zeit-Denken her für ihn von großer Bedeutung ist.

Das *eine* ist der Ansatz der *Augustinischen* Untersuchung bei der *alltäglichen Zeiterfahrung*, die wir das natürliche und vorphilosophische, vorbegriffliche Zeitverständnis des alltäglichen Lebensvollzuges genannt haben. Wichtig dabei ist, daß *Augustinus* dieses natürliche Zeitverständnis, mit dem das philosophierende Zeitverständnis das Gespräch führt, nicht von der bloßen Zeitfolge und Jetzt-Zeit her kennzeichnet, sondern als die Zeit, zu der wir uns im alltäglichen Tun und Lassen verhalten, die Zeit, die wir uns für dieses nehmen und die wir für jenes brauchen. Indem *Augustinus* das natürliche Zeitverständnis des alltäglichen Lebens zur Sprache bringt, weist er auf jenes Zeitphänomen hin, das *Heidegger* innerhalb seines Zeit-Denkens als die *besorgte Weltzeit* herausgestellt hat. Die besorgte Weltzeit aber weist, wenn sie in *rechter Weise* begriffen wird, in ihren eigenen *Ursprung*, in die *ekstatisch-horizontale Zeitlichkeit* des besorgenden Umgangs mit dem innerweltlichen Seienden. Auch wenn *Augustinus* nicht in den Bereich der existenzialen Zeitlichkeit des Daseins vorgedrungen ist, so hat er doch immerhin das Wesen der Zeit als *distentio animi* erfahren und bestimmt. Diese aber als das dreifache Sicherstrecken des Geistes ist ein Wink in die von *Heidegger* erstmals herausgearbeitete ekstatisch-horizontale Zeitlichkeit des Daseins.

Daß *Augustinus* in der *distentio animi* das *Wesen der Zeit* sieht, ist das *zweite*, was aus *Heideggers* eigenem Zeit-Denken her für ihn selbst von großer Bedeutung ist. Wie *Husserl* in der distentio animi eine Vorgestalt des intentional verfaßten inneren Zeitbewußtseins mit seinen zeitkonstituierenden Bewußtseinsweisen sieht, so ist für *Heidegger* die distentio animi ein *Zeiger*, der in den *ekstatischen Charakter* des Daseins und in die ekstatisch-horizontale Zeitlichkeit des Daseins hineinzeigt. Wenn *Augustinus* das Wesen der Zeit in der distentio animi, im dreifachen Sicherstrecken des Geistes sieht, dann ist für ihn die Zeit nicht das *bloße* Nacheinander der abfolgenden Jetztpunkte, dann sieht er das Wesen der Zeit nicht in der nivellierten Jetztfolge, sondern dann ahnt er, daß das *Wesen der Zeit* das *Wesen der Existenz des Menschen* ist, daß der *Mensch* sein *Wesen* im *dreifachen zeitigenden Sicherstrecken* hat. *Augustinus* bestimmt das Wesen der Zeit als das dreifache Sicherstrecken des Geistes, während *Heidegger* radikaler, aber in der selben Blickrichtung das Wesen der Zeit als die Einheit der drei Ekstasen der existenzialen Zeitlichkeit des Daseins bestimmt.

Für *Husserl* befindet sich *Augustinus* auf dem Weg, der in das *innere Zeitbewußtsein* führt; für *Heidegger* ist *Augustinus* unterwegs zur *existenzialen Zeitlichkeit* des Daseins.

§ 25. Augustinus – Husserl – Heidegger

Vergleicht man *Heideggers* Stellungnahme zur *Augustinischen* Zeit-Untersuchung zum einen in den erwähnten Vorlesungen, in „Sein und Zeit" und im Marburger Vortrag „Der Begriff der Zeit" und zum anderen in seinem Beuroner Vortrag, so fällt ein Unterschied in der Interpretation auf, der sich wie folgt fassen läßt. In den genannten Vorlesungen unter Einschluß des Marburger Vortrags und von „Sein und Zeit" wird zwar die herausragende Bedeutung der *Augustinischen* Besinnung auf die Zeit, deren *radikaleres Fragen* und *ursprünglicheres Sehen* im Verhältnis zu Aristoteles, betont, aber es werden doch *gleichzeitig* auch *ihre Grenzen* genannt, die sie mit den anderen überlieferten Zeit-Untersuchungen teilt. In „Die Grundprobleme der Phänomenologie" heißt es im Zusammenhang einer Auslegung der Aristotelischen Zeit-Abhandlung, zugleich aber auch mit Blick auf *Husserl:* „Solange wir keinen zureichenden Begriff von der Seele, vom Verstande, d.h. vom Dasein haben, bleibt es schwierig zu sagen, was es heißt: Die Zeit ist in der Seele." (GA Bd. 24, S. 335) Damit ist gesagt: Obwohl *Augustinus* erstmals die distentio animi als ein echtes Phänomen analytisch freilegt, gewinnt er darin noch nicht einen zureichenden Begriff vom Dasein. In der Vorlesung „Vom Wesen der menschlichen Freiheit"[1] lesen wir: „So sind die Untersuchungen der Zeit bei Aristoteles, Augustinus, Kant und Hegel in ihrer Bedeutung außer Frage, und doch unterstehen sie dem grundsätzlichen Bedenken, daß überall das Zeitproblem ohne die grundsätzliche und ausdrückliche Orientierung auf das Seinsproblem überhaupt angesetzt und erörtert ist." (GA Bd. 31, S. 120) Der *zureichende Begriff des Daseins* kann nur *im Zuge der radikal gestellten Seinsfrage* gewonnen werden, und *umgekehrt,* die Seinsfrage läßt sich nur radikal stellen und ausarbeiten *am Leitfaden des Daseins.* Beides bleibt auch in der Zeit-Untersuchung *Augustins* aus.

Doch im selben Jahr der zuletzt genannten Vorlesung hielt er auch den *Beuroner Augustinus-Vortrag,* in dem *Heidegger* es in auffallender Weise vermeidet, die Grenzen der *Augustinischen* Besinnung

---

[1] M. Heidegger, Vom Wesen der menschlichen Freiheit. Einleitung in die Philosophie. GA Bd. 31. Hrsg. H. Tietjen. Frankfurt a.M. 1982.

auf die Zeit aufzuzeigen. Vielmehr geht es ihm hier allein darum, den in dieser Zeit-Untersuchung liegenden *radikaleren* und *ursprünglicheren Tendenzen* auslegend nachzugehen. Es sind die Tendenzen, denen gemäß Augustinus *auf dem Wege* zum ekstatischen Charakter der Existenz des Daseins und zur ekstatisch-horizontalen Zeitlichkeit ist, *ohne* daß hier zugleich *mitgesagt* wird, warum er letztlich doch nicht in diesen Fragebereich gelangt. Weil *Heidegger* in diesem Vortrag die *Tendenzen* ungestört aufspüren und zum Tragen kommen läßt, interpretiert er auch *Augustins* Rede von den imagines nicht in der Richtung der Bildertheorie, also imago nicht als Abbild, sondern als das Erblickbare. Eine solche Interpretation scheint der anderen, in der die Grenzen des *Augustinischen* Fragens und Bestimmens deutlich gemacht werden, zu widersprechen. Doch handelt es sich hier nicht um einen Widerspruch, sondern um *zwei berechtigte Auslegungsweisen,* die zusammengesehen werden müssen. In der zweiten Interpretationsweise geht es nicht nur um eine *immanente* Interpretation, sondern um eine Auslegung, die durch das *Freilegen der verborgenen Tendenzen* sehen läßt, welche Richtung das *eigene* Fragen und Untersuchen des Wesens des Menschen und der Zeit einschlagen muß.

Die *Augustinische* Zeit-Untersuchung hat in unserem Jahrhundert auf *zwei unterschiedliche Anfragen* auch *zwei verschiedene Antworten* gegeben. In der Befragung durch *Husserl* antwortete sie in der Weise, daß sie sich als ein erster Anlauf zu einer *Phänomenologie des inneren Zeitbewußtseins* darstellt. Als sie später von *Heidegger* befragt wurde, zeigte sie ihm jene Tendenzen, die in eine mögliche *hermeneutische Phänomenologie* der *existenzialen,* d.h. ekstatisch-horizontalen *Zeitlichkeit des Daseins* hinweisen.

PERSONENREGISTER
(bearbeitet von Mark Michalski)

Aristoteles 16-18, 62 f., 65, 146, 172-175, 199, 201
Arnim, H. v. 111

Beierwaltes, W. 48
Berlinger, R. 48
Bernet, R. 16, 172
Bernhart, J. 20, 84
Biemel, W. 148, 189
Boehm, R. 15
Böhm, S. 48
Bröcker-Oltmanns, K. 19
Burnet, J. 29

Casper, B. 16

Descartes, R. 146, 152

Eigler, G. 48, 62, 146, 172
Elia 32
Enskat, R. 48

Flasch, K. 48

Gadamer, H.-G. 20
Gilson, E. 142
Grondin, J. 20

Haeffner, G. 48, 51

Hegel, G.W.F. 201
Heidegger, M. 9, 11-22, 27, 51, 63, 89 f., 145, 170-202
Held, K. 117, 146
Herrmann, F.-W. v. 17, 146, 174, 177, 189
Husserl, E. 9, 11-13, 15 f., 18-22, 48, 62, 87, 89 f., 96, 145-173, 177-179, 190, 196-202

Jakobus 31
Jesus 31 f.
Johannes 31

Kant, I. 16 f., 199, 201

Lechner, O. 48

Meijering, E.P. 48
Michalski, M. 14
Mose 32
Müller, M. 14

Panzer, U. 153
Parmenides 174 f.
Petrus 31 f.
Platon 29 f., 174 f.
Plotin 48
Pöggeler, O. 17, 177

Ross, W.D. 62
Rudolph, E. 48

Schelling, F.W.J. 18
Schmitt, B. 48
Schöpf, A. 48
Seubold, G. 18
Ströker, E. 146

Thomas v. Aquin 17

Tietjen, H. 16, 201

Weis, J. 48, 51, 62
Wieland, W. 63

Zenon v. Kition 111

SACHREGISTER

(bearbeitet von Mark Michalski)

Abkünftigkeit (Hervorgehen) der Zeit aus der Ewigkeit 21, 43
Ablaufsmodus 160 f.
Äußerlichkeit, Sphäre der (Außerhalb, Draußen, foris) 86 f., 90, 126, 128, 139 f., 151 f., 154
alltäglicher (natürlicher) Lebensvollzug 54-56, 64 f., 68, 72 f., 80, 108 f., 117, 171, 199, 200
Alltäglichkeit (alltäglich, zunächst und zumeist) 186 f.
Altern (Älterwerden) 107 f.
analogia entis 28
Anfangen (Anfang, hervorgehenlassender/entspringenlassender/bleibender Ursprung, principium) 26, 38-40, 43-45, 52 f.
Anfangen (innerzeitliches, Entstehen, oriri) 36-41, 114, 122-125, 157 f.
animal rationale (vernünftiges Sinnenwesen/Lebewesen) 175 f., 178
Anschauung (Augenschein, leibhaftige Wahrnehmung, contuitus) 101 f., 105, 136
Anzeichen (signum) 93-95, 99
aporetische Situation (Ausweglosigkeit) 104-107, 110, 116 f.
attentio (attentionales Gerichtetsein auf das Jetzt, adtendere) 132-143, 157, 159, 161, 198
Aufbau (Aufbau-Gefüge) der Augustinischen Zeit-Untersuchung 13, 21, 48-51
Auf-sich-zukommen (ursprüngliche, existenziale Zukunft) 189-192, 195

Auf-sich-zurückkommen (Zurückkommen auf sein Gewesen, existenziale Gewesenheit) 190-192
Augen-blick (eigentliche Gegenwart) 193
Auslegung 12, 177 f., 183 f., 187, 195-197

Bedeutsamkeit (Bedeutsamkeitsbezüge / -zusammenhang / -horizont) 180 f., 183 f., 193 f., 196 f.
Befindlichkeit (Gestimmtheit) 182
Behalten (existenzial-zeitliches Zurückkommen auf das jeweilige Womit der Bewandtnis) 194 f.
Bekenntnis (-Charakter, bekennendes Reden, konfessionaler Dialog mit Gott, confessio, confiteri) 24-26, 35 f., 51, 66, 107, 116
Besorgen (besorgender Umgang) 179, 185-187, 190, 192-197, 200
Bewandtnis (-Bezüge, Um-zu-Bezüge) 184, 194, 196
Bewegung (von Körpern/Himmelskörpern, Bewegungsphase, motus, κίνησις) 27, 33, 42 f., 63, 110-118, 124, 146
Bewegungsform (innere Bewegung, Gang) der Augustinischen Zeit-Untersuchung 13, 48, 51-57
Bewußtsein (Immanenz des Bewußtseins, gereinigtes / reines / transzendentales Bewußtseinsleben, Bewußtseinsweisen, bewußtseinsmäßig, -immanent) 90,

146-150, 152, 154, 157-163, 165-172, 178, 183
Bild (Abbild, Abbildung, imago, Wahrnehmungs-, Gedächtnis-, Erinnerungs-, Erwartungs-, Erkenntnis-, Vorstellungsbild) 84-95, 97-99, 127 f., 149 f., 152-157, 164, 168, 202
Bild, literarisches 143
Bildertheorie (bildertheoretische Deutung der intentionalen Verhaltungen) 89, 153, 157, 164, 198, 202
Bildwahrnehmung (-vorstellung, -bewußtsein) 89, 98, 152, 164

Chora 29

Dasein (ekstatisch-horizontal verfaßtes) 90, 170-194, 199-202
Daseinsanalytik (existenzial-ontologische Analytik des Daseins) 174, 177-179, 181, 187
Datierbarkeit 196 f.
Dauer (Beharren, Sichdurchhalten) 39, 42-44, 50, 56, 63, 70, 73 f., 79, 105, 110-135, 139-141, 143, 147-150, 155-163, 165 f., 179
Dehnung (der Zeit, Sichdehnen/Ausdehnung/Gedehntsein/Gedehntheit/Erstreckung der Zeit, distentio temporis) 64, 66-75, 104-127, 130 f., 133, 138-140, 151, 154
Demiurg 29 f.
Ding (Raumding, real-dingliches Seiendes, res, dinglich, Dingwahrnehmung, -erfassung) 84-91, 94, 146 f., 150-154, 194
distentio animi (Erstreckung/Erstrecktsein/Sicherstrecken/Sichausspannen des zeitstehenden Geistes) 21 f., 50 f., 117-133, 136, 142 f., 166, 170, 172 f., 176, 180, 198, 200 f.

Dreifaches im Geist 133 f., 136

Eigentlichkeit (Uneigentlichkeit, eigentlich, uneigentlich) 186-195
Eindruck (Eingeprägtes, immanent sinnlich Empfundenes, affectio) 127 f.
Ekstasen (der Zeitlichkeit) 191 f., 200
Ekstatisches der Existenz (ekstatischer Charakter, Entrücktsein, Außer-sich-sein, ἐκστατικόν, Sicherstrecken/Erstrecktheit des Daseins, ekstatische Erschlossenheit) 180 f., 183, 190 f., 193, 200
Ende (Beendigung, Aufhören) 114, 122-126, 128, 158 f., 162, 166
Entdecktheit (Entdecken/Begegnenlassen / Verständlichkeit / Offenbarkeit des innerweltlichen Seienden) 183-185, 190 f.
Entschlossenheit (vorlaufende) 188 f.
Entwurf (Entwerfen, Sichentwerfen, Sich-vorweg-sein, Verstehen, entworfen) 182-190, 192-195
Erfüllung, anschauliche (von Leerintentionen) 98
Erinnerung (primäre) 157, 162-165, 168
Erinnerung (sekundäre, Wiedererinnerung) 149, 153-156, 162, 164-168, 190
Erinnerung (selbständige, Wiedererinnerung, memoria) 50, 76-103, 105, 120, 122, 129 f., 134, 136 f., 139 f., 150 f., 157, 179, 198
Erinnerung (unselbständige, memoria, meminisse) 132-143, 162, 198
Erklingen (Ertönen, einer Stimme/Silbe/eines Tones/Liedes) 31-33, 37, 122-135, 139, 141 f., 150

Sachregister

Erschaffen (Erschaffung, Schöpfung, Hervorbringen, Schöpfungslehre, Schöpfer) 26-45, 51
Erschlossenheit (Aufgeschlossenheit, Lichtung, Gelichtetheit, Enthülltheit, Wahrheit, Erschließungsweise) 174-176, 180-193, 196
Erwartung (primäre) 164-166, 168
Erwartung (sekundäre) 153-156, 164, 166, 168 f.
Erwartung (selbständige, expectatio) 50, 76-103, 105, 121 f., 130 f., 134-137, 139-141, 150, 157, 166, 198
Erwartung (unselbständige, expectatio, expectare) 132-143, 166, 198
Erzählung (Erzählen, erzählende Verhaltung zu Vergangenem) 77 f., 84, 91, 101
Ewigkeit (stehende, wahre, aeternitas) 20 f., 23-47, 49, 51-53, 61
Existenz (Existieren, Existenzvollzug) 174-193, 200
Existenzialien (existenziale Strukturen/Charaktere, Existenzialstrukturen) 176-178, 181-184, 187 f.

Festhalten (Zurückhalten, Behalten, tenere) 125, 127-129, 132-135, 137-142, 157, 159
Fundamentalanalyse, vorbereitende, des Daseins 178, 184 f., 187, 189

Ganzheit (Ganzes, des innerweltlichen/göttlichen Seins) 46
Ganzseinkönnen (des Daseins) 188 f.
Gedächtnis (Behalten, Gedächtniswissen, memoria) 84-88, 90, 101, 127, 129 f.

Gegenwärtigen (existenziale Gegenwart überhaupt) 190 f., 193
Gegenwärtigen (uneigentliche Gegenwart) 193-195
Gegenwärtigung (Gegenwärtigen, Gegenwartsverhaltung, gegenwärtigend, präsentativ) 85 f., 96, 136, 141, 155, 167 f., 190
Gegenwart (gegenwärtige Zeit, Gegenwartshorizont, praesens tempus, Gegenwärtiges, gegenwärtig) 41-45, 47, 49, 52, 55, 58 f., 61, 63, 66-107, 120-128, 130-135, 137-140, 142 f., 150-155, 163, 166-168
Gegenwarts-Vergegenwärtigung 96, 152
Gegenwartsweise (Weise von Gegenwart, Anwesenheit, praesens, praesentia) 50, 81-85, 88-92, 97-102, 131, 138
Geist (Seele, animus, anima) 17 f., 21, 29, 50, 67, 78, 85, 87, 90, 93, 97, 99-103, 117-134, 137-140, 142 f., 145 f., 151, 154, 173, 176, 198-201
Genesis 26, 31, 40
Geradehingerichtetheit 74, 77, 79, 100, 105 f., 121 f., 150
Geschaffensein (Geschaffenheit, Erschaffensein, Geschöpfliches, Geschaffenes) 21, 23, 26-29, 40 f., 52 f., 151
Geschichte des philosophischen Zeitbegriffs 15, 62, 145 f., 169, 172, 198 f.
Geteiltheit des natürlichen Zeitverständnisses (gemeinsame Zeit) 54 f., 108
Gestern (heri) 47, 55
Gewärtigen (uneigentliches Zukunftsphänomen) 192-195
Gewissen 188
Geworfenheit (Geworfensein, Schon-sein-in-einer-Welt, geworfen) 181-184, 186-190, 192-194

Glaube 24, 26
Gott (göttlich, göttlicher Wille, göttliche Substanz, göttliches Seiendes) 23-42, 44-47, 51 f., 66, 99, 107
Grenze (πέρας) zwischen Vergangenheit und Zukunft (zwischen Nicht-mehr und Noch-nicht) 63, 120, 124, 138
Grenzen des Augustinischen Frageansatzes 12 f., 97, 143, 169, 201 f.
Grundstellung (philosophische, phänomenologische) 11-13, 22, 173

hermeneutische Situation (hermeneutische Vorhabe) 12 f., 49, 51, 189
hermeneutisches Denken (philosophische Hermeneutik) 19 f.
Heute (hodie, hodiernus dies) 47, 195
Himmel und Erde (caelum et terra, außergöttliches Seiendes) 26-28, 30, 33, 38-42, 44 f., 51
Hinüberbringen (traicere, agere) 132-134, 141 f.
Horizont (Sinn, Gesichtskreis, horizontale Erschlossenheit) 177, 180 f., 183, 191

Ideen 29
Illumination (göttliche Erleuchtung, inluminatio) 25 f., 36, 51, 66, 107
Immanenz, reelle (der Erlebnisse/Akte) 154
In-der-Welt-sein 179-185, 187-190, 193
Innerlichkeit (Inneres, Immanenz, Innerhalb, Drinnen, intus, geistimmanent) 26, 29, 86 f., 90, 126-128, 130, 132 f., 138 f., 145 f., 149, 151 f., 154 f.

Innerzeitlichkeit (In-der-Zeit-sein, Innerzeitliches, innerzeitlich) 23 f., 31, 33, 38-46, 59, 95, 112, 115, 118, 121 f., 124, 129 f., 133, 147
intentionales Erlebnis (Akt, Objekt-erfassendes Erlebnis, Intendieren, Intentio, intentionaler Gegenstand, Intentum) 90, 149 f., 152-156, 161, 167, 183, 185, 198
Intentionalität (intentionale Verfaßtheit, intentionales Wesen) 87 f., 90, 98, 150, 152, 154, 157, 161, 164, 168, 183, 198, 200

Jemeinigkeit 186
Jetzt (Jetziges, Nicht-mehr-jetzt, Nicht-mehr, Noch-nicht-jetzt, Noch-nicht) 27, 32-39, 41-47, 52, 55, 60 f., 63, 67, 69-72, 74 f., 77, 82, 105, 107, 120 f., 123 f., 127-129, 131-135, 137-139, 141 f., 148, 151, 158-171, 173, 176 f., 189 f., 193-197, 200
Jetzt, stehendes (nunc stans) 42
Jetztfolge (Abfolge der Jetzt/von Jetzt und Jetzt) 34, 37, 128, 172, 179, 194, 197, 200
Jetztphase 158-160, 162-166, 193
Jetzt-Zeit 171-173, 176 f., 179, 183, 185, 190, 199

Kategorien 65, 199
Knabenzeit, Erinnerung an die 88
Kontinuum 46, 128 f., 131 f., 134 f., 137-139, 141, 158, 160-167
Korrektur (begriffliche, präzisierende, sprachliche, des natürlichen Sprechens, des natürlichen Zeitverständnisses) 64-66, 71, 109

Sachregister

Länge (Langsein, Langseinkönnen, Wie-lange, lange/kurze Zeit, longum/breve tempus) 43-45, 63-68, 70-72, 74 f., 88, 104, 112, 114-116, 118, 120, 123, 127, 129 f., 133-135, 139-141
Lebenszeit 107 f.
Leerintention (bloße Nennung) 98
Leibhaftigkeit (leibhaftige Gegenwart/Gegebenheit, Leibhaft-da, leibhaftig, leibhaft) 58, 83, 85, 89, 91, 93-97, 102, 136, 149, 152 f., 155 f., 161, 166-168
Leitfaden (für das Fragen nach dem Sein/Wesen der Zeit) 74 f., 79-81, 90, 101, 121 f.
Liebe zu Gott 24
Lobpreisung (lobpreisen) 26, 36

Man-selbst 186
Materie (gestaltlose, Urmaterie, materia informis) 29-31
memoria-Analyse des X. Buches der „Confessiones" 17, 19, 86, 94
Mensch (menschlich) 23-25, 28-31, 39, 66, 80, 90, 99, 170, 174, 178, 181, 200, 202
Messung (Messen der Zeit, Zeit-Messung, Meßbarkeit der Zeit, messen, metiri) 50 f., 63, 67 f., 72-76, 104-107, 111-118, 120-130, 143, 146, 197
Möglichkeit (der Existenz, des In-der-Welt-seins, Seinkönnen, möglich) 182, 184, 186-190, 192 f.
Morgen (cras) 47, 55

Nacheinander (der Jetzt, der Zeit) 24, 27, 32, 34-38, 43, 45 f., 56, 68 f., 150, 197, 200
natürliche Einstellung (natürliche Bewußtseinseinstellung / Generalthesis, reales Bewußtsein) 147 f., 150

Naturzeit 146
Nicht-Charaktere der Zeit 36, 60-64, 66, 77
Nichts 29 f.

Objekt (Objektives) 147-150, 152-154
Offenbarung 27
Ontologie (ontologisch) 175-177, 181, 184 f., 187, 189, 194
Ort der Zeit (Wo, ubi, Wo-Frage) 30 f., 81-83, 90, 100 f., 126

Perspektivität, zeitliche 160
Phänomenologie (formaler Phänomenologie-Begriff, phänomenologische Methode als Behandlungsart, phänomenologisches Grundprinzip) 11-13, 19, 49, 97, 153, 177 f.
Phänomenologie, hermeneutische (phänomenologisch-hermeneutisches Denken) 19, 177 f., 202
phänomenologische (Text-)Auslegung 12 f., 97-99
phänomenologischer Charakter (Zug, Grundzug, Grundhaltung) des Augustinischen Fragens 11 f., 19 f., 109 f., 113
phänomenlogisch-hermeneutische (phänomenologische) Analytik der existenzial-horizontalen (existenzialen) Zeitlichkeit des Daseins 13, 18, 21, 189, 202
phänomenologisch-reflexive (phänomenologische) Analyse des (inneren, subjektiven) Zeitbewußtseins 13-16, 21, 145-149, 169 f., 179, 198 f., 202
philosophische Untersuchung, rein 47, 49, 53, 58
philosophisch-theologische Untersuchung 24-26, 39, 47, 53

Prophetie (prophetische Zukunftsschau, Propheten) 90 f., 99
Protention (protentionales Bewußtsein) 164-168, 170, 198

Quantität (Wiegroßsein, ποσόν) 65

Radikalisierung des Augustinischen Frageansatzes 152, 169 f., 173
Raummaß (Raumstrecke, Raumteile) 68, 115, 118, 124
Reduktion (phänomenologische, Ausschaltung / Außergeltungsetzen der natürlich-naiven Seinssetzung, Epoché) 147 f., 150-152, 154, 157
remotiver Absprung (Abstoß) 20, 23-47, 49, 52
Retention (retentionales Bewußtsein) 157, 159-170, 198
Rückbezug der Zeit auf die Zeitverhaltungen (Rückgang von der Geradehingerichtetheit auf die Zeitverhaltungen) 72-81, 114, 121-132, 150 f., 154
Ruhe (eines Körpers) 115

Schauen, gegenwärtigendes (sinnliche Anschauung, Sehen, videre, intueri, cernere) 93-97
Schauen, vergegenwärtigendes (inneres, cernere, intueri) 93-97
Schematismus der reinen Verstandesbegriffe (transzendentale Schemata) 199
Schuldigsein 188
Seiendes (innerweltliches, nichtdaseinsmäßiges) 174 f., 180, 183-187, 190-196, 200
Sein (Vorhandensein, Wirklichsein, esse, existentia) 26-29, 44, 174-176
Sein (Wesen, essentia) 175
Sein (überhaupt, als solches, im Ganzen) 174-177, 181-183, 185
Sein (Seinsweisen/Seinscharaktere/Seinsverfassung des innerweltlichen/nichtdaseinsmäßigen Seienden) 174, 180-182, 185, 194
Sein (Seinsweise/Seinsverfassung/Wesen des Menschen/des zeitverstehenden Geistes/des Daseins) 170 f., 173-176, 178 f., 181-187, 191
Sein-bei (Sein-beim-innerweltlich begegnenden Seienden) 183 f., 186 f., 190, 193
Seinsfrage (Frage nach dem Sein als solchem/nach dem Sinn von Sein überhaupt) 173-178, 201
Seinsverständnis (Verstehen von Sein, seinsverstehend) 174, 176-178, 180, 194
Selbstbewußtsein (seiner selbst gewisses Bewußtsein) 11, 146, 152, 171
Selbstgegebenheit 98, 155 f., 164, 168, 187
Selbstsein (Selbstseinkönnen) 186 f.
sempiternitas (Endlosigkeit, immerwährend, sempiterne, sempiternus) 33-35, 37-39, 41, 43-45, 47
Silbe (syllaba) 108, 118 f., 121, 124-129
simul (zugleich, zumal) 35, 37, 43, 46, 68 f.
Soeben (-gewesenes, -gewesen, -vergangen) 133 f., 136-140, 142, 151, 157, 159-161, 164, 166-170, 195
Sogleich (-gegenwärtiges, -jetzt) 131, 133-137, 140 f., 151, 157, 166 f., 170, 195
Sorge (Sorge-Verfassung/-Struktur, Sorgevollzug) 176, 184-192
Sprechen (menschliches, göttliches, Wort, Schöpfungswort,

Arten des Sprechens, natürliches / eigentliches / sachgemäßes Sprechen, Versprachlichung, sprachlicher Ausdruck) 31-39, 102 f., 108-110, 116 f.
stoische Lehren 111
Subjekt (Subjektives) 147, 171
Substanz (οὐσία) 65

Tag, einziger (der Ewigkeit Gottes, dies unus) 46 f.
temporaler Sinn von Sein 199
Tod (Sein zum Tod, Vorlaufen in den Tod) 188
Ton-Wahrnehmung 150, 157-162, 164
transzendentale Wende Husserls 148
Transzendentien 28
Transzendenz (transzendent) 149 f., 152-154

Überragen (der Zukunft durch die Ewigkeit, superare) 45
Übersetzung 84
überzeitlich 45
Uhr 18
Urimpression (urimpressionales Bewußtsein) 157, 161-164, 167 f., 170, 198
Ursache (causa) 93-95, 99
Urspontaneität (Bewußtseinsspontaneität) 163
Urzeugung (Urschöpfung, genesis spontanea) 163

Veränderung (Sichverändern, Wandel, Sichwandeln, mutatio, mutari, variari) 26-28, 35, 46
Verborgenheit (Verborgenes, verborgen, occultum) 77 f., 81 f., 85, 109
Verfallen 187

Vergangenheit (vergangene Zeit, Vergangenheitshorizont, Vergangen, praeteritum tempus, Vergangenes, vergangen) 33, 41-45, 49, 55, 58-61, 63-72, 74, 76-103, 105-110, 120, 122-124, 131-134, 136-143, 150-156, 158-169, 171, 190
Vergangenheits-Vergegenwärtigung (vergangenheitsbezogene / erinnernde Vergegenwärtigung, Rückvergegenwärtigung) 136 f., 152, 155 f., 162
Vergegenwärtigung (vergegenwärtigen, repräsentieren) 85 f., 88 f., 93-99, 102, 129 f., 136, 141, 147, 152, 155 f., 165-168, 196
Vergehen (mori, Vergehendes) 36, 38, 59
Vergessenheit (uneigentliche existenziale Gewesenheit) 193
Vergleichen (conparare) 72-76, 115
Vernunft 38, 175, 178
Verweisung (verweisen) 86 f., 97, 154
Vollzugscharakter 174, 182, 191
Vollzugssinn 87 f.
Vorangehen (der Ewigkeit vor der Vergangenheit, praecedere) 45
Vorbedenken (Vorherbedenken, praemeditatio, praemeditari) 92, 101, 130
Vorhalten (Vorweghalten) 131-133, 135-142, 157
Vorhersagen (Voraussagen, voraussagende Verhaltung) 77 f., 90 f., 93-97, 99, 101
Vorlaufen (eigentliches Auf-sich-zukommen) 192 f.
Vorstellen (imaginatives, imaginatio, imaginari) 97
Vorstellung (conceptio) 93-95
Vorwegwahrnehmen (praesentire) 91-93
Vorübergehen (Vorbeigehen, Hinübergehen, Übergehen, Über-

gang, übergänglich, praeterire, transire) 32 f., 35 f., 38, 41-47, 52, 61, 67, 74, 104-108, 114 f., 117 f., 120-128, 130, 132-135, 137 f., 141 f., 150 f., 159, 161-163

Wahrheit (sichere, certa veritas) 35 f.
Wahrnehmung (wahrnehmen, sentire) 50, 67 f., 72-77, 80, 83, 85-90, 93 f., 96-98, 101 f., 104, 106, 114 f., 120-125, 127 f., 130-143, 147-160, 162, 164-169, 179, 190, 198
Wahrnehmungsfeld 96, 152
Welt (Welthorizont, Weltbezüge, weltmäßige Bezüge) 180 f., 183 f., 186 f., 192-194, 196 f.
Weltall (Universum, universus mundus) 30 f., 33, 180
Weltzeit (besorgte Zeit, Zeit-zu, Unzeit-für) 179, 183, 185, 196 f., 200
Wieder-holung (eigentliche Gewesenheit) 192 f.
Wissen (Erkenntnis, begriffliches Einsehen, scientia, intellegere, scire, Unwissen, Nichtwissen, non scire, inperitia) 25 f., 36, 39, 42, 58, 64, 92 f., 107, 116 f.

zählen 146, 197
Zeit, immanente (subjektive, bewußtseinsimmanent sich konstituierende) 148 f., 151 f., 157, 160, 167, 172, 190, 196
Zeit, objektive (reale, Weltzeit) 146-148, 150 f., 154, 157, 170, 172, 196 f.
Zeit, Sein der (Seinsweise der drei Zeithorizonte) 50 f., 56, 58-105, 108 f., 116, 120, 122, 126 f., 135, 137-139, 145 f., 151, 198
Zeit, ursprüngliche 170-173, 176, 178 f., 185, 189 f., 193, 195
Zeit, vulgäre (vulgärer Zeitbegriff, vulgäres Zeitverständnis) 17, 170-173, 179, 185, 197, 199
Zeit, Wesen der (Wesensverfassung / Wesensverfaßtheit / Was /quid/ essentia/natura/vis der Zeit) 50 f., 55-60, 62 f., 83, 104-143, 146, 151, 198
Zeitabschnitt (Zeitspanne, Zeitstrecke) 73 f., 80, 82 f., 87, 89, 105 f., 112 f., 118, 120, 123 f., 127, 130
Zeitbewußtsein (zeitkonstituierendes Bewußtsein, inneres, subjektives, reines, ursprüngliches) 145-152, 154, 157, 166, 169 f., 172, 198-200
Zeitcharaktere (phänomenale) 23-45, 109
Zeiteinteilung (natürliche/vollzugshafte/alltägliche Einteilung der Zeit) 73, 111, 117
Zeiterlebnisse (reine, subjektive, ursprüngliche) 148, 151, 155, 157
Zeitfeld, originäres (Zeithof) 163, 166
Zeithorizonte (-dimensionen) 56, 59-61, 64, 72, 74, 76-80, 103, 122, 126, 136 f., 142
Zeitigung (Sichzeitigen) 176, 178, 191
Zeitlichkeit (existenzial-horizontale, existenziale, ekstatisch-horizontale) 170-173, 176, 178 f., 183, 185 f., 188-192, 195-197, 199 f., 202
Zeitmaß 115, 118 f., 121, 125, 129
Zeitobjekt (zeitliches Objekt) 148-150, 157, 160, 167, 169, 172, 179
Zeitordnung 38
Zeitrechnung, kalendarische 64
Zeitverhaltungen 50, 55 f., 67 f., 72-103, 105, 114, 120-143, 150, 154, 157, 169, 198
Zeitverhaltungen, selbständige 136 f., 139 f., 157, 169, 198

Zeitverhaltungen, unselbständige (ursprüngliche) 132-143, 157, 169, 198

Zeitverständnis, natürliches (natürlich-alltägliches, vorbegriffliches, vorphilosophisches) 19, 21, 23, 49, 51, 53-68, 70, 72 f., 75-77, 100, 102, 104-110, 116-119, 124, 126, 143, 146, 150, 171, 199 f.

Zeitverständnis, philosophisches (philosophierendes, thematischbegriffliches) 19, 21, 51, 55-58, 60-62, 64-68, 71-77, 79, 81-85, 89-91, 101 f., 104-111, 113 f., 116 f., 119 f., 124-127, 129 f., 139 f., 142 f., 171, 199

Zeug (zuhandenes/umweltliches Seiendes, Zeugzusammenhang, Zeugganzes) 194

Zukunft (künftige Zeit, Zukunftshorizont, futurum tempus, Künftiges, künftig) 49, 55 f., 58-60, 63-66, 70-72, 76-103, 105-107, 109 f., 120, 122-124, 130-133, 135, 137-143, 150-156, 166-169, 171

Zukunfts-Vergegenwärtigung (zukunftsbezogene Vergegenwärtigung, Vorvergegenwärtigung) 130, 135 f., 140, 152, 156, 168 f.